近代报刊文献辑录丛书

张伟 主编

海派之源

近代巡礼

JinDai XunLi

孙莺 编

上海科学技术文献出版社
Shanghai Scientific and Technological Literature Press

图书在版编目（CIP）数据

海派之源：近代巡礼 / 张伟主编；孙莺编．—上海：上海科学技术文献出版社，2020
（近代报刊文献辑录）
ISBN 978-7-5439-8194-2

Ⅰ．①海… Ⅱ．①张…②孙… Ⅲ．①徐汇区—地方史—史料 Ⅳ．①K295.13

中国版本图书馆CIP数据核字（2020）第195061号

策划编辑：张　树
责任编辑：王　珺　罗毅峰
封面设计：合育文化

海派之源：近代巡礼
HAIPAI ZHIYUAN: JINDAI XUNLI
张　伟　主编　　孙　莺　编
出版发行：上海科学技术文献出版社
地　　址：上海市长乐路746号
邮政编码：200040
经　　销：全国新华书店
印　　刷：常熟市人民印刷有限公司
开　　本：720mm×1000mm　1/16
印　　张：22
字　　数：335 000
版　　次：2020年10月第1版　2020年10月第1次印刷
书　　号：ISBN 978-7-5439-8194-2
定　　价：98.00元
http://www.sstlp.com

近代徐汇的千姿百态

张　伟

我和徐汇有缘，出生、成长和读书，都在徐家汇，特别是1980年有幸跨入徐家汇藏书楼的大门，得以和这家驰名世界的古老藏书楼结缘，更是奠定了我此后的人生走向。我曾在一篇小文中这样概述："我和徐家汇颇有因缘，我自己将之归纳为人生三部曲：先是从小生活在徐家汇，成年后又分配到徐家汇藏书楼工作，时间长了便自然而然产生兴趣对徐家汇作点研究，并有些许成果发表。"也正是在藏书楼，我开始了对土山湾的研究。位于徐家汇南部的土山湾有一个孤儿工艺院，它对中国近代的绘画、摄影、印刷、音乐、工艺美术，乃至建筑、航空等等方面，都曾产生过相当影响，堪称中国近代文明的一处重要发源地。藏书楼中那些在徐家汇土生土长的老员工，说起当年的土山湾来仍然充满了感情，很多细节都记得一清二楚；我自己也在文献中接触到大量和徐家汇、土山湾有关的材料。于是逐渐萌发兴趣，立志要为它们写些东西，也不断有些许研究成果发表。这一过程绵延至今虽然已有四十年，但我对徐家汇、土山湾仍然依依不舍，充满感情。

藏书楼犹如宝库，乍一入职，我就像老鼠跌进米缸，如痴如醉，连午饭时间都泡在书库里，也曾连续十年主动申请值除夕夜班，好多些亲炙的机会。研读中曾接触到大量有关徐家汇和土山湾的原始材料，也曾作了不少摘记。当时就想，这些文章如果结集出版，大家对徐家汇土山湾的理解一定会加深一层。可惜，因条件所限，如果就始终是如果而已，这些年，就连再想看看当年阅读过的那些报刊，都不是一件容易之事了。现在，孙莺小姐主编的《海派之源——近代巡礼》摆在了我的案头，里面的文章大都是我当年翻过读过的，让我想起了当年的青春岁月，感到格外亲切。这本"巡礼"，将晚清到民国报刊上有关徐家汇、土山湾的文章，细心搜集，按类编排，全书二十多万字，从人物到建筑，从乐队到足球，从学校到藏书楼，从博物院到天文台，从人文氛围到自然景观，可谓精彩丰富。诸如上海通社写吴历，黄节写徐光启，于右任、张若谷写马相伯，徐宗泽写李问渔、张渔珊，张乐古写安修士，赵尔谦写饶神父，方豪写徐润农等等，都是平时难得一见的好文；至于启明女校、徐汇公学、徐家汇藏书楼、土山湾孤儿工艺院等等当年生活学习场景的再现，更是精彩纷呈，引人入胜。全书并配以几十幅珍贵照片（其中不少还是当年原照），让一百多年前的徐家汇和土山湾原汁原味地展现在我们面前，犹如还带着晶莹透亮的清晨露水，生动而鲜活。徐汇的这千姿百态，正是百年世纪风云的激荡遗存，这是历史的恩赐，文化的积淀，不可再生的宝贵资源。它们的身上，往往折射出我们这个社会曲折前行却不断发展的进程。徐家汇土山湾地区堪称中国近代文化的一处重要发源地；它生产物质，也培养人才，堪称中国近代文明进程中的一根标杆。徐家汇现象的特殊性早已成为学术界关注的热点，近年来已有不少研究成果涌现。我一直在想，徐家汇地区是近代历史长河中的一个特殊空间，我们在习惯宏观叙事之余，似乎也很有必要对微观层面予以更多的关注，感受日常生活状态下那些充满温度的细节，并对此进行深度挖掘，如此，可能会增加许多意外的惊喜，同时也更有利于从一个新的维度拓宽近代上海城市文化的研究空间。

本书整理者从事文献工作多年，经验丰富，除了写作论文之外，似乎更多的兴趣在近代文献的整理研究方面，成果累累，这本“巡礼”，只是她近期收获之一。学术界对论文、论著的写作视为当然，这自然不错，但对史料文献的整理却往往重视不够，轻视有余，且在现行评价体系上还经常不算成果，至少大打折扣。其实，整理年谱、注释著作、编选资料、修订校勘等事项，是具有公益性质的学术基础建设工作，所花费的时间和精力，若论投入产出，应该属于亏本买卖，没有多少人愿意做；且没有辨伪存真的的学术功底，是做不来也做不好的。谁谓不信，尝试一番就心知肚明，不必明辩。情愿燃尽青春火焰，在给自己带来快乐的同时，更为他人提供了光明，这是我们今天这个充满急功近利的社会尤其应该大力提倡的!

最后，需要说明一下：本书之“徐家汇”是指今徐家汇街道所辖区域，他们历来支持所辖地区的文化研究，做了很多实事，成绩斐然，本书的编撰也得到他们的相助，作为研究者我们应该衷心感谢。是为序。

2020年6月11日午后于沪南宛华轩

目　录

徐家汇遗事

徐家汇巡礼

徐家汇素描

徐家汇闻人

徐家汇遗事

江南育婴堂记

一千八百六十八年，即同治七年兮，石神父请命于长上，欲陆伯都相公，每日一二点钟，到土山湾拣本堂中孩几人教之，学习画像。至六十九年，范神父始画讲解问答圣像，即绘圣圣教要理诸端，课诸木板印之，以墨意欲为土山湾学画诸孩着色，俾助江南神父传教之用。于同治九年，即一八七〇年，刘相公始每日自土山湾代陆相公教画。至一八七二年秋，将徐汇之画馆搬至土山湾，然范相公之佳作，仍留在徐汇。夫一八九一年，伏神父（意国人）管土山湾育婴堂，是年马相公往安庆造堂毕，后至佘山造圣母进教之佑大堂于山顶，顾相公管土山湾漆木诸作，顾相公添造西面后大楼房。一八九二年，柏神父 Gabriel Palatre 回土山湾添造东面后大楼房，兼造圣衣院于河东，即土山湾对面也。

同治十三年秋，是年（一八七四年）即严公 Stanis Bernier（一八六九年到中国）新圣铎品，即定为土山湾管账，自严公第一始，有管账神父。兼管铅板印书事务。铅字及印书架子，装在堂前西夹壁两间，开首先印第一部，即周年瞻礼经。欲知铅字之来出，兹略提之，系苏念证神父 Hippolyli Bosuiau（一八六五年到中国）于一八七一年即同治十年兮，或前一年所办。铅铸之中国字拍交货而拍下者，拍后一向置于洋泾浜大堂东之洋楼内。于一八七三年夏秋之间，搬至土山湾，系严神父开手经理排印。前一二年，苏神父早已安排 土山湾孩，蔡家湾出生者，名陈（克昌）阿弟，与钱裴理（江湾大场人，系汇学生，进小修院而未成者），遣此二人往上海虹口望益纸馆印书房，去学习排铅字，为预备江南省传教之用。此印书馆系葡萄牙富商 A. H. de Carvalho 所开者，A. H. de Carvalho 为人忠厚诚实，与其夫人俱皆敬主虔诚，一心信任苏神父，因依赖情真，凡事必商诸苏公，真言听计从者也。后为上海葡国总领事，其时苏公为洋泾浜总管账，兼徐家汇拯亡会听神工神师，每主日至少一次或两次到圣母院。当时上海地方，坐马车者，大概洋行家东家，各有自备马车。平常西人坐马车者，亦极稀少，中国人坐者，更少，即神父进出，非轿即小车，或坐船，然步行者多。该商 A. H. de Carvalho 知苏神父个个主日到徐家汇行路虽不远，却费时颇多，每次饬家人整备自乘之马车，到堂伺候。虽苏神父俭朴存心，安步当车，然因事繁务多，籍此少费时刻，以为更有益于事，故勉顺其请。既而顾二官（即朗如）、陈鹿门等，至彼处学习排字，学成后，俱至土山湾印书馆，惟严神父起初管印书馆，请一宁波人徐姓者，帮助布置铅字架子等，彼曾于美华书馆做工，已进过耶稣教，在土山湾约一二年，虽已保守，未领洗而去。同时有钱某，南京人，系印手。又陆阅荣等三人，土山湾印书房之开手人也，盖陈阿弟等，未即回湾。

至一八七四年，即同治十三年，翁相公 F. Casiniz Hessant 由徐汇堂中调至土山湾，帮助严神父管印书馆事务。翁相公法国人，于一八五九年到中国，精于修理钟表，兼晓医理，善侍病人，常在汇院任司病职，兼修理钟表，亦善拍照。当时之拍日照，其法尚未成全，盖照片药水，件件必须自行配合，拍一小照，又须历时颇久。翁相公行之，颇得其法。当时知拍照者甚稀，所拍之照，作为珍奇，而徐家汇院房并诸位老神父遗像，及江南初起遗迹，至今存留不少者，是皆翁相公之劳绩也。严神父专管排字印书，而翁相公起初自己学习排字兼管石印，夫此石印架子，与石头，尚是娄相公所办，向在徐家汇。娄相公死后，即无人用。至是，亦搬至土山湾，因印书房初起，只有两间，故将石印架子装于西面先生司务房间之中间。是年，柏神父始写石印小抄，为江南本省传教中之事务，或新闻专为神父们阅者。此即为《柏报》，柏神父起始；而费赖之 P. A. Pfister 神父继续，为《费报》，费公于一八九一年去世；其三为富守和神父《富报》；其四为廖树衡神父《廖报》；其五为《万报》；其六为《孔报》，一九〇二年管理土山湾四年；其七为《那报》；其八为《翟报》。

严神父管印书房时，顾朗如、钱裴理、陈鹿门、陆某（童生）俱至土山湾排字所，有修道院生出院者，大概至土山湾印书馆。夫严神父所管不过二年，于一八七六年秋，调任张泾本堂，印书房系翁相公接手。翁相公嘱陈阿弟克昌查见本印书房所缺应用之件，一一开账添办，渐臻完美，于是土山湾印书馆，所出中西圣学、文学诸书，可谓各处传布，四海闻名。邱子昂先生，颇有才能，十余年间，助翁相公管理印书房，相帮不少。于1899年至大德油厂，助朱子尧经理全厂事务，颇著成效，后助子尧等开创图书公司，于上海小南门外教场地。

原载《江南育婴堂记》，成书约为1900年前后

遗闻遗事

——蔡家湾育婴堂，始迁上海小南门，继迁徐家汇土山湾之历史

咸丰十年冬，即一千八百六十年，避洪杨乱，蔡家湾育婴堂诸孩，迁居上海小南门内，梅会长仍派夏司铎管理。其是，各处难民，麇集沪滨。乱离之际，抱送幼孩至堂者，日必数起。夏公悯之，来无不收，且救灵心热，经费之巨不计也。收满百人，即举行大弥撒，又请蓝司铎率同徐家汇学生奏乐、唱经、以志庆幸（其时所收婴孩多至三百有五），当时疫疠盛行，婴孩染病死者日必十数人，夏公日居于病孩之中，讲道理，听告解，传终油，送圣礼，助善终，日无宁晷。且亲为病孩洗疮敷药，医其灵，兼医其身。故其卧室酷类病房，每见病孩绕膝数匝，慰之诲之，而又抚摩，怜爱交加，始终如一。凡人情所不愿为者，夏公独乐为之。所谓众人慈母，洵无愧色。夏公自直隶抱病回沪时，德躬尚未复原，复任管理育婴堂，劳顿数月，形容瘦削遂于一千八百六十四年四月三十日，备领圣事，安逝于董家渡堂内。诸孩闻耗，啜泣之声，不绝于耳。时梅会长先已荣擢代牧（在一千八百六十二年七月），继任会长鄂公即派沈蓉斋司铎（世称沈二神父是）住小南门育婴堂主任职务，又派张皆山司铎兼管（时张公在董家渡管理教友难民局），又派初学修士二人，轮流住堂，帮助一切，并讲解问答等要理。教养兼施，一如夏公。至同治三年，鄂公以沪城小南门房屋狭隘，婴孩过多，易过疾疫，兼之交通亦不便捷，决计迁移，遂于是年迁至徐家汇。先将诸孩暂住大堂前之楼房内（时堂外楼房惟此一座，其基址即在今天文台围墙内）。自育婴堂迁至徐家汇后，派石司铎管理。至同治四年春，再迁至土山湾，此江南育婴堂自始迄今之概略也。又查育婴堂主保，初奉圣日鲁尼木厄弥尔，后由伏司铎改奉天主圣母为土山湾本堂主保，故今土山

湾圣堂，名为慈母堂云抑。余闻之昔年天津等处，教案诬吾教士收养遗孩，将以挖眼剖心，为药饵之用。焚烧劫杀，惨无人道，至今痛之，今观江南育婴堂肇自蔡家湾，继迁沪城，终迁土山湾，屈指到今六十余年载矣。所收遗孩不知数万，衣食之，教诲之，因材施教，授以职业，日盼其成立而后快。噫，诸君试思之，吾教中历年收养之遗孩，何独非我中国之国民乎？何德于教士，而教士肯待之若此，且于六十余年中，为吾中国穷独无告之孤儿，靡费金钱数亿万计，从不闻假慈善事业之美名，剧巨资以补不足，又不闻为此慈善事业之故，耗劳心血，卒以身死不惜之。教士稍受政府褒扬之典，乃反遭社会污蔑而受焚烧劫杀之痛苦，教士之待之者既若此，而我国之报之者竟若彼。呜呼，余亦中国社会中之一分子，言念往事，引为深耻。

原载《善导报》，1914 年

徐汇记略

渔　人

此稿系记者应上海县修志筹备处之请，草拟而成，其中所载事实，虽未能详细无遗，然大致已略具于是，因恐海内诸君，或有未悉本汇历史及所办各种事业情形者，爰录之，以实我杂志。

徐家汇者，系明徐文定公之故乡也，公之子孙，世居其地，又以肇嘉浜及法华泾二水汇为合流，因名曰徐家汇。前清道光末年，天主教教士建堂于此，并附以修道院、育婴堂等。光绪初年，开拓旧址，增建西式楼房，扩充徐汇公学，于是规模宏敞，成为名胜矣。内分耶稣会修院、圣母圣心修院、耶稣圣心修院、徐汇公学、类思初等小学、藏书楼、天文台、博物院、圣衣院、圣母院、土山湾等名目，兹略述一二于左。

一、天主堂

旧堂建自清道光末年。光绪三十二年，另建新堂于其右，宣统三年落成，旧堂遂改作他用，按新堂钟楼，高一百六十九英尺，长二百五十英尺，最阔处，得一百三十七英尺，最狭处得九十一英尺，可容二千五百余人。设祭台十有九座，每日行祭，以申昭事之诚。堂内大小楹柱，共六十四根，悉用金山石精刻叠成，建筑至六年之久，始行告竣。实沪上第一巨制也。

二、耶稣会修院

内设哲学、神学、大学专科。哲学以三年或二年毕业，神学以四年毕业。毕业后，升受司铎神职。攻此学之修士，中西皆有。

20 世纪 30 年代徐家汇全景

三、圣母圣心修院及耶稣圣心修院

专习神学、哲学，及拉丁文科兼习华文，共十二年毕业。内攻学之修士，悉系华人。

四、徐汇公学

创自道光季年，现设中、高、小三级。本年学生三百五十名，学费一百二十元。中西教习及监学三十余员，经费悉由教堂贴补，专收寄宿生，课堂、卧室、饭厅等一百数十间，操场二十余亩。除华文外，兼授英、法文科。毕业后，或送震旦，或送外洋大学专科肄业。

五、类思初等小学

学生二百十余名，皆走读生，毕业后升入徐汇公学肄业。

六、藏书楼

分中西二种，上层为西文藏书楼，下层为中文藏书楼。西文书古本甚多，人争赏之。其中文藏书楼，分列经史子集四部，悉遵四库书目，其最有价值者，乃志书一门，广搜至千余种之多。佛藏经已全，丛书类书颇富，沪上第一大书楼也。又古钱古碑等类，琳琅夺目，考古家咸摩挲弗置。

七、天文台

创自前清，同治十二年，法国高镐鼎司铎，为第一发起人，在今天老天文台旧址（现为《圣教杂志》及《圣心报》编辑所）。光绪二十七年，新天文台落成，遂迁移焉。目下由劳司铎总理一切。天文事务，以马司铎、田司铎副之（马司铎兼任昆山菉葭浜天文台正经理），测候司事十余人。游客入塔门，见左有一机，名曰赛基风机，记风度迟速大小者也，又记风雨表升降之度，不待人力，自记于红格纸上，其纸每八日一易之。正厅东壁，有一风雨表，极灵捷，承以纸格，自行转动，明记度数。正厅西北隅玻璃柜内，藏有风雨表若干，或为本台之物，或友人寄存本台，以较其准否之物。其他仪器颇多，内有窥星午镜，窥时必在夜间，窥测某星过子午线，借较时钟者也。旁有二时钟甚准，大约十昼夜仅差一秒钟，周年仅差三十六七秒而已。本台用此钟以报上海午正，及夜间九时之用。自一千八百八十四年起，至今已三十年矣。正厅西有藏书楼，专贮天文、算学等书，欧美各天文台所著杂志新书，悉有赠本，以资参考。

本台专司测候气象，电告中国沿海、长江一带军舰、轮船公司，指明飓风骤雨之所在，使航海之人免遭不测之祸。蒙中国电报总局，及各国电报公司，担任义务，凡传递于本天文台之消息，一律免费，且随到随送，毫不耽迟，诚公益乐善之美举也。

本台每日二次，上午九时，下午二时，专以气候图表及报风旗式，于上海外洋泾桥报风塔处，悬挂示众。其报时之法，午前十一下五十五分，塔上圆球落下，继而升至塔顶；十二下午正，仍复落下。夜间悬灯四盏，九下钟正，四灯忽然熄灭，以为表记。航海家电问气象时钟者，本台立即电答。其报飓风之法，另有报风要则一书，详载旗式用法，至各处与本台传递气候者，目下有七十余处。本台接此报告，即绘图寄至上海报风处张挂，任人阅抄。

又有方厅一座，内设磁石测验所，有测候地震机一座，凡五大洲遇有地震等情，该机自然记录，至于各国向本台通讯处，目下有四百余所之多，此徐汇天文台大约情形也。

八、博物院

创自清同治初年，由法国韩伯禄司铎发起。韩君精物理、动植物诸学，院中搜罗珍禽异兽、水族虫介等物，装成模型，栩栩欲活。内以麋鹿门为最富，韩君曾著《说鹿》一书，经法国翰林院批准，定为科学善本，并颁给奖牌，以示鼓励。目下由柏司铎主任。柏君精禽鸟门，每年出游远地，猎得珍禽以归，细心研究，不日将出专书示世。院中设藏书楼一间，专收中西动植物科学善本，内华文古本，颇有价值。每日午后，准人参观，不取游赀，亦无入场券之例。入门后，须投刺，即有人招待导观云。

九、圣衣院

在上山湾慈云桥之东，创自同治初年。院中修女二十七人，内中国人十七名。该会宗旨，专以克已修身祈祷对越为本，列入天主教修会中至高之级。会规甚严，虽与家人晤见，亦不得久谈。终身不食禽兽之肉，自阳历九月十五日起，至明年耶稣复活瞻礼日止，各守严斋，粗衣糠食，寡欲清心，日间有做工时，有祈祷时，即子夜亦必起身祈祷，虽无传教之直接，而以祷祝斋克等工，祈求天主赐国家及教会日臻进步，故教中人甚尊敬之，以为望尘勿及云。

十、圣母院

创自前清咸丰初年，始在王家堂（徐家汇东南一里），同治七年迁此。内分拯亡会、女修院、献堂会女修院、崇德女校、启明女校、聋哑学堂、幼稚园、育婴堂、刺绣所、花边间、裁缝作、浣衣厂等名目，兹略分注于后。

（一）拯亡会女修院：清咸丰初年，江南主教由法国请来，该院宗旨，专掌女界教育及传授刺绣、花边等美术，兼营育婴堂事务。目下在该院之中西修女，有五十一人，分任一切职掌。

（二）献堂会女修院：亦建于清咸丰初年，悉系中国贞女，其宗旨专充女校教习，管理育婴堂等事务。目下修女二百余人，分发江苏、安徽传教地方任事。在圣母院供职者，亦二十余人。

（三）崇德女校：专收教中女子寄宿生，系高小两等学级，兼授英、法文科。目下学生二百廿四名。

（四）启明女校：专收教外寄宿女学生，分中、高、小三等级，华文外兼习英、法文科，年终试卷送英国阿克斯福尔大学阅核，即由该处大学颁给毕业文凭。目下学生一百二十七名。

（五）聋哑学堂：学生十一名，有修女一人，专授聋哑女生以口讲笔写法。游客见之，每称赏不置。

（六）幼稚园：以修女及保姆等掌之，教以书写、诵读、游嬉等事。幼童百余名，天真烂漫甚为可观。

（七）育婴堂：男女孤儿一并收入，男儿满七八岁者，送入土山湾育婴堂；女儿则教以文字、书算、刺绣、花边等艺术，随材器使，长则之择配，既嫁以后，即赁居于该院附近，日到堂做工，谋生有术矣。目下存堂之孤女儿，三百六十三名。自初创至今，共收一万一千四百六十四名，为数亦巨矣。

（八）刺绣所、花边间、裁缝作、浣衣厂等女工，共四百十三人，其刺绣、花边等品，为各界所欢迎。年中销出外洋之数甚巨，厂中规矩严肃，总计圣母院容人至一千三百余名之众。诚教育、工艺及慈善事业之伟观也。

十一、土山湾

土山湾者，前濬肇嘉浜时堆泥成阜，积在湾处，因名土山湾，山于前清光绪初年，削为平地，建工厂于其上，土山故迹不复可寻矣。咸丰初年，天主教教士设育婴堂于蔡家湾，天主堂适遇粤匪之乱，遂于咸丰四年，迁徐家汇南首，设育婴堂、工艺厂，拓地建筑，日渐扩充，至有今日之规模焉。该堂专收

20 世纪 30 年代土山湾航拍照，画面右侧中部能够看到慈云桥，还能看到土山湾的那个“湾”

土山湾叙伦堂中的婚礼场景

教外孤儿，自七八岁至十一二岁不等，衣之食之，教以工艺美术。其经费由中西教民捐款集资，成此慈善美举。计自开设至今，已收孤儿二千数百余名。学徒肄业，以六年为限。毕业后，或留堂工作，或出外谋生，悉听自便。年已长成，积有工资者，由堂中为之择配。完婚后，男在该堂工作，女在圣母院做活，有天伦乐叙之福，有善守教规之便，询慈善事业之大观也。目下堂中所收孤儿，有三百余名，工人亦三百余名，设总理司铎一人，各工艺厂，另有专业经理修士一人，不分中外，皆可充任。所有各项工厂名目如下：

（一）木工厂：制造中西木器，雕刻人物、鸟兽、金银彩画、油漆器具，色色俱全，中西人士购订对象者，络绎不绝。

（二）五金厂：修造五金杂货，其镀金镀镍之优美，为上海工艺之冠。

（三）中西鞋作：制造皮鞋、华履、皮球、皮袋等货。

（四）风琴作：修造大小风琴，为各教堂各学校欢迎要品。工料坚久，声音洪亮，为上还制琴家所不可及者也。

（五）图绘馆：分水笔、铅笔、油彩等画，所绘花草人物、摹写真影等件，前经南洋劝业会颁给奖牌奖凭，至十九件之多，近日新添彩绘玻璃制造所，将人物鸟兽，油画于玻璃上后，置炉中煨炙，于是彩色深入玻璃内，虽经日炙水洗，永久不退。教堂、官署、花厅、宴所等门窗装饰品也。中国彩绘玻璃，此为第一发明家矣。

（六）印刷所：分石印、铅印、五彩印等名目，所印中西书籍，久已脍炙人口，另有价目单，函询印寄。

（七）照相馆：制造铜锌玻璃等版，凡人物影及五彩各像，皆可制版精印，其玻璃版之精良，尤为上海印刷家首屈一指。

（八）机器厂：修造一切机器，本汇天文台、陆家浜天文台，有几种机器，为该厂制造，今南通张季直先生，拟创南通观象台，闻亦向该厂订购几种器械矣。

附志明文渊阁大学士礼部尚书徐文定公光启墓

墓在徐家汇天主堂之西南，土山湾之西北，南向面对肇嘉浜。墓前原碑已失，所有石人、石马、华表、牌坊等物，于前清光绪二十九年癸卯，由江苏教民与徐氏子孙集赀重修，又于墓前另置大石十字架一座。座旁志刻立碑缘起，并附有辣丁碑石。四周围以铁栏杆，以期永久，所有碑刻文字列后。

1933 年纪念徐光启逝世三百周年情景

石坊正中额曰“文武元勋”，右曰“熙朝元辅”，左曰“王佐儒宗”，正中额下曰“明故光禄大夫，太子太保赠少保加赠太保，礼部尚书兼文渊阁大学士徐文定公墓阙”共三十二字，作十六行，行二字。又坊联，右曰“治历明农，百世师经天纬地”，左曰“出将入相，一个臣奋武揆文”，其十字碑另附于左。

徐文定公墓前十字碑

碑分刻六石，每石十二行，行六字，字方三寸余，楷书。

明故少保加太保礼部尚书文渊阁大学士徐文定公墓前十字记

呜呼圣沙勿略之来宾而薨于粤岛也，谁不哭望三洲，奚我独后，讵知大圣祷祈，早格维皇，即于是年嘉靖壬子，利玛窦生，壬戌则文定公生。初访利氏之会友于韶州，继访利氏于白下，考道数年，至癸卯乃始深信不疑而受洗。是无日不推阐所深信之道，口之，手之，公诸遐迩。时虽廷臣水火，魏客煽处，致不能一展其猷，公泊如也。遇中伤教士，则必抗疏以诤之。公孙尔觉刻其疏于上海南门外耶稣会之墓道，公云，臣尝与诸陪臣讲究道理，书多刊刻，则信向之者。臣也又尝与之考求历法，前后疏章，具在御前。则与之言星官者，亦臣也。因与讲究考求，知此诸臣最真最确，所传事天之学，真可以补益王化，左右儒术，救正佛法者也。臣心有一毫未信，又安敢妄加称许，为之游说哉。观此，知公信道之诚，不啻口出，高山在望，尤贵景行。今岁癸卯，距公受洗年三百周，江南教众建十字石于肇嘉浜北原之故阡，取潘国光书旌纳矿之文，演以为颂日。

经云信德有耳闻，有传有习相须殷。惟明硕辅徐上海，揭信光兮扫群氛。耶稣会士载拜言，公真震旦之朝暾。共竖墓前十字石，石弗烂兮矢弗谖。

光绪二十九年癸卯教众立石

丹徒马良撰文　娄县张秉彝书

原载《圣教杂志》，1914 年

徐汇八景

芳　杜

一、李祠弔古

徐家汇镇北，有李公祠，花木甚盛，辛亥驻兵大肆蹂躏，铜像亦损。今为复旦公学。行人过此，每有沧桑之感。诗曰：柳丝飘拂早梅香，铜像巍巍立夕阳。莫忆马关成败事，祠堂已有小沧桑。

二、松社寻幽

姚主教路[①]余邨园改建松社，祀蔡公松坡，设图书馆。园中花木繁茂，景物幽深，一琅嬛福地也。诗曰：祠堂香火正氤氲，古木成荫草似薰。读罢纵谈天下事，令人顿忆故将事。

三、宜园赏花

虹桥路宜园，辟地数亩，杂莳花木点缀，未工而有萧疏之致，兼售盆花。诗曰：风和绮陌静无尘，一径垂杨绿到门。点缀萧疏有真意，看花携酒别成村。

四、钟楼望月

镇北南洋公学有钟楼，甚高，攀阶眺望，全境在目，尤宜玩月。诗曰：无

① 编者注：今天平路。

边景色来天末，百步球场在眼前。时倚高空望明月，中青蟾影最婵娟。

五、市楼论茗

镇中有茶社，三层楼，临马路，颇宜登眺，偶与二三素心人评茗，其间亦足以遣闷排忧也。诗曰：廻环一水映澄碧，压乱飞花舞落红。煮茗谈天饶逸趣，不知身在市楼中。

六、铃塔闻钟

镇南有天主堂，双塔高耸入云每值星期晨餐方罢，钟声锵锵，以鸣远近。教徒咸集，红男绿女，迤逦可观。诗曰：晨曦初上忙梳里，铃塔钟声作意鸣。高髻长裙称雅洁，轮诚礼拜态盈盈。

七、虹桥逭暑

镇北西转为虹桥路，两旁绿荫密布，马路宽坦，尤宜驰车，四五里而至虹桥路。一路清风拂拂，炎郁都消。诗曰：怜他娇小畏炎曦，为驾钿车走夕晖。一路浓阴青不断，花香露气送将归。

八、曲径游春

镇西北均为农田，阡陌纵横，春来桃李竟芳，篱边溪上随处增妍时见，一湾流水小桥跨之，村姑十八九，浣衣其间，居然若耶溪上景也。诗曰：曲径幽深绝点尘，花明柳暗物华新，闲游偶与春相值，不为寻春始见春。

原载《时报》，1919 年

《圣教杂志》

张　谦

无论谁要是提起中国杂志界里的老前辈（当然以尚在继续出版者为限），大家就要不约而同地"翘起拇指"推举着上海商务印书馆出版的《东方杂志》了，它创刊于一九〇四年，到如今恰巧有二十二足年零七个月的年纪。这是一般读者，只消在最近出版的《东方》封面上见到那"第二十三卷第十四号"字样，就可以推算出来的，也用不着什么相命先生替它排庚辰了。但是它在中国定期杂志中也只可以算得比较的老资格，为什么呢，因为实然还有一种比它年纪长上几十岁的杂志在哩，不过因得这种杂志曾经经过了好多次底改革，加之又是一种讨论专门学术的东西，所以读者方面知道它的极是少数，但我们如果要留意中国四十余年来对于学术上有所贡献的杂志，无论如何，总不应该忘掉了它——虽然这种杂志是完全宗教性质的——这就是我要给诸位介绍的《圣教杂志》。

此外我还要乘便连带介绍两种也是关于宗教的刊物，《文社月刊》和《回光》，它们虽然出世以来，只有一二岁的年纪，但是的确在宗教学、民族学、史学、文艺上，都有相当的价值，尤其是为研究"比较宗教学"（Comparative Religion）者绝好的参考刊物，我们原不必用"信仰宗教""迷信神权"的眼光去观察它们，现在就在后面分别来说明几句。

《圣教杂志》由上海徐家汇土山湾印书馆出版，《圣教杂志》（Revue Catholigue）是在中国底天主教会所发行刊物的一种，它的本身年龄，今年虽只有十四岁，但是它的承接前身，却有很长久的历史，如果从最初创办的那一年算起，直到现在，已经有四十五足年了，它的寿命除了《申报》以外，便要推着它做老前辈了。在四十五年中，它前后共改变了四次名称，内容因着为应付学术思想的潮流，每次也加以更变，最初的一次取名做《益闻录》（一八七九——一八九八），这是一种“注重新闻，开通风气”报纸性质的刊物，光绪戊戌年维新以后，改名做《益闻格致汇报》（一八九八——一九〇七），《时事科学汇报》（一九〇七——一九〇八），《汇报》（一九〇八——一九一〇）等，内容专门趋重科学，以灌输新智识为宗旨。到了民国元年（一九一一年）就改名做《圣教杂志》，显明地张着宗教的旗帜，来专门介绍宗教学术，和传播全国教务消息，从去年起，内容又焕然一新，除原有“插画”“论说”“传记”“杂著”“近事”“中外大事表”各栏外，另添辟了“小说”“剧本”两栏，可惜因得稿子缺乏的原因，不能每期刊登，又仿照以前《汇报》的“问答一门”，添了“通讯”一栏，专为读者与编者互相讨论学术和教理，以得切磋裨益，形式方面也更变了一些：改用新式标点，以分析词意；卷首登一短篇社论；“近事栏”用小号铅字排印；“中外大事表”改刊较有系统的时事记述。内容数据，似乎比从前多了一点。

它的出版期数已至一百九十二号了，每月一册，售价全年大洋八角，每期八分，专号零售一角五分，每期销数，大约只有三千册左右。

编辑人才，先有李问渔独立经营，他已创办的《益闻录》《益闻格致汇报》《时事科学汇报》《汇报》等，其时有郭友松等担任常年撰述，直到李问渔死了以后，《汇报》就改成《圣教杂志》，由张渔珊、潘秋麓、张百禄等编辑，前年起改了徐宗泽，近来又加入了王昌祉、袁文奎等人帮助。

该杂志从徐宗泽担任编辑以来，大有进步，尤是难得可贵的，是他努力工作的精神。该杂志因为太趋重于专门学术的研究，对于投稿者又没有相当的报酬，所以外界投稿者极少，每期稿子，差不多都出自他个人的手笔，即就他的别署笔名，已有半打之数。这一定不是他想出什么风头（因为听说他是一位教士）。正也是一件不得已的办法，真是可以叫人家表示同情的，因着每月要做好多篇文稿的原因，这位编者的作品，当然要装帙订册起来了。他新近又出版了一本《明末清初灌输西学之伟人》，是把十七世纪来华西教士的传入西学事迹及其作品，做成很详细的系统叙述，如利马窦、汤若望、徐光启、李之藻诸人的生平和轶事，都收罗在里面。从前在北京出版的《语丝》，似乎有过什么人，曾经征求人家把明清以来西洋学术书籍的翻译表，这本小册子，当是极好的重要参考材料了。

《圣教杂志》的详细内容，还没有说过，现在就把最近出版的六月号“教育专刊”来介绍一下。从徐宗泽接手主持后，已经出了两次特刊，一次是去年七月份的“中华全国主教公会议专号”，一次就是这期的“教育专刊”，内容比平常增多四倍，六开本共一百零六页，编者在发刊辞里写道，“夫提倡教育，兴办学校，培植教中之人才，是在实力家，以言论鼓次，唤醒当局之注意，实行其所当为者，报章亦肩其一部份之责任，此本社教育专刊之所由来也……”内容文字不及一一介绍，现只抄录其要目如下：

教育之原则，有《何谓教育》《教育之原理》《家庭国家无教育》《历史上之圣教学校概观》等八篇；几个教育问题有《编辑教科书问题》《师资问题》《组织教育机关问题》《学校注册》《新旧学制之去取》等六篇；几个学校问题有《国语》《外国语》《宗教科》《训育》等；现代教育趋势之评议，有《收回教育权》《反对教会学校》《教育与宗教分离》等；现代教育思潮之评论，有《军国民主义》《个人》《科学》《世界》《平民》《共产》《国家主义》等；现代教育方法之评论，有《设计法》《道尔顿制》《葛雷制》《教育测验》等等，此外尚有来稿选录，教育调查表等。

要知道一位信者的眼光，可以从下面一段文字去看，原文见《外国语问题》：“……青年求学，亦有一宗旨在，今以吾国学生，具体言之，十之八九，岂不为求生计乎？正为求生计，故现在之学生皆趋重外国语，尤其是英文，以为一读英文，即谋生有法，终其身无冻馁之忧矣。然按之事实，除少数杰出者外，有力读书，得以显现扬名，大半学生不过略通英文，能会说几句英话，能阅浅近洋书，即诩诩自得。而其在社会所得之职业，为洋行中之打字员、抄写员，其上者亦不过为海关上，或邮局中之服务员。更有自命不凡，超乎庸众之外者，亦不过为一编辑员耳。学外国语而中途辍学，仅知一二 ABCD 学校又不能谋生者，比比皆是。此皆为近今外国语学校所造就之人才，高等游民，士农工商四门之外，可增多一类人物矣……”

上面这几话，虽然是含着几分调侃风味，但是“目光如炬”四个字，也可恭送给他受之无愧的了。《圣教杂志》不能畅销的原因，大约因得内容主重文言文，太富于宗教色彩，尤其是太多沉闷玄奥的理论，缺乏文艺兴趣的调和，这或许更是难受普通读者欢迎的唯一原因罢。

临末，我还要对这曾经四次改革，享有四十六岁中国宗教杂志界三大权威之一的《圣教杂志》，致一个相当的敬礼，并且极希望它本着“应付学术思想的潮流”的宗旨，再行进一步的改革。

原载《申报》，1926 年

上海法租界之起源

季　平

首先来沪之外人非法国人，至一八四七年法人孟提业氏来沪作法国领事代表，始有法人之足迹。当时商业颇为冷淡，仅有天主教神父数人驻此，孟氏有干才，对于驻华法国事业，多所擘画。彼来沪后未久，始有法国第一人来此经商。此人名芮米氏，经营钟表及洋酒事业。自彼来后，法领事孟提业即向中国当局要求，给一片地与法人，因孟氏深恐法人之微小商业，将为英美商业所掩蔽。中政府当给与小地一方。于一八六二年五月十八日，法工董局成立，以爱当谟氏为领事。当时英领事反对法人设立工董局，因其与各订约国与中政府所订之上海地皮章程不合，但法人不理。当时上海之外人商业，全在英租界，新设立之法工董，每年收入颇小，一八六五年预算，总收入可得十万零三千两捐税，但其中四万八千两，来自烟馆、妓院、赌场之执照税，按当时妓院及赌场，在其他租界内，并不捐照或纳税，法租界之诉讼事件，办理亦颇得法。但有一件足以证明法人不耐与其他租界合作，即一八六五年，一美人被一法人戮杀于一英国轮船上，是船停泊宁波，英人并未要求裁判，而法领事于审问凶手时，并不通知美国领事，或许其提出证据，问后即释凶手，上海法国当局之意，认法租界为永远享有之割让地，法总领事居租界之首位，工董局不过为受彼直辖下之一顾问机关，法工董局无实权，足以往事觇之。遇工董局与总领事意见不合时，彼则毅然解散之，巡捕与义勇队，亦受彼之管辖，作护卫焉。

按总领事现为高齐林氏，当孟提业氏向中政府要求割让地时，法国天主教之势力，逐渐趋于稳固地位，大礼拜堂建于徐家汇，各神父复在其处建住宅，迄今并未有所迁移。当时中国官府，对于天主教势力之危害国家，远胜于法租界内之鸦片烟及商人。此点当时官府，殊为愤愤。天主堂曾被抢劫，神父被杀多人，徐家汇有女修道院，作救济工作，当时华人中之迷信者，乃以石击其窗，并冲人门内，以死恐吓之。因之接济工作，不能畅行。徐家汇天主堂办孤儿院，结果亦有殉难之人，因当时华人殊不知法人之用意安在也。今日孤儿院收容无家可归之儿童数百，教以最上之手艺。此外复建有全华唯一之天文台，该台所发表之预测，颇为一般航行中国海岸之商人所信赖。在法租界未变成法人割让地时，其间争论经过不少。昔日界内华人有一会馆，并有一寄棺房即丙舍，此外尚有公共坟山，以葬贫不能得茔地者。在一八六三年，该会馆及葬地位于法租界所越过之界内。于一八六五年，作添筑马路之计，于一八七〇年发表拟筑之马路地图，法工董局决定建筑某数条马路，而四明公所则指出如照所拟地图筑路，则彼等已被核准之墓地将受割裂，双方争论不已，结果演出暴动之事，华人放火焚烧多数外国住宅，虽无外人被杀，然时时感觉危险，受重伤者亦有数人，华人死者七人，伤者十二人，结果法领事允许四明公所及墓地保留不动以了事，但此事于一八九八年卒被推翻，先此所拟筑之路亦已筑成。

兹事之后，法人即在本国租界内，照已意建筑各种马路，并努力经营，致界内成为最善之住宅区域，一般英美国人均择地建屋，反不顾其本国租界焉，且界内法人之移居者并不见多。近数年来，法租界进步颇速，各种新修马路，及近代大建筑颇伙，霞飞路[①]为最带法国色彩之大路。附近一带之地，如贾尔业爱路[②]、亚尔培路[③]、毕勋路[④]等，已渐成为法租界之中心地点。非仅法人事业在此集中，而万国事业亦于此进行焉。法运动总会之多数会员为英人，高入云霄之大厦名契丹住宅，各国人均家于是。除此以外，现正有二大戏院在建筑中，一为正对法国总会之兰心影院，一为霞飞路上之卡尔登。法运动总会为上海最大之社交中心，因其网球场、游泳池、洋台均颇宏大，会员各国均有，跑狗跑马均附近此处。除法运动总会外，尚有两俱乐部，一为法人总会，一为巡捕总会。法租界自设有电车、电灯及自来水厂，不与公共租界相联合。法水电

① 编者注：今淮海路。
② 编者注：今东平路。
③ 编者注：今陕西南路。
④ 编者注：今汾阳路。

厂对于法租界之兴旺，尽力不小。法界内学校林立，对于教育文化贡献殊多，获誉者亦复不少，圣何塞学校，直接受圣何塞堂监理；震旦大学管理严明，造就人才不尠；工董局办有学校二所，一为环龙路之法国学堂，一为八仙桥之中法学堂；此外尚有圣芳济学校、徐汇公学，及天主堂所办之学校。驻华法国商会所发表之统计，足表示法国社会之勃兴及繁盛，法人之驻华者，全体共六千七百零四人，而居沪者已占其五分之一，全华法商行共有二百四十六家，在沪者有一百二十五家，不可谓不盛矣。

原载《申报》，1930 年

上海天主教之今昔观

蟠　溪

明末，其传入之发动人为徐文定公，应文定公之请，首先到上海之西教士为耶稣会士郭居静司铎。今先将二公之传略介绍于读者：

徐文定公传

徐光启，字子先，上海人。万历二十五年举乡试第一，又七年成进士。由庶吉士历赞善。从西洋人利玛窦学天文、历算、火器，尽其术。遂遍习兵机、屯田、盐策、水利诸书。杨镐四路丧师，京师大震。累疏请练兵自效，神宗壮之，超擢少詹事兼河南道御史。练兵通州，列上十议。时辽事方急，不能如所请。光启疏争，乃稍给以民兵戎械。未几，熹宗即位。光启志不得展，请裁去，不听。既而以疾归。辽阳破，召起之。还朝，力请多铸西洋大炮，以资城守。帝善其言。方议用，而光启与兵部尚书崔景荣议不合，御史邱兆麟劾之，复移疾归。天启三年起故官，旋擢礼部右侍郎。五年，魏忠贤党智铤劾之，落职闲住。崇祯元年召还，复申练兵之说。未几，以左侍郎理部事。帝忧国用不足，敕廷臣献屯盐善策。光启言屯政在乎垦荒，盐政在严禁私贩。帝褒纳之，擢本部尚书。时帝以日食失验，欲罪台官。光启言："台官测候本郭守敬法。元时尝当食不食，守敬且尔，无怪台官之失占。臣闻历久必差，宜及时修正。"帝从其言，诏西洋人龙华民、邓玉函、罗雅谷等推算历法，光启为监督。四年春正月，光启进《测天约说》二卷、《大测》二卷、《黄道升度》七卷、《黄赤距度表》一卷。是冬十月辛丑朔日食，复上测候四说。其辩时差里差之法，最为详密。五年五月，以本官兼东阁大学士，入参机务。寻加太子太保，进文渊阁。光启雅负经济才，有志用世。及柄用，年已老，值周延儒、温体仁专政，不能有所建白。明年十月卒，赠少保。御史言光启盖棺之日，囊无余赀，请优恤以愧贪墨者。帝纳之，乃谥光启文定。久之，帝念光启博学强识，索其家遗书。子骥入谢，进《农政全书》六十卷。诏令有司刊布。加赠太保，其孙为中书舍人。

《明史本传》

郭公居静小传

郭公居静，字仰凤，(Le P. Lazre Cartanee)，一五六〇年生于意之撒若那（Sazzano）。家本贵族，晋耶稣会后，即求至远方传教，总会长许之，公益发愤，自究神哲学，后至印度科亚（GOA）任理家职，旋抵印度海滨传教，继召至澳门，读中文焉，卒于韶州，为襄理利公玛窦。利公往南京，公正任韶州教务，不幸为恶人所困，艰苦备尝，继随长上往北京，由北京回南京，至澳门长辈处报告南北情形。利公去南京后，公继任治理南京教务，兼管南昌韶州。一六〇四年，加澳门时，偕行者有李玛诺司铎，应澳门监会司铎之召，适值荷葡构难，荷与葡均有殖民地于印，荷人野心勃勃，将夺取葡地，且窥视台湾澳门。葡兵为自卫计，相持不下，华人见西人心怀叵测，疑及司铎奔走仆仆，或亦参与其间，因此传教前途，顿受莫大之影响。一六〇六年，公重赴南京，一六〇八年，徐文定公识公焉。时徐公适丁忧，邀公来沪传教，徐公故有巨室于沪城，请公居之，徐第遂为传教之中枢。徐公全家奉教后，沪上人士被化来归者踵相接。两年间，公在沪为信友付洗者达二百人。公乃提创圣母会，令信友行八日避静。一六一六年，圣教艰难时，公匿居嘉定。一六二〇年，遂开第三会口于嘉定。一六二二年重回杭，是年成人付洗者计一百九十一名，其中有文人学士。一六二七年，杨洪园建造圣堂与郭公居，以乐其余年。公乃长居杭，力弱不便于行动，而著述无倦意。一六三四年及三五年，成人付洗又有三百余。后公病，坐椅中，不能行动者二年，虽苦无怨言，一六四〇年一月十五日，卒焉。葬于杭之方井，沪杭信友哀悼之甚深。公著有《灵性诣旨》《悔罪要记》，余著犹多未曾刊印者。

《圣教杂志》第十八卷第十一期

吾人既知徐郭二公之为人，继言其传教之功：

文定公自万历二十五年（一五九七年）中顺天解元，后一六〇〇年到北京应礼部试，道经南京，趁机到天主堂，晤利玛窦司铎，考问人生大事，生死问题。盖公于是时对于人生问题已当萦绕于心，求之于儒书未得其道，索之于二氏九流之书，更茫无指归，于是有意求道于西士。然因时间促迫，未遑多究。

阅三年，一六〇三年二月，公有事又到南京，去见利玛窦，利子已北上，乃晤见罗如望司铎，与之讲论天主教道理、异常欣喜，即求领洗。罗公欲试其求道之减，命每日到堂学习教理。八日后，乃领圣洗入教，取圣名保禄。翌年（一六〇四年），公成进士，殿试列三甲，改翰林院庶吉士，作官京师。一六〇六年，公迎父来京，旋亦受洗礼。一六〇七年四月二十八日（旧历），公父在京故，在京治丧毕，公扶父棺回上海守制。起程前，公请利玛窦遣派一教士，赴上海开教。公路经南京时，所以即请郭司静司铎。公先回上海，郭公则于一六〇八年年冬始到的。是为第一西教士赴上海。

郭公到上海寓居于公府，时文定公第在南门□乔家浜之九间楼，此楼至今尚存。郭公在公府居住三日，后迁至南门外双园，旧有南北二园，故名双园。郭公到上海张二月，即付洗五十人，继而教友之数增至二百，皆为文定公亲自所预备而成就之者。一六〇九年，文定公在其居第之西旁，即建造一小堂，十二月二十五日郭公在新堂中特行耶稣圣诞弥撒，新教友莫不喜形于色，文定公率领教友，过此瞻礼盛典。

一六一〇年，公服丧回北京，郭公亦于一六一一年回南京。是年李之藻丁外艰自北京回杭州，效文定公传教之热忱，亦请郭公同往。郭公到杭，借道上海，并访教友。阅三月，郭公仍回南京。一六一三年，耶稣复活瞻礼后，郭公又离南京而之上海，居半月，旋至杭州。嗣是以后，上海虽不有常驻教士，然每年必有教士来巡视，施行圣事。一六一六年，沈纮兴起南京教难，教士遂避，当时上海、杭州、松江三城中，计有五百教友，以上海为最多。一六一四年，黎宁石一度管理上海会口，后回杭州。一六二一年郭居静司铎应孙元化之请，到嘉定传教，又至上海，由文定公子雅各布伯（骥）接待款留。郭公又付洗七十二人。翌年，一六二二年，文定公自北京回上海，又延毕方济司铎同来。毕公到沪后，有九十六人领洗入教。一六二四年，文定公又至北京，阅三年重回上海，黎宁石、李玛诺、自松江来见公。

上海之教务亦逐渐发展。起初，无常驻之教士，上海、杭州、嘉定三处，不过由教士每年巡视作祭而已。曾来寓上海之教士，有龙华民、罗如望、黎宁石、李玛诺、阳玛诺、金尼阁、毕方济、艾儒略、鲁德昭、传泛际、贾宜睦等。其中居上海最久而奠定上海会口之基础者乃潘国光，潘公于一六三七年到中国，至杭州学习中国语言，是年即来上海驻节，直至一六六五年杨光先为难圣教，被逐至广州卒于该地。潘公到沪后，不满二年，在一六三九年，有一千一百二十四人领洗，一六四〇年计教友有一千二百四十人。一六四四至一六四八年共有三千，一六六一年，潘公最信于罗玛耶稣会总长，谓每年外教之付洗者，约有二三千之数。一六四〇年，因教友之数目增，在文定公宅西之圣堂已形太小，潘公乃得文定公第四孙女玛尔弟纳（Martine）之助，购买潘方伯充庵房屋又建筑一座大堂，此即今日上海之老天主堂，其变迁之历史，颇足研究也。

原载《申报》，1939 年

徐汇琐话

郑逸梅

徐汇在沪西，为晚明相国徐文定公之故乡，其后裔世居其地，且皆笃信天主教，成为宗教特区，法租界二路电车及廿二路公共汽车可以直达，甚为热闹，其形形色色，足资谈助，爰记述之于左。

海上诸文化区，藏书之富，以徐汇藏书楼为首屈一指，由徐君宗泽主持其事，分上下两层：上层西书，颇多古本，大抵为英法德希拉之书，各国所出之有名百科辞典，莫不齐备，依科分类，编有目录，都八万册；下层为中文书，共一百余架，每架共十有二格，别有书柜，藏庋各地名贵碑帖，所列经史子集，悉遵四库全书分类，目录有书本簿，及卡片目，照康熙字典字母为次序，以书名之末一字编成；另编有各省府厅州县志目录，上海县志凡若干种。曩时亡友胡寄尘辑《上海市通志》，以搜罗资料，居于藏书楼者半阅月，书籍约有十二万册。乡土志外志书有二千一百余种，附有中西古钱，陆离光怪，耐人摩挲玩赏。按藏书楼，肇始于明末清初，天主教传入中国后，利玛窦等探讨吾国文化，搜罗诸书，以供教士研究，及一八四七年，耶稣会传教士于徐汇建立藏书楼，以后逐渐扩充，遂成今日之大观。

徐汇之天文台，著名于全国，是台创始于前清同治十二年，发起者法国高镐鼎司铎也。旧台在肇嘉浜畔，为平屋数间，甚为简陋，一八八〇年，增高为楼屋，一八九九年，乃另建新台于徐文定公墓之东部，越二年告成，遂迁入焉。然今日之天文台，仅存地震学与气象学两部，其他天文学部，已迁至佘山。磁气学部，迁至昆山陆家浜，兹徐汇天文台由数司铎管理之，测候司事凡十余人，塔门内有赛风机，记风度之迟速大小，其升降之度数，能不假人力，

徐家汇天文台

而自记于红格纸上，其纸阅八日则一易换。厅侧有风雨表，承以纸格转动绝灵捷，可以记明度数。仪器方面有窥星午镜，闻每窥必须夜间，以测某星过子午线，借较时钟者也。旁有标准巨钟二具，约十昼夜，只差一秒钟，周年只差三十余秒而已，是台即以此报上海午正及夜间九时之用。又是台能测候气象，电告吾国沿海长江一带船舶，指明飓风骤雨之方向所在，俾航海者有所戒备，凡电报局及各国电公司，悉义务代为传递消息，不取代价，盖公务之事，特予优待者也。每日上午九时下午二时，辄以气候图表及报风旗式悬挂于上海外洋泾桥报风塔处，宣示其报时之法，上午十一时五十五分，塔上圆球下降，继复升至塔巅，午正又复降下，夜间挂灯四盏，正九时四灯忽灭，以为标号。目下航海电询气象时候者，是台接得，即绘图送至上海报风处悬挂，任人抄阅。又台之东南设有磁石测验，及测候地震机一座，凡五大洲一遇地震，该机能自动记录，殊为巧妙，又是台所贮天文算学诸书，种类繁多，欧美各天文台所发刊之杂志新书，皆有赠本，以资参考。

徐汇公学今名徐汇中学，创于一八五〇年，已阅九十春秋，为沪上各校年代最为久远者。当前清道光之际，江南大饥，徐汇附近贫窭之家，不克以养其子弟，相率送至天主堂，教士等有鉴子弟中不乏优秀者，乃办学以教养之，此公学之始也。嗣因各地负笈来学者甚众，规模乃逐渐扩充，一八四八年，增建三层西式大厦一座，后复加高一层，即今之老校舍是。一九一八年，复于老校舍北，别建新校舍一座，极宏敞崇巍之致，大礼堂、课堂、卧室、饭厅、病房、仪器室、教员室、自修室、足球场、图书馆，无不应有尽有。图书馆中藏书亦有三万册，人才辈出，如翁文灏、于斌、马君武、马相如等，均为是校最先学生，故礼堂中颇多相伯书撰之联语，如云："保障中华民国，提携汇学师生"，又云："主善为师，高山仰止，予怀明德，中心藏之"。教员中西人士凡数十一位，予亦厕列其间也。

博物院创于一八六七年，由法国韩伯禄司铎发起，院址在天主堂东。伯禄精于格致之学，院中搜罗珍禽异兽鳞介虫豸等，制成标本，以麋鹿一门最为丰富，伯禄且著有《说鹿》一书，经法政府批准，定为科学善本，并颁发奖章，借以鼓励。后由柏司铎主任，柏精禽鸟学，年必出游，猎得珍禽，悉陈列其中，细心研究，著书问世，藏中西动植物书，多孤本，甚为名贵。直至民国十九年，以地址隘小，难以扩充，乃移至卢家湾为震旦博物院，凡乘车赴徐汇，相距数里外，即见塔光耸立于烟云杳霭之间，此即天主堂是也。一八四七年，天主教教士南格禄建堂于其地，堂为罗马式，状极壮丽，后因教友日益增多，旧堂不能容，乃于一八九六年始另建新堂于其右，奉圣依纳爵为主保。宣统二年九月二十日落成，旧堂归入徐汇中学，新堂钟楼高十七丈，堂脊高八丈，阔九丈，中阔十丈，深二十五丈，可容二千五百余人，内设祭台十九座，每日行祭，甚为郑重。堂内大小楹柱共六十有四，悉用金山石精琢而成，盖建筑六载，始克竣工。

当濬肇嘉浜时，污泥堆积成阜，因有土山湾之称。前清同治三年，始铲为平地，设立工厂，所谓土山，有名无实矣。咸丰五年，天主教教士薛孔昭设育婴堂于横塘，旋迁青浦之蔡家湾。咸丰十年，洪杨之役，悉遭兵燹，荡焉无存，乃迁至董家渡。同治三年，始移至土山湾。迄今规模益复弘大，专收教外孤儿，自六岁至十岁不等，供以食宿，并授以工艺美术，肄业六年毕业，或留堂工作，或出外谋生，悉听自便，名美术家徐咏青君，即堂所养成者也。堂中有小学校，专教收养之贫苦儿童，有木工部，制造中西木器，及雕刻塑像等工作；有五金部，修造五金杂品，并镀金银；有皮革部，制造皮球、皮鞋、皮袋等；有印刷所，分石印、铅印、五彩印等，甚为完备；有照相馆，为上海照相馆中之开设最先者，并制铜锌版、玻璃版等；有图画馆，分水彩、铅笔、油画，其所绘花草人物，摹真写影等，在前清时曾经南洋劝业会颁给奖牌奖凭，计十九件之多。近又添彩绘玻璃，将人物鸟兽彩绘于玻璃上，后置炉中煨炙，彩色深入玻璃内，永不脱色，吾国彩绘玻璃，仅见于此，殊可贵也。

徐文定公墓石坊上缀有联语，诵之动人景仰，尚有拟而未曾镌石者，如云："学天文历算火攻诸术，习兵机屯田水利诸书，立德立功立言，盖代大名垂宇宙，抱峥嵘凝粹雄杰之资，秉浩荡刚强坚贞之气，爱主爱人爱国，毕生伟业壮山河。"又云："与道为辅，兴德为邻，终日干干修圣业，如金在熔，如玉在璞，小心翼翼人贤关。"闻出夏鼎彝君所手拟者也。

原载《上海生活（上海1937）》，1941年

一百年来耶稣会译著概论

徐宗泽

本年耶稣会士重来中国，适满百年；在此百年之中，会士所译著之书，颇为可观，今概论之。

溯自圣依纳爵于一五四〇年创立耶稣会后，不久，耶稣会遍传全球。明末，利玛窦于一五八三年亦来吾国传教。一七七三年，教皇格来孟十四世，被仇恨圣教者所迫，下令取消耶稣会，而在中国之耶稣会，亦于一七七五年十一月十五日，奉罗马命解散。

然物极则反，理之常也，教皇庇护七世于一八一四年，颁布谕旨，恢复耶稣会，欧洲各国耶稣会于是重新复兴。吾中国国籍司铎及教友得知此讯，遂亦上书罗马教皇额我略十六世，及耶稣会总长劳达司铎，请求遣派会士，重来中国。教皇与总长允之，乃遣法国三会士南格禄 Gotteland，艾方济 Esteve，李秀芳 Brueyre，于一八四一年四月二十日，起程来华，翌年七月十一日抵上海。

徐家汇之名称由来

三会士既抵上海，乃复兴传教事业。一八四七年在徐家汇购地筑圣堂及住院，而徐家汇自后遂成为耶稣会传教之中心点。徐家汇者为明相国徐文定公坟墓之所在地，公之子孙世居其地，又为肇嘉浜与法华泾两水汇集处，因名曰徐家汇。会士既择徐家汇，为其集中之地，各种文化事业，亦在是地次第创办：徐家汇之藏书楼即于一八四七年开始经营，搜集书籍；徐汇中学，原名圣依纳爵公学，于一八五〇年创立；土山湾孤儿院于一八六四年举办；一八七三年，天文台设立；一八七九年，出版《益闻报》，一八八七年又出《圣心报》。一切文化工作，逐渐兴办。

今只言译著事业

一百年来耶稣会中握笔著书者，大抵为国籍会士，西洋会士无华文著作。国籍会士之著作家以江苏为多，其次为河北献县，又次为安徽，为广东，以新耶稣会集中于江苏省故也。其所编著之书籍，大抵以宗教为多，分类言之，有圣经、辩护、神哲学、道理、崇修、敬礼、教理、教史、科学等书。论其量有数百种，多于老耶稣会之出版，论其质似亦不亚于老耶稣会，惟其影响未能追美前人，盖为时势使然也。新会士于一八四二年抵上海至本年一九四二年，一世纪中，关于编著之书，可分三时期以言之。

编著书籍分三时期

第一时期自一八四二年至一八七九年，可谓创办时期。此时期中，其第一本出版之小册，是《圣会总问答》，署名泰西耶稣会士南有岳德郎氏译述，川沙庄行俭参订；第二本为《大赦例解》，极西耶稣会士晁德莅 Zottli 著。晁公意人，当时为徐汇圣依纳爵公学校长，后为耶稣会初学神师，不特桃李盈门，且多擅长文学之门弟子，若马良相伯、李杕问渔等是。此时期中出版之书仅十多种。

第二时期自一八七九年，《益闻录》开办之年起，至一九一一年《汇报》停办之日为止。此时期可称为兴盛时期，盖在此时期中不特出版兴盛，且文化事业正式有组织，创立汉学研究社 Varietes Sinologiques，主其事者为夏鸣雷 Havret，而协助之者有国籍会士李杕（问渔）、沈则宽、龚柴、蒋升、徐励、徐允希、张渔珊等，海门黄伯禄司铎亦为著名之汉学家，闻名欧美。汉学丛书出版至今已有六十六种。

除汉学丛书外，徐汇又组织一文化机关，即《益闻录》之发行，初定每月出版一次，其第一号发刊于一八七九年三月十六日，至十一号起，每七日出报一次。当时除上海《申报》外，报纸寥寥如晨星，《益闻录》一出，不胫而行，风行全国。一八八七年，又出版《圣心报》，每月一次，此二报均系李问渔

（杕）司铎所创办。《益闻录》后改名《汇报》，每七日出二次，至一九一一年停刊，改组为《圣教杂志》。《圣心报》出版至今，从未间断。

此第二时期中之出版物，仅前期二十年中，约出一百种书籍，大半系圣书。戊戌政变后，清廷崇尚西学，于是会士又编译科学，出版许多书籍，颇为社会所欢迎。李问渔司铎以一人而言，计三十三年中，著有六十多种，李公实为此时期中之代表人物。公江苏南汇人，生于一八四〇年，卒于一九一一年，李公故世后而徐汇刊物于是又入一新时期矣。

第三时期，即《圣教杂志》创办之年起，至现在为止。杂志第一期于一九一二年一月出版，每月一次，创办及主编人系会士潘秋麓司铎。潘公江苏青浦人，生于一八六七年，卒于一九二一年。副编者张渔珊司铎，张公江苏南汇人，生于一八七二年，卒于一九二九年，亦为有名之汉学家，著有不少书籍。《圣教杂志》之内容，大抵为辩护道理，研究学术，对于现代思想，尤为注意，故一经出版，不特风行于教内读者，且普及于教外学界，而欧美华侨亦多有订阅者，一九三八年九月，以环境关系暂行停刊。

此第三时期之前期，关于出版物，有教科书之编辑，自小学以至中学均有课本，有文言者，有国语者，由土山湾印书馆发行。一九二七年，国民政府定都南京后，思想潮流又大变，一般人士注重民治民权，而社会主义、共产主义又大事宣传。此时会士之出版物有公民、三民主义、社会学、经济学等等书籍。同时神学、哲学书亦多有刊印。又有各种小丛书之出版，颇合时代潮流。

一九二七年八月，徐汇组织一编译所，即光启社，上海徐光启以文化宣扬公教，故该社取以为名，用资纪念。光启社之宗旨在编译关于宗教及学问之书籍，以沟通中西文化，较汉学研究所之范围尤广，已有多种书籍出版。又耶稣会士在吾国传教者，散居各省，国籍不同，所隶省会又异，最近为联络全国耶稣会华文出版事业起见，于一九四〇年，在徐汇设有全国耶稣会华文刊物联询处，俾能彼此报告，互通音讯。

百年成绩斐然可观

至论各种书籍之内容，皆言之有物，于道德学问至有裨益。论其文体，有精深华丽者，有浅显清顺者，要之对于阅者阶级之不同，乃有文俗之殊异。又新耶稣会士之著述，非若老耶稣会士，借助于翰曹之润色，或名人之作序跋也。坐此之故，新会士之著作，无达官文人为之宣扬，又少传只流于教外人中，有奉教之人日常诵阅，以为修成一己之法。但其中自有不可磨灭之妙道，一经揭示，则群相欣赏之矣。例如周作人先生论《遵主圣范》云："这部《遵主圣范》，是我所喜欢的一种书，虽然我不是天主教徒。我听说这是中世纪基督教思想的一部代表的著作，却没有道学家的那种严厉气，而且它的宗旨，又近于神秘主义，使我们觉得很有趣味。从文字方面讲，它也是很有价值的书。"①

此一世纪中，耶稣会所出或重印之书籍，在质与量两方面言之，有不少重要之书如《新史合编直讲》《新经全集》《新经译义》《道源精萃》《默想全书》《修成正鹄》《崇修引》《学提纲》《哲学提纲》《超性举要》《名理探》《徐氏庖言》等等书。

准此而论，新耶稣会士在此百年中所有出版物，已斐然可观，尚有许多西文书、华法字典、词典、地图、小说，尚未一一言之。今按土山湾印书馆书目单（一九四一年）列有九七一种之书籍，天津崇德堂（一九四〇年）书目单有八一六种，安庆、芜湖、蚌埠、肇庆、徐州、澳门出版物，尚未列入其中。惟上言之一八七种书中，有单张、小册，及老耶稣会士著作之重印本，亦计在其内。

综上所言，不过举其崖略，聊作纪念，此后文化事业，必更有可观焉。

原载《申报》，1942 年

① 编者注：见载氏著《自己的园地》。

上海文化小掌故

小　清

上海有活字铅印刷术还是始于同治初年。在以前上海的书籍，都是由木刻印的。后来有一个基督教教士，名叫麦特赫司脱（Medhurst）到上海来传教。因了传教上种种不便，便感到有设立印书馆之必要，在宣教方面，更能收事半功倍之效。本来麦氏在伦敦为做印刷生意的人，因此靠了他丰富的经验，创立了墨海书馆（L. M. S. Press）。于是上海才开始有用机器来印刷的铅印本书籍了。他这印书馆在当时看来是一件咄咄怪事，麦氏的印书馆是利用牛来拖动机轴（那时上海还没有电力），与今日用马达来旋转机轴真有天壤之别。现在上海印刷事业蒸蒸日上，日新月异，其功不能不归于麦氏罢。

上海之始有话剧是在光绪二十八年（即一九〇二年）十一月，上海基督教所办的约翰书院始演话剧，继之为徐汇公学，惟所演皆为西洋剧本，而且约翰学生所操言语为英语，徐汇学生所操为法语，故非熟知英法文字者茫然莫各其妙不知所演。用华语演话剧实始于南洋公学，时光绪二十九年（一九〇三年），适值拳匪之乱，故借寒假私取义和团事编成新剧，于课堂试演，故知者极少。直到光绪三十一年（一九〇五年），民立中学学生汪优游借年假余暇创立文友会，取社会上之时事而益世道者，编纂新剧，假昼锦牌坊陈宅试演，观者极多，开今日话剧之先声。

上海何时有西洋电影已不可考，约在清同治末十年间了。葛元煦在清光绪二年所出《沪游杂记》中已有记载，其中说："西洋影戏台前张自布大幔，以水湿之中藏灯匣。匣内置洋画更番替换光射布上则山水树木、楼阁人物、鸟兽虫鱼，光怪陆离，诸状毕现，恍如身历其境，颇为可观。”后来西班牙人雷摩斯在光绪三十年左右在四马路青莲阁下设一小小电影馆，惟所演者皆为短片，当时已认为新奇事业了。

原载《申报》，1943年

太平天国时留下来的纪念

上海有三条马路，是与太平天国的史事有关系的，此即徐家汇路、海格路[①]和戈登路[②]。一八六〇年，太平军击败包围南京之清军，接着下常州，攻苏州，上海大震。上海道吴煦一面请英法驻军援助防守，一面又雇用美人华尔，组织洋人军队，后来称为常胜军。

是年八月十七日，太平军进展至徐家汇，驻扎该地的法军廿五名已经撤退，上海陷入战争状态。为行军便利起见，开始筑一军用大道，由上海县城西门，沿方浜桥以通徐家汇，即现在的徐家汇路便是。后来华尔所统率的常胜军，也筑了一条路，自苏州河沿岸起，经法华镇而达徐家汇。迨兵事结束，前工部局时加修理，便把静安寺至徐家汇一段也称为徐家汇路。一九一四年，旧法租界扩展至徐家汇，这条路的南段，便成为华法两界的界路。第一次欧战结束，因纪念英将海格战时功绩，自一九二一年起，改称海格路。

戈登在当时为英驻军参谋，一八六二年太平军第三次攻上海时，协助李鸿章攻克上海县城，相继收复昆山、松江、苏州等地，颇有功绩，事平之后，乃以戈登题作路名，以资纪念。

贾西义乃一艘法国军舰之名，于一八五三年春驶抵上海，时值太平军进攻南京，上海道欲借以开赴南京，助清兵作战，因法领事敏体尼荫不允而罢。事虽未成，但此法国军舰之名，却已留下，作为上海的路名了[③]。

原载《申报》，1946 年

---

① 编者注：今华山路。
② 编者注：今江宁路。
③ 编者注：今泰康路。

土山湾孤儿院的来历

顾保鹄

晚清上海土山湾孤儿院

上海的人士，对于土山湾孤儿院的现状，人概都知道，但对于它过去的历史，知道的却不多，今年适逢该院创立后的一百周年，本人不避浅陋，参阅了徐家汇藏书楼所藏的文献，写成这篇文字，以供慈善家及研究慈善事业史者的参考。

一八四九年，耶稣会施于民神父在上海西乡泗泾横塘任修道院监院的时候，他的属下修院生，在某次散步时，遇见了一个四岁的被弃的孩子，就领到修院里来，安插在耶稣会的老会院里（时会院已迁往徐家汇），后来就陆续有人把婴孩送来，四个月后，已收下了六十个孩子，其中三十个不久便死了。

一八五〇年，修道院迁到了浦东的张家楼，修院生和施神父创立的横塘孤儿院也就搬往更近上海的蔡家湾。一八五二年二月十九日，耶稣会夏显德神父接管了孤儿院后，着手兴办一切，当时院中有六十六个孩子，四十三个男性，二十三个女性。他先把女孩子迁往浦东唐墓桥去，那里有郎怀仁神父创办着一个相仿的孤儿院。以后，蔡家湾的孤儿院，就只收养男孩子了。

在夏神父管理下，最初六年间，他开办了成衣所、木匠所、鞋匠所、印刷所，那些孩子们就有了学习谋生技艺的机会。神父又督率着孩子们勤奋工作，教他们养成清洁卫生的习惯。

一八六〇年，当太平军逼近蔡家湾时，马理师神父正做着孤儿院的掌院，八月十七日早上，他听到太平军将到的消息，就计划率领最小最弱的孤儿，到徐家汇避难，命别的暂时到邻近的各教堂躲避。

刚过午时，事情还没有安排妥贴，当马神父领许多孤儿还在圣堂里祈祷时，就有几个长毛，打开了门，冲进圣堂里来，举起刀子恐吓他们。神父依然镇静，迎上前去，对他们陈说院中的穷苦，和自己仁爱的使命。一个长毛，不问情由，举刀斩来，削去了神父的一个指头。神父忍着痛，领他们到自己的房里，打开箱子给他们看。他们便把所有的几块钱拿了去。过了一会，又来一队匪徒，把孤儿院洗掠一空，又逼着马神父替他们背一包赃物。孤儿们哭着，哀求他们放下神父。马神父也感动得流下泪来，说自己不能离开这群孤儿。他们就把神父硬拉出去。一个红长毛因嫌神父走得慢，就举枪刺透了他的胸口，神父在稻田里倒下了。凶手们用矛子把他刺死，并践踏着他的尸体。马神父就这样为爱护孤儿的缘故殉难了。

孤儿们齐往田野里逃命，有许多就溺死在院旁的对河里，别的被杀死，还有被掳来的，到了晚上，有少数人逃到了徐家汇，报告了这个悲痛的消息。

梅德尔神父先把他们安插在董家渡刚迁去的修道院房屋里，后来又搬到了耶稣会会院东面的几间屋子里，最后又迁居上海城南附近一家已闭歇的典当房屋内。在那里头住到太平军的灭亡。一八六四年，上海恶性伤寒症很是猖獗，其时，夏神父又接任了掌院职务，他不顾危险，照料孤儿，终于染了瘟疫，于四月三十日死于董家渡住院里。

乱事平静后，孤儿们又迁到徐家汇来，暂住在耶稣会会院附近的河浜两岸几间中国式的屋子里。一八六四年七月间，开始建造如今土山湾的孤儿院。

一八六六年，再造第二座新屋，和美丽的哥特式圣堂。翌年四月，新屋圣堂同时落成。

当时孤儿们学习的主要工艺有木工、制鞋业、成衣匠、雕刻、镀金术、漆工、图画、缫丝、纺织与农业等，也有学印刷的、刻木板的，后来添了雕刻圣像部。

过了几年，又为那些习艺已满的孤儿们，在土山湾前面，河浜对岸，添造了几间小屋子，不久便成为了繁盛的村落。

原载《益世报（上海）》，1949 年

徐家汇圣母院简史

顾保鹄

民国初年徐家汇的圣母院

一八五五年，薛孔昭神父在上海西乡青浦县横塘，创立了一个贞女会——如今的献堂会——取名圣母院，专任教育儿童和孤儿的职务。后来薛神父离去我国，可是他的事业继续着，在蔡家湾任孤儿院院长的夏显德神父，同时照料着横塘的贞女们。

当太平军扰乱时，薛神父的事业，不得不暂时停顿，一八六四年，圣母院又在徐家汇东王家堂复兴了。当时有三十二位献堂会贞女，六十六名孤女。一八六八年，教会当局请法国的拯亡会修女们来领导献堂会贞女。一八六九年二月，圣母院迁至徐家汇。

圣母院搬到了徐家汇，于是张家楼的孤女也就搬来了。一八七〇年春季，徐家汇圣母院已有二百人，包括拯亡会修女、献堂会贞女、女学生和孤女。拯亡会和献堂会的初学修女，总是欣欣然照顾那些被遗弃的女孩。学生们在读书以外，还得学缝纫、刺绣、补缀等等。读书毕业后，或择配出，或派到各学校给儿童们和新保守讲要理。有许多来往各处，给垂死的教外婴孩付洗，把他们的灵魂送进天堂。

圣母院竟成了徐家汇热心教友的中心。当时的圣母院办着两个艺会：第一是真福格拉凡会，每主日下午，召集做母亲的女教友、女保守，都到圣母院来听道理，教给她们怎样做好的主妇，好的母亲。第二是圣女裴洛默纳会，每主日二三次，会集年幼女孩子来学经文，听道理、圣经、或圣人传记。

第三是施诊所，专给穷人施诊给药。一八七三年，施诊三六一六次，给药二六四一次。诊所的墙壁上，满挂着圣像，有一位中国籍修女，专门给来求医的人讲解，给他们认识真主，得到救恩的机会。

一八七三年，上海新北门的洋泾浜成立了分院，过了两年，一八七五年，又开设了一座学校，其时，专门教育那些孤苦的孩子。后来又担负着教养和教育这地方的贫苦女儿的使命。一八九三年，又成立了虹口分院。后来一九二一年，在河北献县，一九三五年在江苏扬州，最近又在一九四八年，又在北平等处，先后成立分院，专责教育青年女子的职任。

原载《益世报（上海）》，1949 年

徐家汇巡礼

土山湾巡礼

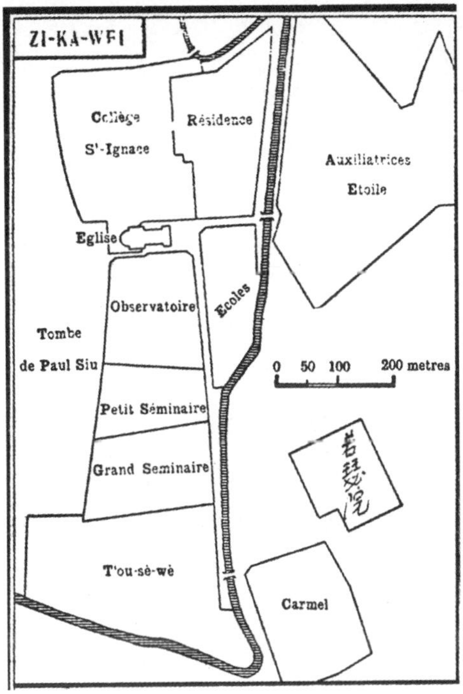

20 世纪 30 年代徐家汇土山湾地图

20 世纪初的土山湾，青砖粉墙，小桥流水，令人充满遐想

暮春游徐家汇记

光绪九年，岁在癸未，暮春朔日，偕中西二友，命驾游徐家汇，历览土山湾、天文台暨各处学堂，致足乐也。徐家汇，本乡闻蕞尔地，道光二十六年以前，固荒村耳。虽有教堂，而殊甚朴陋。自西人为之开拓布置，而气象日新月盛。就今日之徐家汇言之，较之从前，正不啻天渊矣。

是日，春阴，东风微荡，先至土山湾访翁相公锡眉。翁君为是处董事，一切措施皆其经理，相见之下，导观所印书籍图说，莫不精工周致，不胜心折。至画工处，见各色彩画光怪陆离，细意熨贴，油画、水画各擅胜场。画工则即以学堂中之学徒分习其技。又至印书处，则机器数架，灵巧无匹，有铅板、有木板，其刷印之工，亦有主事法者。面点画清楚，板样玲珑则过之，盖其中各行手艺，莫不具备。有纺纱处，数人纺棉，各勤其事。有瞽者，依依就坐，亦能纺纱，钞有断者，暗中摸索而接之，窃叹其盲于目而不有于心，益见当事者之综理微密，俾天下无弃材也。他如裁缝皮匠靴鞋等物，皆学徒辈自为之，亦可出以售。诸人价则较市上为廉，艺之粗者，则木匠、漆匠无不各执一艺以自食。问其规例，凡学之已成者，仍得月给薪俸，且薪俸亦较外间为优足，以此中诸人竞相夺勉，而学必有成也。

学堂有蒙师数人，在彼，教授每一点钟，必令学徒出外略散，亦游焉息焉之意。而诸学徒出外时，仍肃静无哗，可知其规矩之严肃。统计是处学徒，约三百人，亦云盛矣。翁相公请略用茶点，然后导至天文台。见能神父慕谷能君，即前赴外洋购办机器，新近回沪，带来新机不少，尚有未经运到者。先出其小机器数事相示，一系新式寒暑表，以验寒暑不差，衾黍又入一室，则寒暑风速等表码，种类殊多，不能枚举。启其橱，取一玻璃圆球，以火炙之，则球内一物如风车旋转甚疾，亦所以验热气了。又有小地球，上有日轮，地球转动，可以验某处日中在何时，丝毫不爽。又有机器一架，中间有玻璃柱，高矗云系，所为验指南针者。又有机器一架，中置两纸，纸旁置笔，用电气引动，笔能自画其纸，就其所画之路，验之，可以知风力之大小远近焉。更上一层，则复有机器数架，皆系验风雨之具。其上即露台，挽衣而上，则台上所置，候风雨之器，有转动者，有不动者能者，一一指示之。对面复新建一高台，状如巡捕房警钟之台，而更加高，闻新购机器日内运到，当置此台上，想占验必更灵捷也。台之左近，又新造舍宇，将次落成盖，缘该处博物院向在各神父所居之处，外人往观颇多不便，故拟移设于此。惜是日博物院已闭，不能寓目，遂随能君至照相处。

所谓照相者，非拍照之，谓盖一室中置灯光数处，亦以纸置诸灯间，无论风雨寒暑将至，则其灯光自能照于纸上而有迹焉。以所照之迹，准以机器上铅笔所画之痕，则推验益准矣。又另有照寒暑、照风雨等处，侧边又有验电气之室。

周历既遍，辞能君而出，复偕翁相公至圣母院。院前悬额曰“荐馨堂”，登其堂，有院中司事之西女，导之入，遍览其处。有女学堂数处，诵声琅然。就中有专养幼孩之室，两旁排列小儿卧具，“呕呕呀呀”者，环处其中，皆有向荣之意。登其楼，则诸女皆各执其业，各勤其事，绝无喧嚣气。计院内所养大小女孩共二百七十五名。另一女学堂，则亦有外来附读者，雍雍肃肃，咸执经以哦。

周览既遍，辞出，复至神父所居之处。门前额曰“万有真原”，入其内，则神父之室望衡对宇。晤赵神父，见其室中空洞无物，神气洒然，知其所养者深也。又至藏书所，卷轴纷披，不啻琅嬛福地。又至学堂，晤中国神父蒋君。学堂内学徒一百二十名，嚕唔之声不绝于耳。附学读书者，修膳岁不过三十金，可谓廉矣。门前报纸纷贴，盖获售者已不乏人。学徒卧室，密如蜂房，而规矩严肃，晚间以人看守，退省其私，亦不得妄作，此造就之，所以易成也。复遍览室中，直造其顶。时已六点余钟，盖自二点钟登车西行，至是已阅两时许，遂别翁相公，揽辔而归。归而历记所见如此，翁相公人极和蔼，临别殷勤订后约，但未识何日再续此游耳。

原载《申报》，1883 年

土山湾小囡贺寿倪主教

刘德斋

（沪语对白）

甲：今朝一总教友有福气，因为侃江南主教倪大人七十二岁生日，江南众教友各人齐齐活预备好之，极其诚敬侪来庆贺。侃土山湾小囝虽然是末脚一等，到底主教大人个小小囝，所以耶应该去拜主教大人寿。

乙：哥哥，侬话咾应该拜寿，还应该送啥寿礼伐？

甲：自然拜寿咾送礼，两样是连拉个。因为单清叫声恭喜，是嘴郎工夫不过，一个头还是一眼外貌，献之礼末好发显侃个心意哉。

乙：啊呀，话起拜寿送礼，侃土山湾小囝出身穷苦，而且生来粗笨，勿要话寿礼送勿起，连带念颂耶念勿来，奈么哪能呢？

甲：弟弟，放心末哉，侃个主教大人宽洪大量，最会体量别人，而且，主教个心万分慈善，喜欢老实头，只要侃牢牢实实伋要去恭喜，尽个心，做一眼两眼小物事，献拉主教，虽然献个物事勿像样，主教大人耶蛮喜欢了。

乙：请教，侃能够做啥物事来献拉主教呢？

甲：侬问我啥物事，我忒侬话，就是侃土山湾有个物事，侃手里能够做个物事。不过所话个物事末，分开两样，一样就是为主教求天主做神花，一样就拿侃拉土山湾学出来手艺当中做一眼有点意思个物事，就可以献拉主教当一样寿礼。

乙：阿呀，哥哥，勿瞒侬话，开开侬话拉个两样，叫我做起来侪是难个。

甲：做点神花，做一眼会做个物事，有啥烦难耶？

乙：哥哥，侬是热心来死，像圣人能能咾，是然呒啥烦难。我嗐小囝当中侪话赖皮连牵，赖皮连牵个小囝那得会做啥神花，耶而且侬末样样亚希责来死，要做点啥勿难烦。我是小囝当中个别脚货，别脚货末拉里做得出啥好东西呢。

甲：弟弟，放心末哉。话到神花，我已经请两个一本正个弟弟做点拉哉，神花纸末我耶画一张拉哉，还画四位主教个小照，就当奉献主教个寿礼。诺，第个就是四位主教个小照。

乙：画四尊主教个小照，请教有啥奥妙个意思否？

甲：奥妙是呒啥奥妙，意思自然有了。

乙：有啥意思？阿好请侬解说我听听看？

甲：四位主教脱是江南地方圣拉个，不过一位步主教奉教皇命圣之主教，后来到之直隶去。别个三位奉教皇命侪做江南主教。

乙：今朝倪主教庆寿，画倪主教个像还意思到对个，现在又画别个三位主教个小照，啥意思耶？

甲：侬听好拉。第个四位主教到之中国拉江南地方传教个年数，搭之登主教爵位个年数，连带教友个数目，搭之四位主教个岁数算起来，四样完全是倪主教最多。先讲年主教，到之中国拉江南传教之十五年；郎主教拉中国本来有三十四年，到底除脱直隶去之九年，剩之廿五年哉；步主教拉中国三十二年，登拉直隶省里十六年，耶除脱之算起来只得十六年。现在伲个倪主教到之中国来廿八年，常常拉伲江南地方传教，所以拉江南地方数，算起来四位主教当中倪主教最多。

再讲晋升爵位个年数：年主教只做得三年；郎主教本来廿一年，到底江南主教只做得十三年；步主教圣之十七年，而且一向勿拉江南。伲个倪主教升之主教到乃已经十八年哉。所以拉主教爵位郎年数，耶是倪主教最多。伲盼望天主赏赐还有个十八年。

再话到教友个数目，拉一千八百六十二年分年主教个时候，有七万五千一百卅二个教友；到一千八百七十八年分郎主教个时候，有七万七千〇六十二个教友；现在倪主教个时候，当家神父总算过的，今年六月里歇夏头里，江南教友个数目有十万〇九千一百八十八个。照三样算起来，耶是倪主教个时候教友最多。

编者据刘德斋手稿整理而成

《圣心报》编辑所新屋落成迁移记

伊　人

《圣心报》组织发行迄今已三十年，譬之于人，适届壮年。抚心自问，既无善良之智识，足以供献于社会，又愧不善措辞，未能收生公说法之效。然岁齿已长，阅历已深，尚知自立，当无不寿之虞，其亦可以无论矣。

《圣教杂志》出版印行，则仅五载，然其初只十二张，又半年增至三十二张，又半年增至四十张，并由小版进而为大版，越岁又增至四十八张，一再扩充，颇见发答。而海内外长者，又不以孺子为不可教，不吝齿牙余慧，指教辅助，进行殊尚不迟。惟编辑所向暂设于震旦学院旧址，徐家汇老天文台小修道院内，地狭事繁，似不甚适。而在小修院言之，迩来亦甚发达，新院舍又未建筑落成，人多室少，不无局量窄小之嫌。徐汇院长顾公，有鉴于斯，乃于修院门房之后，操场之偏西北，前本报社编辑所之西偏南，于去冬，鸠工庀材，易筑二层楼半西式房屋五幢。业于阳历四月中，工竣落成。本报社即于二十八日迁入新舍办事。不幸是日，天适阴雨，连绵终日，初颇忧天公何不作美。顾院长亦于下午一时有半，冒雨而来，为之祝圣。然不幸之中，尚有幸者。在新旧二所，即在毗邻，相距无几步，运物尚不大难，其幸一也。小修院中诸修士热心相助，襄赞措置，其幸二也。未及夜深，而大概布置，已略具眉目，嗣后逐渐点缀，姑不备述。

现以楼上东二间，为编辑室，中间为会客室，西二间由本报社主任潘司铎秋麓居之。楼下五间，二为卧室，一为饭厅，一为本报社张司铎之休息室，一为写字房。南为窗，北为户，前有平廊一。廊东尽处为梯，拾级而上，通编辑室。窗户皆南北向，光线四射，室颇瞭亮，所之南北，俱置草地，围以石卵，而草色尤显其苍翠，间以时花，而青草益增色。地虽不广，颇具逸致，夜阑人静，则闻天文台频鸣报时之钟，其声清而厉，抑若有意扰人清梦。盖台即崎于所之西，中隔仅一路，其旁辟门，适与修院大门对耳。凭户四瞩，则觉花间养气馡然，醒人神志。虽非山居，俨类野处，假令陶公再世，恐将诗狂酒醉于斯矣。设与洋场十里，相提悬拟，则大有天渊之别，一浓一清，相去不知几千万里。而在报杜言之，本报社之编辑宗旨，固亦有异乎。众盖专以提倡公教，保持道德为本务，实而不贵于华，务朴而不易其志者也，是以文辞只求通畅，记事汴重真实，不以艳画奇图，冠于书眉以炫耀，不定高价以渔利，孜孜兀兀，惟恐无裨于世道人心，甚期四海大雅，不吝金玉匡而正之。庶本报社之发达，一如新编辑所之建筑，而本杂志或能复有改良之机会，益臻完善，则幸甚矣。爰于迁入之后，杂记其大概如此，并寓希望于将来之微意云尔。

原载《圣教杂志》，1916 年

土山湾圣母院手工间调查记略

中华职业教育社通讯

徐家汇土山湾圣母院中有手工间，专收贫家妇女在内工作，其性质与男子工艺局同，亦为法国教会中人之慈善事业也。手工分刺绣、花边、洗衣、织袜四部，每部均以西妇为主任，入内工作之妇女，每视其能力而为之分配。能治针黹者，则令其习刺绣、花边、织袜；不能治针黹者，则令其司洗衣。平时在内工作者有八百余人，天热时稍减，均朝入晚归不宿焉。刺绣及花边，均由西妇制样，分配于各女工，其出品多直接销售于欧美。

洗衣间有水门汀制之水槽四，装置自来水管及泄水管，每一水槽可容二三十人之地位。更有极大之蒸锅，一洗时先将肥皂遍擦衣服上，入锅蒸之，然后再至水槽洗濯，与洗衣连带者，则有熨贴处、修补处，各勤其事，不相搀越。织袜间中有机器七，以织绒袜及绒衫裤为主，盛夏则织线袜。计其四部工作中，以织花边者为最多，而其所获工资，以此为最丰也。

工作之妇女，准将小孩携带入内，另辟一室以居之。室中并备有床帐，以便小儿安眠。惟乳必以时，每隔两小时鸣钟一次，俾各女工入内哺乳，非时不得入也。且规定在十八个月以内之小孩，准其以时哺乳。若逾此而犹不断乳，则必扣其工资。年龄稍长者，则令其入幼儿园，延保姆为之监护，更长则令其入女工教室，教以粗浅之女工。六岁以上之男孩，则送入男子部之工艺局，男女不同处也。此所以入内操作之妇女，均能专其力于工作，不至以儿女纷扰，减少其工作之时间也。

原载《申报》，1917 年

参观上海土山湾工艺局纪要

土山湾之工艺局，丌办已久，为法国教会中人之慈善事业。其性质与育婴堂相似，但育婴堂养而不教，此则教而兼养者也。现有生徒六百余人，都孤苦无依之男生、女生，别设所以教养之，男女不杂也。年龄最小者七八岁，以能自衣食不需人扶助者为合格；大者达弱冠以上。初入内之儿童，先令识字，俟其粗解文义，乃使之入工场学习技艺，且必视其性之所近而为之选定科目也。毕业期限，有三年、五年、六年者，总以完足生活能力为其毕业之期，不拘拘于年限。此所以茕茕无助之小儿，一经毕业出外，无一不能自赡其身家。其嘉惠于贫民子弟者，宁可限量，惜无广厦万闲，不能使寒若子弟尽受其庇也。

该局内容，分图画科、印刷科、木工科、金工科、制皮鞋科。兹将考察所得，分别纪其大要。

图画科先习铅笔画，次水彩画，又次油画，皆以写生为主。油画之中，西人像有西人像，有坐者，有立者，无一不栩栩如生，可谓尽画之能事矣。其新发明之五彩玻璃，尤为中国所创见。先以彩画施于素玻璃上，入窑烧之，其色即永不脱落，嵌入窗中，透明而有色彩，彷佛如一幅图画也。闻西人都以此为屋中装饰品，销售于西人者多，此则能以图画应用于玻璃者也。

印刷科则有铸字间、排字房、机器间、石印处、照相房。凡关于印刷上之用具，设备甚完。发动机器，则用电气、马达，每部均有一主任，而以生徒为之助。此所以自铸字以至司机，无一非生徒练习场也。

木工科之出品，一为家当用品，一为奢侈用品。家当用品如大餐间之长桌、坐椅、屏风等，寝室之镜台、面盆架、写字台等，所制，均极精巧坚实。西人购置木器，必将一室内应用之件全部购备。故该局所制之木器，亦分为餐室用具、寝室用具，并备有木器样簿。任择何种西式木器，均可依式制造。所用木材，多以麻栗及香樟为之。每制一器，必先令打样间绘成精密之图样，然后交由木工场依样制造，此则与中国木工不同也。奢侈用品，则以古雅精细为贵。有以中国旧时雕刻花板，嵌入橱中，以示珍贵者。有以橱面雕成种种花样，以示精巧者。有一橱正在雕刻二狮戏球，据称二人合刻，已越一年，尚未竣工，则其雕刻之细可知矣。更有一塔，系用白桃雕刻而成，穷工极巧，不知费几许雕工，始能至此。闻已在巴拿马赛会得有奖品。此种奢侈品，西人每乐购之，华人则无此财力购置也。

金工科则有熔铁处、翻砂房、车嵌工场、电镀间，所制之物品，以铜质为最多，其镀金、镀银、镀镍之品，尤为精莹夺目。初铸成之铜件，黯然无光，一经抛车机器之磨擦，即光可鉴人。抛车机器两端，用层叠之布剪成圆形，如车轴之有轮然，中贯以皮带，通以电气，时则圆形之布旋转甚速。将铜件与布接近，即磨擦生光，锈污可去，而物质不损。以视用人工磨擦者，其劳逸直宵壤悬矣。该局出品以西式为多，故购者亦以西人为多也。右所纪载，仅举其荦荦大者而已，其有不涉于工艺范围者略之。

原载《教育与职业》，1917 年

徐家汇圣母院参观记

王一之

历观世界各大城市，其住民最繁昌，贸易额最可观者，皆足为种种罪恶渊薮，虽有极精明之警察，与极热心极有声望之社会学者，对之恒觉无所措手，而不知各界人士外，尚有夙抱牺牲主义之善男子、善女人，独能为此干犯罪恶者，对症下药，此正所云，明足以察秋毫之末矣。

徐家汇圣母院者，大城市旁极盛大之慈善事业也，全院所容纳之贫家女及孤儿，多至二三千人。其工作之门类，以其厂屋之多寡而分。

一曰绣工。工作者数十人，合座一统间，正中部长席，高据讲坛，左右瞻瞩，亦以女子任之。更有教会中衣色纯黑之姊若母（一作姆姆），巡行各女工前，分任指讲。其绣品大自屏风，小至桌帏、几垫，莫不备具。所用材料，舍金线兼用法国货外，余悉华产。最工者能绣真容，视之，跃跃如生，其初习者，所成细叶，因有指讲者之时往相助，亦觉尽可人意。定货以往美利坚者为最多，其绣品曾于安南大博览会（一千九百年）等处陈赛，获有金银各奖牌，成绩之佳，固当冠绝全院，而光彩之美尤足令我中国国光，扬于五大洲也。

二曰花边工。设置与上略同，而花边制品之在欧美社会，论其价值，亦几驾丝织品而上之。我国人工较贱，宜其有极美满之希望在也。

三曰洗衣工。分全屋六小部，最前室，置大池盆数具，热蒸汽冲鼻而起，绝类美国唐人街之洗衣房；次为蒸衣室，置大洗衣锅数具，不知者几疑为寻常人家之饭灶也；次为熨衣室，炉灶间有热熨斗无数，颇似包饺店之蒸笼；次为叠衣、补衣二室，层次井然。凡星期一收人之物，待星期六由叠衣室分投发还者，偶有破损，均就补衣室中一一缝补完整，其对物主之用心，可谓体贴周至矣。最后有机器数架，极厚之毛绒衫袜，寒季往游，令人有出水火登衽席之感想。而此被佣诸女工，其幸福亦非局外人所能梦见。一则布衣暖菜饭饱日用足，百事无忧也；再则厂屋各室均置暖炕，可免寻常中国人家感寒瑟缩之苦，并可进与彼法国籍之姊若母（即姆姆）在工作时享受同等之生活也；三则偶有携儿共居，孩提之童，自朝至夕，有人专任护视，为之母者，只须有上午九时、下午四时之两次乳哺，若所携孩年已长，即可至书馆识字读书，其更长者，并得从事简易手工，为他日勤奋自立之预备矣。

是院创于五十二年前，院中任教导管理之姊若母，共得七十余人。其慈善事业之最足动人观感者，一曰盲哑院之残废疯人院之痴騃，亦可令其对社会有涓埃之助也（疯人常令扯旧棉胎）；二曰孤儿院，呱呱之哭声，吃吃之笑声，与姊若母慈爱之容相比观，令人于天真烂漫中，万感交集。其专属于宗教一部分者，仅献堂会会中静修贞女，每年一归，每归一月，其居在内地分投传教者，与崇德、圣诞两女校邻，启明女校校舍最宏丽，楼下各生自修室甚宽广，楼上音乐、图画、刺绣各讲堂，处境甚佳，临窗四望，可以及远，宜其各女生之潜修，力学者大有其人也。启明校长马礼，莅华已二十五年，其总院长是马兰，莅华已近五十年，副经理王锦，教务长蒋依诸女士，亦极热心之教育家也。忆予丁未来沪，曾于到埠日一过此校，回首十三年，人事荣枯，不知凡几，而圣母院与启明校竟见蒸蒸日上，谓非此二三女士经营缔造之伟绩欤，今予数万里远航，又不知何日复来上海。能于渡太平洋之前数日，抽暇述此，此亦幸事也。因得两绝句，以志所感，诗云：

绛帐弦歌下碧虚，崇墉一道阻清渠。
凄迷往事空陈迹，惆怅桥南旧校庐。

沧桑楼阁溯从前，冉冉疏钟动晚烟。
低草寒云徐汇路，重来已是十三年。

原载《时报》，1919 年

土山湾

凉

自从我写了《徐家汇》以后，便有华励我君来访，并且邀我土山湾去参观孤儿院和图书馆，我爽约了三次，在前天才如愿以偿，土山湾是包含在徐家汇的一小区域，我到了那里，顿然联想到苏州的天赐庄，因为同样是宗教的实验区。我们先去访问苣相公，他是一个慈祥恺悌而又精明强干的老教士，来华已四十多年，所以上海话说得相当流利，他是孤儿院修士，实在也就是院长，二百多个颠迷无告的孤儿，都在他的以教以养的计划下活着。长大了还要给他们一个终身伴侣，是同样教养在圣母院的孤女。

为了二百多个孤儿的教养，便想出生财之道来，所以附设在孤儿院，有一个大规模的工厂。我随着华君，走了一遍。见五金部分各种工作，应有尽有：用电力在镀金镀银镀镍；用着细密工夫在做模型，预备翻砂；用着忍耐心思在打磨，还有平时只能想象而未曾见过的景泰蓝的制作，是用极细匀的各色磁砂，平心静气地像蜡烛上堆花一般的嵌在铜的器皿上。其他完成以后的各种出品，陈列在橱里，竟和舶来的上等器皿毫无差异。所以上海几家考究的西餐馆，都是他们的老主顾，这是二百多孤儿的养命的源泉。

木工也有惊人的制作，雕镂的工细，为一般所见者所不及。黏土工所塑的宗教故事和神像，也不是普通的工作，我想，倘然再把范围扩大一点，取材更广义一点，影响大于上海的工艺，是必然更伟大的。

孤儿的教育，并无可以注意之处，只是专辟一室的聋哑学校，很足以供给教育家的研究。我们踏进了教室，先生和聋哑的学生，都站了起来，一壁鞠躬，一壁用手上下左右的指划，嘴里在唱“望望先生”。我们是感动了，王先生还命两个哑儿表现了发书和简单的算术，在黑板上写着“我们很不好，请指教”，我写了“你们都很好，祝颂你们健康。”哑儿都能念出来，王先生说，不过两年的功夫，还给我看书法和图画，似乎比平常的前期小学成绩好些。大约因了聋哑没有外界的纷扰，反而能专心一志了。

最后，我们去访问徐神父，他见了我，说好似在什么地方见过面的，我想，这是他的亲热的表示，和苣相公在临别握手时说，这不是最后一次罢，有同样感人的热力的。他引导我们到图书馆去，单是中国书就装足了一大屋子，大约有三四十万卷罢。每本书都写着书根，方志最多，书目是用书名末一字照笔墨多少排列的。据说比较检查便利，但是倘然只想在某种性质里去找任何一种书籍时，很感到困难了。希望徐先生所说的将来要依着图书分类法继写书卡的话，在最短期间实现，否则浩如烟海，竟无从下手了。

这天有点儿细雨，更觉得到处是严肃静穆。和华君在分手时，有赞美的歌声，从不知什么所在里送出来，更加重了宗教的气息。

原载《新闻报》，1936 年

徐家汇圣母院育婴工作

陈征帆

徐家汇圣母院成立于一八六九年，为天主教在上海之宏伟样构，于育婴工作方面，业建树不少优异成绩，颇值得吾人注意与赞许。帆因考察慈幼事业，曾参观并研究该院之育婴情形，特志其概略如下：

徐家汇圣母院成立于亡清同治八年（公历一八六九年），迄今已有七十年之历史，其发起人为天主教薛孔昭司铎[①]，赖于首任院长多敏悟姆姆[②]之沉毅多才，与三十年长期之努力，该院务蒸蒸日上，乃得有今日之宏大规模。现在院内分为育婴堂、幼儿园、聋哑学校、启明女校、圣诞女校、徐汇女中、施医处、浣衣厂、刺绣所、花边间、裁缝作等部份，现任院长为戴步贤会长（拯亡会会长），司育婴堂事务者，为奥斯定姆姆。

圣母院一切事务，现由天主教拯亡会修女（一百五十余位），与献堂会贞女（二十余位）等分别担任，完全以牺牲服务，并不接受丝毫报酬。至于在育婴堂方面服务者，有姆姆十二名，教员十四名，保姆职工等三十余名。

圣母院育婴堂收容初生至五岁之无靠婴儿，自成立以来，前后共收容婴儿二万五千余名，目前有婴儿六百五十名。据谓，在八·一三战事后，每年平均收容三千名，在过去，某日一日间曾收容二十二名。在一周间收容八十名，乃惯常而非例外之事。

① 作者注：薛孔昭司铎于亡清咸丰五年（一八五五年），即创设圣母院于青浦之横塘，同治三年（一八六四年）迁至王家堂，同治八年（一八六九年）复迁徐家汇。徐家汇圣母院办理之历程，如连同其前身计，迄今已有八十四年之历史矣。

② 作者注：多敏悟姆姆为法人，在中国共传教五十六年，在圣母院之擘划经营共为三十年。

圣母院育婴堂有相当完善之医药设备，同时，所有姆姆皆具有丰富之医药智识[①]，更有名医何理中医师常川义务负责，故能尽量收容患病之婴儿，与以适当及时之治疗。据该堂司事者言，上海其他育婴堂（如仁济育婴堂），亦每将病婴送往，转请治疗与收容。

圣母院育婴堂为供给婴儿以新鲜清洁之牛奶起见，特自蓄养乳牛二十四头，每日由专门技师挤乳，并加以消毒之手续，此则不仅为上海慈幼界之创举，即在全中国亦属罕闻也。

圣母院育婴堂之男婴，至满一周岁后，即寄养于天主教人家，由堂方每月予以四元至九元之津贴费。寄养人家，于每月初一日，必须将婴儿抱至堂中，由司事者加以检查，如发现有待遇不妥处，即剀切指明，严嘱其力图改善。

圣母院育婴堂之办理方针，每收进一婴儿，即对其全部生活（物质的与精神的）肩负完全责任，企图贯彻努力，将婴儿栽培成人，予以教养，授以技艺，并协助选择配偶，建立虔诚而美满之家庭。基于此种特有之方针，该堂对于普通育婴堂所通行之允许领养制度，并无采取与仿行之意。

圣母院育婴堂之婴儿，在六岁以上，即受幼儿园教育，每日学习识字、听讲、游戏、唱歌等。其每日生活状况如下：上午六时起身，并晨祷，七时早餐，七时半散步，八时半识字并听讲，九时半吃点心，十时唱歌并游戏，十一时午餐，十二时午睡，下午三时吃点心，三时半散步并游戏，五时半晚餐，六时晚祷并睡觉。

圣母院育婴堂之婴儿，日渐长大，男婴满六足岁者，送入土山湾孤儿院，继续修业。女婴满六足岁者，即授以初小课程，并指导学习缝纫（为必修科）、刺绣、花边、编织，暨其他家庭工作。

圣母院育婴堂之女婴，待长至成人时，堂方即协助择配，建立家庭。依据堂例，入堂者尽奉天主教，仅可与奉教男子结婚，而该堂主持者认为惟有孤儿乃能深切怜爱孤女，故极力协助该堂之成年孤女，与土山湾孤儿院出身之成年孤儿相配婚，借谋永久而可靠之幸福。孤女于结婚后，如仍愿工作者，堂方则

---

① 作者注：天主教之姆姆皆具有医药与看护智识，不仅传教，且医疗人之疾苦也。

负责为之支配工作（刺绣、花边、编织等工作），否则，孤女与堂方永维持密切接触，感情之挈合，正不啻亲母女也。

圣母院育婴堂因自有房屋，畜养乳牛，职员属于牺牲服务性质等关系，故每名婴儿之每月平均费用仅为八元，此与其他育婴机关相较，自不可同日语矣（按仁济育婴堂之每孤每月平均费用为二十一元，上海战区婴孩收容所之每孩每月平均费用，为十九元二角）。

圣母院育婴堂之经费，赖于中外教民之捐输，以及该院举办各种生产事业之赢余，其主持者从不向社会举行劝募，盖因无此需要也。

原载《申报》，1939 年

土山湾

徐蔚南

世人每景仰我国过去美术工艺品之精妙绝伦，而叹息当代工艺之日趋简陋，以为一纸一墨，亦同隔世。隐于沪渎之骚人墨客，更多此种感慨。实则中国美术工艺并未如何堕落，唯所趋方向，较昔多异，而爱好美术工艺者，亦未能尽提倡之能事耳。即以上海而论，有一美术工艺之工场焉，而国人竟茫然无所知，岂不甚怪。

距沪郊徐家汇不远之处，曰土山湾，其地与徐家汇同为天主教之势力范围。国人留沪甚久，而竟未知其地者，然留沪之法人则无有不知之者，盖其地一大美术工艺之工场在焉。

土山湾有一育婴堂，为天主教士所设，其创始尚在前清道光二十九年（一八四九年），初堂在沪南，继而迁至距徐家汇约十余里之蔡家湾。太平天国时，战氛四起，堂事中止，所留孩童亦星散，直至同治三年（一八六四年）始再迁至土山湾而定居焉，迄今已七十有五年矣。此育婴堂实即一美术之工场也。

育婴堂所收异教之孩童，幼者为六、七岁，大者亦不过九、十岁，初授以四年之教育，如国文、习字、算术、天主教义等科，平均至十三岁，始就各童之天资性质，而授以某种工艺，至十九岁而卒业，仍留堂居住，至结婚而始离去。然堂设有工房，以供结婚后之工友寄居，所取租值则较一般为廉。因设备之周密，加以宗教信仰之关系，工友中颇多工作至老而亦不远去者也。

堂中工场，有印刷、装订、绘图、照相、冶铁、细金、木工、木雕、泥塑、玻璃制作等，兹就各种工艺略述梗概。

印刷工场，全部工友，约一百二十人。每年出品，平均西文者约五十种，凡二万五千卷至七万五千卷之数，中文者亦五十种，达二百五十万卷至三百五十万卷。每年纸之消费在五十吨以上。附装订作，各种洋式装订，坚实而朴素，然仍不失为艺术之美，传至西欧，颇得士林所赞许。前年震旦图书馆开幕时，该堂所装订之书籍陈列展览，琳琅满目，美不胜收。

绘画师约有四十人，所绘者均为圣洁之宗教画，或于纸，或于布，或于石，或于玻璃，无不精美。而花玻璃，更为远东独步者也。凡为美轮美奂之建筑物，均装配该堂所出之花玻璃，上海各天主教堂固无不应用，即如礼查饭店、横滨正金银行、台湾银行等亦无不采用；不仅上海，其他各省，亦多购备，以为装饰。如震旦大学新校舍所配“鸡鸣破晓”之花玻璃，观者无不为之惊叹，即该堂之出品也。又有各式灯罩，以透明贝壳制成，而加以各种彩色图案者，闻亦为该堂花玻璃工场中之产品。

五金工场，工友约一百六十人。冶铁所以所铸钟驰名，大者重七百磅，击之，其声如飞。炉火永久不熄，每一钟完工，即继之以烛台、十字架等其他五金用品之锻炼。金银细工之出品亦甚多，为圣牌、为圣杯、为十字架台，细巧华丽，令人目眩。如十字架台，最大者约二百十元，最小者约三十元，均极精致。尝以所作，出品于凡蒂冈展览会中，获得盛誉，且闻教皇庇护十一亦曾置该堂所造发蓝十字架于其私人之祭室中云。

木工及雕刻匠，约共一百九十人。木工所造者，为各种家具以及医院教堂等用具。家具有施以精巧雕刻者，如食堂一套用具十八件，椅、桌、台、厨，均深刻龙纹或其他花纹，价至国币三千元。又有浮雕二种，一为小国装之圣母像，坐于龙椅中，四周雕世界有名之教堂凡二十余座。一为小山陵，四周缘边中，雕我国各地宝塔三十余座。二者各售价九百元。此种木雕，尝展览于欧美各地，颇为西人所喜爱。即如上述二种浮雕，在罗马，世界教堂之雕刻，引起热烈之赞美；中国宝塔，则在旧金山使美人大为兴奋。泥塑亦独步于远东，所塑之像，有圣母像、有耶稣苦像、有天使像、有若瑟像等等。面目容貌，无不毕真，衣服色彩，更为悦目。如抱子圣母像、圣母单身像尤可爱慕，使人一见，慈爱和平之思，即不禁油然而起，洵为天才工艺家之作品也。

1915年旧金山世博会上土山湾出品的中国牌楼和百塔

育婴堂中全部人员约共六百五十人。各种工艺，悉由修士所指导，如绘画指导者，则诚为可贵之艺术家，并非仅为技术人员也。堂中人手虽不众多，而出品种类则颇繁伙，且制作又精美如此，实不能不令人为之倾倒。我人于记述育婴堂之后，有须附一言者，则为育婴堂西北之圣母院。院中有女工五百五十人，从事于刺绣及花边缝纫之工作。所出刺绣与花边亦极为精美华丽，与育婴堂出品互相辉耀者也。

原载《中国美术工艺》，徐蔚南编著，1940年2月中华书局出版发行

天主教在徐家汇的慈幼工作

陈征帆

上海慈幼协会（非公教机关），特派陈征帆先生调查天主数在徐家汇的慈幼工作，调查完竣后，陈先生在报纸上陆续发表二篇文字，兹录于后。

土山湾孤儿院

徐家汇土山湾孤儿院成立于逊清同治三年（公历一八六四），迄今已有七十五年之历史。土山湾孤儿院之孤儿，一部分为圣母院育婴堂所抚养长大者，其余则为教内外之孤儿，自七至十九岁不等。该院为教育上之效率计，仅收年龄较幼之孤儿（七岁至九岁之孤儿），目前院内孤儿为三百名。自创办至今，共收五千余名。

土山湾孤儿院规定：孤儿自七岁起，至十二岁止，为读书时期，授以完全小学之课程；十三岁起，至十九岁止，为习艺时期，学习美术、印刷、雕刻，以及铜木革器之制造。毕业后，留院工作，或出外谋生，悉听孤儿自便。

土山湾孤儿院对于孤儿，维持一种最亲切之关系，不仅负责教养，授以谋生技能；对于彼等之配偶问题，更予以莫大之注意。依据院例，入院者尽奉天主教，仅可与教内女子结婚，而该院主持者，认惟有孤女乃能深切怜爱孤儿，故极力协助该院之成年孤儿，与圣母院育婴堂出身之成年孤女，互相配婚，借谋永久而可靠之幸福。孤儿于结婚后，如仍愿在院内各生产部门工作，则院方除予以相当工资外，更为之准备高尚住宅，每月仅收取最微少之租费。院方之所以出此，除表示体恤外，尚寓有保持孤儿之道德生活之深意在焉。

土山湾孤儿院之工作规模，至为伟大，在远东堪称独步，其部门如下：

（一）木工部。制造中西木器，雕刻塑像，人物鸟兽，金银彩绘，油漆器具，色色俱全。所制各式石膏像，惟妙惟肖，令人叹为观止。

（二）五金部。精制刀叉、杯盘、教堂用圣像、大钟等；又铸造五金器具，各式俱全。其镀金镀银，最称优美。

（三）图画馆。分水彩、铅笔、油画等，其出品曾获得南洋劝业会历次褒奖。又制造彩绘玻璃，供给各教堂及建筑师应用，为中国彩绘玻璃之第一出品处。

（四）印刷所。分石印、铅印、五彩印等部分，所印中西文书报，以及装订技艺，在中国及欧美，早获得好评。该所自各界接受印刷业务，但拒绝承印违反道德之书报。

（五）照相馆。在上海堪称最早开办，除为各教堂及顾客摄影外，并兼营铸制铜锌玻璃等版，供给印刷界应用。

土山湾孤儿院之能获得今日如许成就，吾人当归功于天主教耶稣会诸教士之多年努力，因彼等之热诚坚毅，与博学多才，院内孤儿乃可能获得优美高深之造就。在彼等与孤儿之间，实存有坚强之爱结，此无人能予以否认者。彼等不慕荣利，不为报酬（完全属于牺牲服务之性质），引慈幼为终生天职，度数十年如一日，此非出于宗教之精神欤？

徐家圣母院成立于一八六九年，迄今已有七十年之历史，乃得有今日之宏大规模。现在院内分为育婴堂、幼稚园、聋哑学校、启明女校、圣诞女校、徐汇女中、施医处、洗衣厂、刺绣所、花边间、裁缝作等部分。

圣母院一切事务，现由天主教拯亡会修女与献堂会贞女等分别担任，完全牺牲服务，并不接受丝毫报酬。至于在育婴堂方面服务者，有姆姆十二名，教员十四名，保姆职工等三十余名。

圣母院育婴堂收容初生至五岁之无靠婴儿，自成立以来，前后共收容婴儿二万五千余名，目前有婴儿六百五十名。据谓，在“八·一三”战事后，每年平均收容三千名，在过去，某日一日间曾收容二十二名，在一周间收容八十名，乃惯常而非例外之事。

圣母院育婴堂有相当完善之医药设备，同时，所有姆姆皆具有丰富之医药智识，更有名医何理中医师常川义务负责，故能尽量收容患病之婴儿，与以适当及时之治疗。据该堂司事者言，上海其他育婴堂（如仁济育婴堂），亦每将病婴送往，转请治疗与收容。

圣母院育婴堂为供给婴儿以新鲜清洁之牛奶起见，特自蓄养乳牛二十四头，每日由专门技师挤乳，并加以消毒之手续，此则不但为上海慈幼界之创举，即在全中国亦属罕闻也。

圣母院育婴堂之男婴，至满一周岁后，即寄养于天主教人家，由堂方每月予以四元至九元之津贴费。寄养人家，于每月初一日，必须将婴儿抱至堂中，由司事者加以检查，如发现有待遇不妥处，即剀切指明，严嘱其力图改善。

圣母院育婴堂之办理方针，每收进一婴儿，即对其全部生活（物质的与精神的）肩负完全责任，企图贯彻努力，将婴儿栽培成人，予以教养，授以技艺，并协助选择配偶，建立虔诚而美满之家庭。基于此种特有之方针，该堂对于普通育婴堂所通行之允许领养制度，并无采取与仿行之意。

圣母院育婴堂之婴儿，在六岁以上，即受幼稚园教育，每日学习识字、听讲、游戏、唱歌等，其每日生活状况如下：（一）上午六时起身，并晨祷；（二）七时早餐；（三）七时半散步；（四）八时识字并听讲；（五）九时半吃点心；（六）十时唱歌并游戏；（七）十一时午餐；（八）十二时午睡；（九）下午三时吃点心；（十）三时半散步并游戏；（十一）五时半晚餐；（十二）六时晚祷并睡觉。

圣母院育婴堂之婴儿，日渐长大，男婴满六足岁者，送入土山湾孤儿院，继续修业；女婴满六足岁者，即授以初小课程，并指导学习缝纫（为必修科）、刺绣、花边、编织，暨其他家庭工作。

圣母院育婴堂之女婴，待长至成人时，堂方即协助择配，建立家庭。依据堂例，入堂者尽奉天主教，仅可与奉教男子结婚，而该堂主持者认惟有孤儿乃能深切怜爱孤女，故极力协助该堂之成年孤女，与土山湾孤儿院出身之成年孤儿相配婚，借谋永久而可靠之幸福。孤女于结婚后，如仍愿工作者，堂方则负责为之支配工作（刺绣、花边、编织等工作），如此，孤女与堂方永维持密切接触，感情之挈合，正不啻亲母女也。

圣母院育婴堂因自有房屋，畜养乳牛，职员属于牺牲服务性质等板系，故每名婴儿之每月平均费用仅为八元，此与其他育婴机关相较，自不可同日语矣。

圣母院育婴堂之经费，赖于中外教民之捐输，以及该院举办各种生产事业之盈余，其主持者从不向社会举行劝募，盖因无此需要也。

原载《圣心报》，1940 年

圣母院育婴堂参观记

蒋 萍

“请扶助无父母的婴儿，请救济被遗弃的婴儿。”我每次经过跑马厅仁济育婴堂的门前，这两句巨大的漆在墙壁上的标语，惊心触目地印入我的眼帘。政府虽曾颁布奖励生育的法令，但畸形的社会里仍有无数的婴儿被遗弃着。我虽非社会学者，但总觉得婴儿问题是最严重的社会问题，而且这问题牵连到多方面的。目前生活如此艰难，婴儿的命运，无疑是愈加悲惨，因此收育弃婴的慈善机关，他们的工作和责任愈觉艰难繁重了。

当我约定要去徐家汇圣母院育婴堂参观的时候，我已想象到将有一幕可喜可悲的活的电影映演在我的眼前。星期六中午，是一个最炎热的天气，当我与康君和我的内人等兴奋地长途奔波，到了徐家汇的教堂区，徘徊找到了这个世外天地的圣母院育婴堂的时候，汗流已湿透了我的衬衫。

徐家汇圣母院育婴堂，谁都知道是上海办理育婴事业最完善的机关，是著名的徐家汇天主堂经营的社会事业之一种。内部设备，非常完善，育婴事项，非常缜密，她们以仁慈的圣心，拯救地狱里的弁婴。

这座圣母院分辖着徐汇女子中学和育婴堂，这里完全是女子的大地，有女修道士、女学生，和被遗弃的女婴和女小孩，一切工作的人，也都是堂里长大的孤女，房屋宽敞，清洁幽静。

承两位华籍姆姆领导我们参观育婴堂，最初触及眼帘的是包着襁褓躺在小床里的无数弃婴。有的静静地睡着，有的呱呱地啼哭。据说这里能吃饭的女孩从二三岁到十三四岁的共约四百名，在襁褓里的约一百八十个。据一位姆姆说，这一百多个襁褓健全的很少，有的被弃置在马路边，有的从乡间送来，相隔时间过久，多患了疾病，且送来的婴儿，都是贫苦人家所出，营养不足，极难抚育。四大间房间，无数的小床很有秩序地排列的，每一间里有几位孤女谨慎地看护这些弃婴。她们的食料，从前全是吃牛乳的，现在牛乳太贵了，而她们的经费正到了最困难的时候，所以只能吃米汤和奶粉。

二三岁的小孩，在保姆照顾之下，已能很活泼地游玩着，六七岁以上的便授以初级的教育和练习做事，十岁以上学作女红，她们的生活非常有规律。另一间大房间里，备有许多的玩具，和木马、小车、脚踏车等，供三五岁的小孩玩乐的。饭后必须上床午睡，醒后往花园里游玩。六七岁的小孩，都能自己脱衣服，很整齐的挂在床架上，便安静地睡着。六七岁的小孩的床四边都有栏杆，以防滚跌，每一床前置一小方凳，孩儿们从凳上跨上床去睡觉，八九岁到十岁以上的床，被铺已都能自己折迭，清洁整齐，面盆手巾，齐整地陈列在墙边。每一房间夜间有一位姆姆陪着睡觉，以便照顾一切。全部生活非常美满整洁，即如设备完善的医院也及不到的。

饮食方面因为现在的物价太贵了，实在不能令人满意，孩儿时代，最需要滋养。从前她们用牛奶当茶喝，不以为奇，但是，现在牛奶是断绝了，襁褓婴儿也吃不到了。较大的孩儿更不必说。我们去的时候，正当在吃饭的时候，二三岁的小孩，由孤女喂着吃粥，粥里仅渗入一些豆腐烧的汤，六七岁的小孩，每人吃两小马口铁碗饭，饭里浇些豆腐汤和园里自己种的蔬菜。八九岁到十余岁的小孩，每四人吃一菜一汤，菜是素的，汤里仅有些猪油而已。饭是由籼米和碎米合煮的。

这里担任一切杂役的女子，都就是堂里长大的孤女，她们的资质愚笨，或者残废的人，如瞎眼等人，担任洗衣及摇线。每一部份的工作，由一个完备的人领导着这些残废者，并且照顾她们。所有孩儿的衣服鞋袜，都是这些残废的孤女手制的。洗濯部份由四五个残废孤女终日要洗涤把尿的孩儿尿布。厨房里每天要烧四五大锅的饭和菜，由七八个年长妇人担任烹饪，而这些妇人也是从这堂里长大的。孩儿们的衣服间由一位姆姆执管着。

每一女孩，除非真真愚笨或残废的，都要受初级小学的教育，由数位女修道士担任教授，她们的程度不一，所以注重个别教育。较大而伶俐的女孩学习精细的女红，如花边之类，聪慧的女孩，有的进修道院，学业完成后，分派到各处教会机关去担任布道、行医，或学校教师等职务。她们是从襁褓一直抚育培植她们能有一技之长，可以自力更生，不会是一个无所作为而真真被遗弃的女子。

也有病房，以便孩儿生了病隔离医治。这育婴堂可说是一个独立的社会组织，除了米煤之外，一切都不需仰给于外面。每一女孩长到十七八岁便代为择配。一位姆姆指着一顶轿子对我们说，这里每一个女子，必须由这顶轿子抬着出院，这意思是说，这里的女孩子，平常不得出院门，除非她被这顶轿子抬了出去，嫁给了一位男子，成了夫妻。这里女子的择配，有的外面人家到里面去挑选，经院里调查这一男子确是诚实可靠的人。或者是孤儿院里长大了的孤儿，由院方代为择配。

这里的女孩子，没有任何坏的习气，都是天真纯良的小天使，她们更不懂得什么是骂人的话语。社会上所有小孩种种恶劣的行为和话语，在这里边是永不会懂得的。假如一个较大的女孩儿被人送进了堂去，她们一定先要把她和其余的孩儿隔绝，以防她从社会上学得的骂人言语传入女孩群中。

一切生活真是满意舒适，可惜饮食太差了些，不够丰富的营养。她们的经费本来是法国教会供给的。可是从欧洲战争以后，法国经费断绝了，因此她们陷入从来未有的困难程度，从前每月只要一二千元的开支，而一切都很美满，现在每月一万元的开支，而一切反远不如前，这相差太远了。她们亟待社会善心人们救济。六百个无父母被遗弃的女孩，盼望着社会善心人们的扶助。我想一个拯救人类的组织，将是全社会的人们所乐于援手的。

原载《申报》，1941 年

孤儿的乐园

柳

孤儿，是儿童最不幸的遭遇；我也是十一岁丧父，赖母氏鞠育成人，可怜我童年，见到有父亲的孩子，融融泄泄，回想到我的父亲那里去了，每不觉泪珠夺眶而出。

残酷的战祸无端地加到大众身上，正不知多多少少家破人亡，飘泊流离。孤人之儿，寡人之妻，罄南山竹，写不尽这凄凉惨痛的景象，倾西江水，那里能洗尽心头杌陧的情绪。人世间，既平添了无数的无父的孤儿，流浪，饥饿，不幸的殉于沟壑，幸运的得遇着救星。我今所谈的正为不幸而幸的一个孤儿。

原来，我家乡战事频频，有杨姓的是经纪人家，一家五口。男的是小店经理，本可以安闲度日，却不料屡遭战事，全镇为墟。不能例外的杨，庐舍荡然，店产乌有，一急一气，就是一命呜呼。遗下的一妻三儿，在中国以男子为生产单位的经济组织下，到了这地步，做女子的真是手足无措，哭哭啼啼济恁么事。后来经过种种设法，大的儿子荐入小商店去当学徒。最小的女儿就螟蛉给人家，自己出来帮佣。尚留一男孩，寄食在人家，但以一百四五十元一石米，每月至少帮膳食三十元，叫她如何担负得起，这一问题不解决，又叫她如何得了！后来得着朱志尧先生玉成其事，居然将这孩子送进了土山湾的孤儿院——慈云小学。她们一家四口，虽是分居了四处，可是各有了安身之所，真所谓徼天之幸，如天之福。

有一天早晨，日暖风和，朱志尧先生借了一辆汽车，我即携带那孩子，三人同车，风驰电掣，打那柏油路上好似软茵般飞驶过去，不久，望见徐家汇天主堂的双塔高峙，我们的车就对那钟楼直驶前去，一会儿到了法租界西端的徐家汇镇上。矍铄老翁的朱志尧先生，竟不用雇街车。于是一老一壮一小，舍车步行，度小桥，穿铁丝网，踏进了教堂区，沿着污浊不堪的蒲肇河，与路旁教堂的粉墙垩壁相映，黑白分明，更显出天主教十戒的精诚。经过教堂门外，高耸的两钟楼，较以前所望见的更形亲切了！不禁回想到十四年前，曾一度得朱炎之先生介绍引导我们一小部分人，参观天主堂的图书馆及天文仪器，可是走马看花，况且是天文台远在佘山，我们所看到的，仅关于地震等一小部分仪器。我虽亦可说，上海是我第二故乡，但是我到徐家汇教堂区，还以这一次为第一次。一路上说说谈谈，抬头看见白墙上“土山湾”一大字，目的地已到了。河上跨一座桥名慈云，是朱志尧先生所承造，可说是南市第一座水泥钢架建筑的铁桥，如今已数十年了，当时只费了二百两银子，路旁即是土山湾孤儿院了。一进了门，即有态度和蔼的司阍出而招呼。这一点，又使我起了一种感想，我也喜到寺庙里去随喜，然而那僧侣何等势利；我也曾到团体场所去参观，然而那管门的何等神气；其实这种人目光太模糊了。人，同是人，何必彼此分厚薄，只认衣衫不认人，岂是社会中所应有的人情呀！

大门之左，为土山湾印书馆，我们顺着右手，绕着回廊，穿进了竹篱门，中间有一绝大的广场，两旁回廊之内，尽是房屋，可是这么大的一座庭院，雅雀无闻，清静异常。志尧先生先须进堂诵经，我虽不是公教徒，但从主人所好，也随着进去，同样地跪在旁边，瞻仰堂内的庄严陈饰。出来，随即去访问院长吕道茂神父。吕神父银髯飘飘，目光炯炯。威毅神态中流露着仁慈气概。办理了入院手续，承吕神父陪着去参观，顺道先参观绘画部分，有的在画布景，有的在制图案，亦有人将幻灯底片，对着阳光在饰色。此外所陈列美术制品，彩色玻璃，五光十色，一时看不尽这许多。壁上悬有明人服装，首到中国传教的利玛窦，及红缨帽，石青外套，清代服装的汤若望、南怀仁的画像，这皆为介绍西方科学传入中国有绝大劳绩的人。再进去，穿过腰门，悬有“慈云小学”的牌，即是孤儿院的学校部分，一座三层楼大洋房，在以前，却是百岁老人马相伯先生修道著作之起居处，将来在历史上自有其纪念价值。如今一二两层，都成为孤儿的教室，第二层作为寝室。我们先从二层楼上走廊中一间一间参观过去。下楼，又承吕神父介绍见校长张梦渔神父。张神父，浦东人，世为公教士，所以阖族为修士、神父的甚多，张神父其一也。张神父神采奕奕，态度慈祥，曾患胃病，三次奏刀施手术，而健康如常。我深信，凡有真实修持的人，必有其伟大过人处。天主教修道的规律甚严，绝色、绝财、绝意，所以到了疾患相侵的时候，他精神上自有其安慰寄托，那顾及肉体上之苦痛。不要说张神父，即友人徐春荣，他是笃信佛教的，亦为胃溃疡两次割治，割去手掌大的两块，其后亦无损于其健康。

我们又多一位陪我们去参观的人，经过了一座大操场，从一列筱悬木[①]绿荫下竹篱中间进去，有一座外观很朴陋而内部很整洁的教室，这就是一年级读书之所。另外一座，是他们的寝室，一张一张的小铁床，排列得很整齐。

我们又承张神父见告，方知道这孤儿院，有八十六年的历史。创办的是薛孔昭神父，还是咸丰五年（公历一八五五年），开办于青浦蔡家湾，咸丰十年（公历一八六〇年）被毁，迁至上海董家渡，再于同治二年（一八六四年）方迁居今址。全院面积占六十三亩，除了教室寝室之外，病房、浴室、雨操场、洗衣室、西乐室、大礼堂，莫不齐备，此外有三处游息场，空气新鲜，不在话下。

凡孤儿六岁以上入院的，无论其为聋哑残废，各按程度，编入各级肄业，小学共分六年级，此外尚有初中一级，及学徒补习班一级，聋哑生复式编制一级。张神父尚拟于最近的将来办一孤儿的职业中学，以宏孤儿的造就。入院的孤儿，经填具保证书，即可进院。进院后，所有衣食住书籍，并一应生活所需，无不由院供给。每日一饭二粥，每星期肉食二次，故营养甚为充足。至于健康更加注意，除了防疫种痘之外，较重的病症，即送广慈医院治疗。学生除完成六年小学教育外，成绩较好的，可继续升学，差一点的分派在自设的各工厂习艺，须待他能自立后，遂许他出外就业，或仍留院工作，有这样设备，才当得起孤儿的乐园了！

从一年级教室出来，回到方才参观的洋房内第一层各部分去参观，有教室，手工室，有聋哑班。聋哑班的学生，有的正在上国文课，亦有用笔算来学

---

① 编者注：即法国梧桐，悬铃木科。

习珠算。我好奇的问，哑子能不能发音读书，他们说能，即在一种手势指示之下，他居然将教科书中文句，一句一句读将出来，不过他的发音，较为笨重，没有一般人的清晰罢了！然而哑子能开口，在以前认为不可能，如今竟以教育技术的发达，可以弥补天然之缺陷的了！

此外尚有五个部分，即为毕业的学生习艺之所。总其成的皆是吕神父，而每一部分都有中西领十管理，并专门技师指导。那五部分是：

图画部，分水彩、铅笔、油画、彩色玻璃；印刷部，分石印、铅印、五彩印；木工部，分制作、打样、雕刻、油漆；五金部，分镀金、镀银、翻砂；照相部，分铜版、锌版、玻璃版。

我们一部分一部分参观过去，足足费了三小时功夫，还是匆匆地参观一过。我节取吴季札的语，作为我参观的结语，所谓“其蔑以加于此矣，观止矣”！确实，工学兼施，人无弃木，物无遗利，各尽其力，各得其需，假使以这一种精神，推行之于各种事业，我可说，没有一事业不会成功的。

该院所出的工艺品，又没有一样不精良的，尤其是木工部与五金部的出品，大大小小，形形色色，件件精致，我看见来买的，大都是西人，不远跋涉，特地跑到土山湾来买，足见制品的信用甚强，故得营销至南洋印度及美法诸国。图画部出品，当南洋劝业会时，得奖凭至十九件之多，又在南京国货展览会陈列，复得着不少奖词。然而可称远东独步的出品，允推彩色玻璃，绘上人物，经特制后，永不退色。雕刻部所陈列的各种塑像，即是我们教堂中所看到的，在这里一排一排的陈列着。还有徐光启的像，红袍纱帽，神采生动。此外亦替人家造铜像，我曾觇有一半身像，据说即为浦东陈姓所定制的。

工场部分，本是生产事业，非但足以自给，而且工业品出售所得，占孤儿院收入中主要部分；如今不然，内地因交通阻隔，等于断绝；国外则欧战蔓延，销路日微。此外所恃以开支的，则为中西人士之捐款。

亦因战事影响，大不如前。而物价则以投机囤积之故，疯狂的飞涨上去；尤其是米煤，消费量不变，而价格比以前涨起十倍余，以有固定性的经费收入，应付变动不居上涨不绝的物价支出，顿使三百六十八名孤儿日用生活所需，发生绝严重的困难。不说别的，单就食米一项来说，每日需米二石半，以一百元一石论，每天即需三百五十元，一月即需一万零五百元，一年即需十二万六千元，再加燃料、水电、菜蔬、鞋袜、衣着、零用，哪一样说是可少，件件皆须由院供给，试想一年支出扩张，收入减少，在这一种入不敷出状态下，主持者苦心毅力的支持，实在令人钦佩到万分。

然而，我想，上海社会人士的乐善好施，却也不少；不看新普育堂经费竭蹶到极点，经本报不断为之呼吁，获得社会上绝大同情，得着甚大的收获，据说所收到各方面的捐款，将近十万几之数。以土山湾孤儿院八十六年的历史，内中有最完美的设备，留养孤儿已达五千五百余名之众。加以天主教士不重宣传，只知工作，真所谓名副其实的实干。又为了平时可以自给自足，不向社会募捐，而社会人士亦漠然置之。如今为了战事不绝，渐已感觉到拮据地步，使这一座孤儿的乐园，得以度此难关，步入康庄，这不是孤儿院主持诸君及天主教徒之责，乃是全社会人士人人应有之责。因其教养孤儿，不尽是为天主教而服务，亦是为全社会而服务，所以维持的责任，也应由全社会共同去担负。

事实如此，不容抹杀，他们的工艺品，正希望社会人士去参观，而且可以接受各式各样的日用器具及美术上工艺上为外界所不能承办的一切制品，大众试想，这亦是孤儿院办理最有成绩的一种表示。

我们参观了出来，离了孤儿院，与志尧先生一路同车回来，记着张神父所写给我们看的，是该院最诚恳的一句法文呼号，原文是：Tout client est un bienfaiteur de L'orphelinat. 我虽读过一年的法文，可是三十年前事，早已还之于赵志游先生了，如今我只记得这一句中文译义是：凡购孤儿出品的，就是孤儿的恩人！我想这最便利不过的救济了！买物可以救济人，上海有钱的人多，真是惠而不费的事情。何况孤儿院的出品，不以营利为目的，而以信誉相担保，真当得起“货真价实”四字，又何乐而不为？（稿费移助慈云小学）

原载《申报》，1941 年

土山湾孤儿院巡礼

搭乘法租界二路有轨电车西行直到徐家汇站，下车步行出“铁丝网”，向左便可看到俗名曹家浜的蒋肇河，沿河是一条长长的碎石路，迤逦数百步，迎面有一牌坊，横写“土山湾”三字，里面的白粉壁上，又有“土山湾”的拉丁字题名 Tou-se-we，这里，就是上海第一个孤儿院——上海徐家汇土山湾孤儿院了。

孤儿院在这名胜区内、有着最悠久的历史。据说在清代，咸丰五年（公元一八五五年），天主教的薛孔昭神父，在青浦的横塘镇创办孤儿院，后来迁移到上海西乡的蔡家湾。咸丰七年（一八六〇年）太平天国的革命军向上海近郊挺进，清兵出战、蔡家湾孤儿院竟在那次战争中完全毁灭，孤儿多被杀害，连拯救孤儿的马神父亦为乱兵残杀。一部份脱险的孤儿，寄居于沪南的董家渡、四年之后、即同治三年（一八六四年）又由董家渡迁至沪西徐家汇土山湾，从这一年算来也有八十年了。

孤儿院迁到土山湾以后，环境适宜，于是救育孤儿事业，就有正当的发展，不单作消极的救济，并进而注力于积极的教育，因此添设工厂，一方面训练孤儿，使学得谋生必要的技艺，另一方面使孤儿长大成人后，即不出院，也可有工作自谋生计。自从咸丰五年起，八十八年以来，该院曾收养孤儿五千五百余名，自幼稚以至成家立业，其间抚养培植真是煞费苦心。据说该院出身的孤儿，除了在该院工厂服务之外，有的在上海各工厂商店谋生，其间还有不少已经自设工厂，营业繁盛的，甚至到各地服务，获得各方赞美者也很多，甚为百岁老人马相伯先生赏识而在艺术界获得相当声誉的张充仁君，也就是该院出身的孤儿。

半工半读教学

土山湾孤儿院特色之一，是对孤儿实施半工半读的教学。一进大门，是一片草坪，西面巍峙的古洋楼就是工读的实验所“慈云小学”的校舍，西南的两块草地，已划为大小球场，再西就是菜圃，四周栽植树木，构成幽雅的校园。孤儿们的学习环境，可说是再适宜不过的了。

慈云小学在前年（三七年）实行整理改组后，编制方面，没有初级小学四年，高级小学一年，实习班三年，采用学年升级秋季始□单轨制。初小四年的学科，和普通学校一样，一部份（四十名）孤儿，还在汇师小学就读，早出晚归，以院为家。学习住宿、都由院方付，据说成绩都列前茅，是该院“争气的”子弟。

孤儿升入高级小学后，除了普通学科之外、每天划出若干钟点到该院各工厂，稍稍学习工艺。高级小学毕业以后，升入实习班，早晚仍继续教学各科基本知识，如公民、经济、史地、簿计、外国语等等，使将来学成后具备充分的国民常识与道德基础。早晚以外的时间，即为各工厂的实习生，称然学徒，各就性情与知能所近，学习各种工艺，以备将来毕业后进入社会，成为具备优秀学养与技能的模范工人。实习期为二年。

毕业后出路有两条，一是在该院工作，取得“老司务”即正式工人的资格。另一是由该院代为介绍职业。数十年来，该院毕业生之在上海各工厂获得优良职位的，为数极大，至于留院者，亦占现在该院各部工友的极大部份，还有不少人且已成为专门技师，备受实业界的欢迎。

慈云小学除了高初实习（即特别班）之外，特为残疾孤儿设立一所聋哑学校，进行特别教育，第一步使了解手势、口势、发音，进而授以一切基本课程，第二步再使学习工艺，因为聋哑孤儿能专心向学，成绩不仅能与非聋哑者竞争，而且不少杰出之材，据说该院工艺品之最佳者，每出于聋哑毕业生之手，这是值得教育家研究的事实。

宗教文化大观

土山湾孤儿院在蒲西路，占有土地面积六十三亩，院舍除西部辟为慈云学校外，东部便完全开设工厂，工厂现五大部，蒙该院负责人吕道茂神父（法国籍）和王鹤峰相公（即修士）引导分部参观，如入山阴道上，如入万花园中，谁相信这是孤儿院呢？

走进大门，靠左手的古老大厦，便是印刷所，可算是该院成绩最佳营业最盛的一部。工厂设施，尤为完善，除了石印、彩印各种机器之外，铅印的四开机和对开机也都在转动着，吞进白纸，吐出《圣心报》和其他杂志，英、法文的麻醉和有关宗教、文化与历史的图籍，这里还有完善的印刷所应有的各种附属设备，如中西文铸字机、打字机式的电动排字机（英文、拉丁文）以及规模不小的中西文手工排字房等等，我国有几家著名的报馆和书局，远不及这孤儿院印刷的完备呢！他们历年承印的中西书报，在中国及欧美，早曾获得好评。特别是承印的价格，较一般市价为低，没有一般文化工商家的市侩气，只要不是违反道德的书报杂志，只要能力所及，他们都欢迎代印。

为发展天主教的文化事业，他们除了印刷所之外、另设有“发行所”，分装订和贩卖两部，与印刷所工厂相连，设备电动的吸墨、折纸、切纸、穿线、装订、上浆、封装，烫金等各种新式机器，承接各类委托装帧的档，无论为报章、杂志、经典、书籍、文稿，无论为中式线装、西式布包皮装，式样色彩都可任意选择。发行所的陈列柜里，满是整齐富丽的装订完工书籍，具有使人依恋的魅力。贩卖部方面，凡该院出品如圣像、经文、中西图书、各式票据，无不应有尽有，并且代售各省天主堂书籍杂志等。虽然他们不以营利为目标，但是对于顾客之热情招待，在今日上海已经不易遇到的了。对于宗教文化，同样具有重要贡献的，是该院附设的摄影制版部，包括摄影、影印、定制铜锌版各部份，机械设备，虽然不是最新式的，但尚称完善，壁架上堆积如山的制成品，正可表示该部过去的成绩。不过，由于地位关系，摄影及制版二者，主要的服务对象，似乎还是几家教堂和教友，以及与宗教有关的印刷品者。

艺术之宫充分表现天主教文化艺术的精华，除了印刷所等以外，还有图画、五金工厂及木工场等等。图书馆分铅画、水彩画、油画、彩绘玻璃等部，一入馆门，就如入博览会，琳琅满目，应接不暇。粗布破衣的工友和学徒，正在安静的环境中细心地工作着，各种绘画的题材，以人像，尤其是圣像、风景、静物、与宗教历史画为主，并代人修补及放大照片等工作，铅画、油画都不少。看到他们的成绩，谁会料到是出于小小年纪的孤儿之手的？如果在取材方面扩展到一般的历史画，如果更能跳出临摹、放大等工作以外，以他们平日宗教的修行精神，再向现实社会取吸绘画素材，其将来的成就一定不可估计呢。该院绘画，从前曾经屡次获得南洋劝业会的各奖，在埋头苦干中，今后必有更好的成就。

这里特别值得介绍的，一是彩绘电影片之制造，兹院技工正在影片的分毫之间细心染色，几乎连呼吸也停止了；二是彩绘玻璃之精美，玲珑之外，还有豪迈大方之作，向供教堂及豪华建筑物之用，为中国彩绘玻璃第一出品处，一向销行于国内外，现因战时连输不便，有许多珍惜的定货还在该院，使参观者得开眼界。

五金部和木工部，在土山湾孤儿院也是久负盛誉的。五金方面，现有制成品，大都为各教堂圣像、仪器祭器、大钟和家庭应用的精制餐具，刀、叉、杯、盘，各式俱全，不过因为金属原料难得，工厂已不如往日的繁忙，铸造五金器具的工作几已停顿，优美精致的镀金镀银工作也大不如昔，这是战争的结果，对于院方的经济，影响可不小咧。木工方面，虽然原料难得，与五金相同，但工厂尚极活跃，这里又分设中西木器，雕刻与塑像，金银彩绘与油漆等各部分。学徒们的作品，每件都有技工所批的分数，大致在七十分以上。成品方面，有一堂柚木精制的家具，人物花卉鸟兽，无不镂空成立体，其细致灵活，可与印度等地的象牙雕品媲美。其他一切家庭用具及陈列品、玩具、一般工具等，巨细悉备，蔚为大观，尤其难得者如各种土、木、石膏的塑像和雕像，从圣像、历史人物以至现代名人，目不暇接，他们只要有一普通照片，即可雕塑如肉身一般，不仅形象毕肖，而且情韵栩栩，可称杰构。

孤儿院里生活

这样完善和优美的孤儿院，也不免受到物价浪潮的影响，使孤儿、工友和管理者的生活，陷于极大的困境。孤儿们每日一饭二粥，吃的是户口米，过去每月向华法两方各领十五包，计三十六石（工人米贴亦在内），每石缴费二百五十元以上，但近来时常领不到，粮管局方面只供四分之一，因此食粮恐慌日趋严重，早晚吃麸皮汤，菜肴自然谈不到名。外居的七十五名，供膳食外，每月工资一百至一百廿元，贴米二斗，有妻室者加一斗，有子女满七岁者每名再加一斗，不满七岁者半斗，另供宿舍，这一笔开支已经不小。为着吃饭难，已从二百七十六名孤儿中选出三十五名就食于泗泾，另选卅五名寄居于佘山，但一切经费仍由该院负担。至于衣被，大都为旧存，现多破烂，无力添补，秋冬即届，令人焦急。实际工作考自负责人品神父以下，计有神父七名、相公十一名、教员五名、职员丨名，完全以教养孤儿为其终身事业，牺牲服务，不妄用一分一角。可是，怎能挽救经济的危机呢？在从前，该院经费来源，一为国外捐助，二为上海天主教会补助，三为该院工厂出品畅销南洋、非洲所得。现在这三大财源已被截断了，而他们的开支却随物价而飞涨增加。据最低估计，每一孤儿一年间之膳费即须一千元以上，三百人即须款三十万元，而燃料、水电、衣被、书籍、医药、教薪、工资等，其总数也可惊人，每月支出，就要超过五万元。

本年春间，曾向上海市贫病救济协会请求补助，经该会委员纪振纲、姚惠泉二先生前往调查后，先有一次补助二万五千元，六月间继续补助一万五千元。使该院稍得透一口气。然而现在物价飞涨，该院仍陷于极大恐慌之中，记者眼看孤儿们面黄肌瘦，衣衫破烂，与其精美灿烂的工作极不相称，推想其前途，不禁心酸泪落。

原载《申报》，1943 年

徐家汇圣母院访问记

孤女天堂

成千成万无依靠的羔羊　在修女们挚爱的抚育中

孤女过着人间最不幸的生活，那里有什么天堂呢？然而，从徐家汇电车或公共汽车站，出铁丝网，走行不到十分钟，就可看到小桥流水人家，一带白垩围墙，古牌坊式的大门，这里竟存在着另一天地，是一般男人的禁地，是圣洁的修女和幸福的孤女之家！成百成千的孤女，人人变成“无愁公主”，饱受着爱的陶溶，不解人世的欺诈与罪恶！

拯亡会与圣母院

圣母院，这是中国天主教拯亡会修女诘书修道之所，她已有近百年的历史，Helpers of the Holy Souls（天主教拯亡会），在西方原是一种专替穷人，特别是为家主亡故的孤寡之家服务的一种组织，在东方，是第四个传入中国的天主教修女会，自一八六七年以来，适应中国国情，扩大其服务范围，对于一切足以为人群造福的事业，如济贫、安老、慈幼，以及积极性的兴办教育等等，都上体天主爱人之德，辛苦经管。七八十年来，在各省城镇，都有拯亡会的事工。上海方面，就有这个徐家汇圣母院，一般修女，在出家守贞读经修道之外，依据拯亡会的宗旨，创办老人院和残废院（直到三十年前，才发展成为今日独立经营的安老院和普育堂）。她们还制造了历史悠久声誉卓著的崇德和启明两女校。现在，除了附设徐汇女中（崇德改名，现有初高中女生共约三百余名）、启明女中（现有高初中女生二百余名），及晓明女中（约有高初中女生五百余名)，以及托儿所、中西施医所之外，继续专心经营的，就是创设以来已达七十四年的育婴堂及其附属事业。今日徐家汇蒲东路上占一百余亩的幢幢大厦，就是这个圣母院所经营的启明、徐汇二女中和著名的育婴堂。

天堂的来历

徐家汇圣母院育婴堂的名字，在中下阶层是很熟悉的。七十四年以来，收养的孤苦孩童，不下八万人，特别令人感动的是“一·二八”淞沪战争之时，多少人家，流离失所，多少婴孩，哀啼道左，当时修女们不顾危险，在炮火声光轰射之下，抢救无告的小生命，每天所收，少则十余人，多至三十余人，替国家社会保留的元气可真不少。

现在，育婴堂里抚育的孩童，自襁褓至三岁的，共有一百数十人，四岁至十五岁的，有二百人左右，十五岁以上的，也有八十人。总数约共五百五十人。近来因为食粮困难，不得已把七岁至九岁的女孩四十名寄着在菉葭浜，一群异姓的小姊妹们捧着这批寄养出去的姊妹们的照片给记者看，她们自己也争着来看，那种手足互爱之情，真令人感动。三四岁的孩子们，已能回答记者的询问，表示她们爱姆姆，爱姊妹们。

婴孩大都是贫苦人家自幼送院的，一部分捡自大门口，多数有着严重的疾病，或先天不足，然而经过修女们细心调养，死亡是绝无仅有的，她们自哺乳到成人，都由第二慈母修女们抚持将护，到了相当年龄，就施以教育，授以技艺，视其性之所近，替她们找求出路。每一个孤女进院以后，就须抚养到有自立能力，代其择婿出嫁之后，才算尽了责任。但是，嫁后生活，仍极关怀，至今院中有不少出嫁后回来工作，甚至有的带了女儿回院共同工作的，圣母院育婴堂，名符其实地成为无靠孤女的天堂了。

婴儿的生活

绿草地的两端，对峙着两幢古老的洋楼，由于时常修整粉饰，看不出是七十四年前的建筑物。据说，在前年曾经计划好翻造新厦，一切已筹备妥当，可是十二月八日太平洋战争爆发，不克实现。现在这所古厦，分划为孤婴的卧室，前后各有七房。孩子们各有自己的吊艇式小铜床，一律挂着珠罗纱的小蚊帐，毯席毛巾被等，都很整洁，有的尚在睡眠，有的 Sister 在喂牛奶。几乎个个都肥硕活泼，尤其那一群三四岁的，更是天真可爱，个个清秀美丽。记者不禁叹息目前中等之家的小孩，也决不能享受如此生活。但是，金姆姆说："几个月前个个都是面黄肌瘦，实在营养不足，抚育的姆姆阿姐们，几乎没有一天不对这些可怜的小孩掉泪，幸亏贫病救济协会一再补助，恢复了牛奶鸡蛋的供喂，才又肥白红润像今天这样呢。"

孤婴到四、五岁时，即受幼稚院教育，依一定的时章、讲谈、游戏、饮食、休息。孩子们有小汽车、脚踏车、木马、滑梯等各种各样玩具。为了孩子们一进院就和外界隔绝，特备各种挂图和模型，让她们获得关于轮船、火车、汽车及飞机等等新知识。每天除二粥一饭外，并有点心一次。中饭后例须午睡，睡醒即在花园散步。孩子们的日常生活，都由修女姆姆及孤儿中年长者在旁监护，完全依照卫生及教育原理，比一般母姊之待子女弟妹，更要亲切而合理，什么烟、赌、酒以及不良言辞，更绝无知晓，在优美的环境与合理的教养中，都能保养其良善的天性。对于外间年龄稍长的孤女，即隔别收养，她们（现约五十余人）另有卧室三大间，膳堂一间，与自幼进院的孤女隔处。男孤儿到五岁以上，就送入土山湾孤儿院。因此，圣母院孤婴的生活，完全是纯洁天真而合理的。

学习与工作

工作与学习合一，生活即是教育，圣母院里的孤儿早在实践了。这里的教育，可以分为两个部门：第一，普通教育。一般孤女到了六七岁修毕幼儿园教育后，就授以公教教育，由初级小学至高级小学，除了语文、中地、算书等学科之外，同时教她们各种家事，如整理床铺卧室，洒扫课堂、作场及饭间，抹桌洗碗以及厨房内的洗涤烹饪，庭园内的栽植浇灌等等，随时加以教导实习，并使年长者照顾年幼者，帮助她们工作与学习，仿佛所谓"小先生制"。同时，又按孤女的天赋能力，分别使学刺绣、花边、缝衣、纺织等等工艺，以备出院后处身社会，能自食其力，不作社会的寄生虫。

第二，对于残疾孤女，这不幸中之不幸者，也分别授以适当的教育，特别值得夸耀的是聋哑教育之认真，先以法文字母，教之出音，助以手势，再逐渐教之识字、读书、作文，到三四年后、就可和别人谈话，口音清楚，听者容易了解。到五六年后，便可与不哑者相较了。现有哑者十八人，分班教学，每一教师最多只教四人，已经辛苦不堪。参观时适值暑假，而哑生仍在上课，一位姆姆口手并用地个别教导着，一个七八岁的哑女在黑板上写出“欢迎贵宾参观，我们都是没有父母的孤女”，她们还能够回答记者的问题，而教师之辛勤忍耐，更使人感动，在该院每一工场，几乎均有聋哑女子，成绩都值得赞叹。

孤女中天资及向学心特别优越的，就可升学深造。现在约有三十个孤女寄读于徐家汇附小，有一个在中学求学，还有一班正趁暑期，特聘女教师补教英文等，以便秋季考入中学后获得较优的学分。修女们对于孤女前途之重视爱护，真和亲生的女儿一样。

工场和托儿所

为着教导孤女们学习维持生活的技艺，为着出嫁后的孤女因生活之需要而进院工作，圣母院、育婴堂特在院内开设几个工场，计有刺绣所、花边间、缝纫作、绒线间、洗衣场和修旧室等等，并为适应女工友们的实际需要而开设小规模的托儿所。

现在刺绣所有外来女工三十三人，孤女十名，刺绣各种花卉、鸟兽、山水、照相等大小绣件，大都为各界所预定的。记者看到已经绣好的礼轴中，有一幅在人名三字内刺绣五彩山水、人物，非常精美。多数绣品，可以媲美长沙湘潭一带所见湘绣，绝非市上卖品之粗俗可比。花边间现有外来女工二十七人，孤女三人，代结被单、枕套、台毯、餐巾、茶巾、手帕、妇孺服装等，凡是赞美汕头花边工艺品的来看这里的出品，一定要惊叹孤女哑者们的手工多么细致和精美呢。

缝纫间外来女工有二十八人，孤女二名，有不少新式的缝衣机，都在紧张的工作中，大都是各方的定货。洗衣场的范围也不小，分洗浆和熨折二部，水槽及电熨的设备，极称完善。此外，尚有绒线间、修旧部等，适应目前社会的需要，专代修补衣服、袜子、绒线编织物等。设有编结机、制袜机、摇纱机等新式工具。现在绒线间有外来女工二名，孤女二十名，洗衣及修旧间有外来女工四十五名，孤女四十二名。年长的孤女已在教育幼女工作，技艺纯熟，不让工厂技师。

据姆姆们说，以前该院刺绣作品传誉世界，获得罗马成绩展览会奖凭，国外定货多至无法应付。其余各部，亦以各界需要，工人增多至六七百人，对于孤贫女子，确为一大生计，可惜近来受战事影响，国外定货已绝，而国内需要亦见锐减，现有女工，大部为该院已嫁孤女，因为院内工资已无法维持院外女工的生活。但据记者询问女工，则称她们宁愿少得些报酬，在院工作，不愿拼命去贩米或进一般工厂，因为圣母院的工场是家庭一般和睦安静，她们所得到的无价的精神上的酬谢。附设的托儿所专收女工的子女，早晨带来，下工带回，在所里另有职员将护一切，使母亲无须挂心。现在几家工厂能有这种合人道的设备呢？

修女们的努力

徐家汇圣母院育婴堂，在院长姆姆步戴贤主持之下，实际工作者有修女金姆姆、李姆姆等七十余人，包括法、义、英、美各国人。Sister 们则专力于院内工作，她们对于孤婴，不只是消极的收容，更注力于积极的教养，不只如世间一般父母之徒知溺爱其子女之躯体，本其宗教的超越观念，使孤儿在精神学业道德各方面，都能得到真善的灌溉。对于保健方面，还特设完善的病房，由富有医药知识的姆姆管理，并有名医自愿义务诊治，遇有危险急病，则送至广慈医院诊治。所以，孤女一入该院，修女们就视为自己的女儿，为其计划及保障终身的幸福。修女们虽有国籍之分，但在同一牺牲服务的目标之下，互爱互助，欣勤合作，不取丝毫物质的报酬，各处捐入款项，无一滴不用在孤婴身上，与修女们本身的开支完全划分，尤为难能可贵。

迫急的危机

孤女天堂，真能这样顺利地存在吗？不能！时局与物价的浪潮，早已在袭击这个天堂而快使陷入全部沉沦的危机。从前该院的经费，大多数由法国慈善家捐助，本身并无基金及积蓄。欧战以后，国外捐款断绝，而物价日涨，开支日增，婴儿们因为营养不足而日渐瘦弱。到去年底，几达不能维持之境。成群的鸽子，出卖了。成群的兔子，出卖了。连仅有的补充生计的奶牛，也一只只挥泪离院。孤女的天堂，也临于末日了。幸而在本年新春，申请上海市贫病救济协会补助，经委员纪振纲先生前往调查，认为非急加补助不可，结果该院获得两次补助总数达十二万元，才算夺回了几百个垂危的孤儿的生命。可是，在此物价暴涨漫无止境之时，单只维持五百余名孤婴的膳食，每月就需米达六十石以上，来源尚未确定，无怪修女姆姆们要诉苦说“我们都是出家求道的人，那里来这批巨款维持这七十四年来继承不绝的事业呢？但是，这些孤女们已见弃于父母，怎忍再看她们见绝于人群？”

该院的光荣与辉煌的成绩，使令惊叹钦佩，功在社会国家，尤不能以数字估计，该院目前存亡的危机，实已不间毫发，社会上不乏明达好善之士，尤当为善争先，同时，我们更希望该院工场的出品能为社会所共赏，在各方援助之下，力求业务之改善与发展，也可开关一条生路。我们要使今日修女们与孤女们的忧心之泪，在不久的将来化为一片欢歌。孤女天堂，要永为人类博爱之光。

原载《申报》，1943 年

徐家汇圣母院育婴堂访问记

在徐家汇蒲东路花园蔬圃的环境中，徐家汇圣母院中，矗立着宽大的高楼，这就是徐家圣母院。其中一部分便是育婴堂，曾经抚养了七八万的儿童，施以教育，授予技艺。当然有不少人已经在社会上成家立业，可是现时在抚养中的却还有五百五十人，计襁褓至二三岁的小儿一百八十余人，四、五岁至十五岁的有二百人左右，十五岁以上的近百人。

我们走进了这所大厦，觉得有两种感想，一种是感于此辈孤苦儿女身世的凄凉，一种是觉得她们的凄凉已成过去，她们已经获得了光明。我们和修女谈话，知道徐家汇圣母院设立已近百年，办理为人群谋利的事业，如兴学、济贫、安老、慈幼诸端。该院所设崇德、启明二女学，历史悠久，声誉卓著，其原设之老人院及残废院，则于三十年前，蜕化而为安老院、新普育堂。现今徐家汇圣母院内，设有崇德、启明女校及托儿所，中西施诊所；对于育婴堂及聋哑学校管理，亦会不稍懈。且特设刺绣所、花边间、裁缝作、洗衣间等处，使孤儿长大后有获得工作的机会。

我们所引为奇迹的，就是聋哑学校。我们在那里参观的时候，觉得成绩真可惊人。修女们先以字母，助以手势，教哑童发音，再逐渐教以识字。识字读书作文，经过三、四年后，哑童即能与人言语，听者都能了解；五六年后，几与常人发音相同。这种弥补人类天然缺憾的工作，真是聋哑童孩的救星。

我们到了刺绣间，见女工四十余人，在刺着花卉、山水、鸟兽、照像。她们承接外界定绣。在一九二四年，曾经获得罗马展览会的奖凭。在花边间里也有四十余人在工作，举凡被单、台布、枕套、手巾、绒线编织，应有尽有，各界前往定制的也很不少。

我们经过两进卧室，都是七大间的建筑，瞧着每一个婴儿，都安卧在铁床里，衣被整洁，看护周到。四、五岁的儿童在幼稚园上课，正在学习识字；比较长大的儿童分别在初高小学上课。

物价的飞涨，减低了该堂儿童的营养。据修女谈称，本堂经费往年大多数由法国慈善家捐助，不幸欧战爆发之后，捐款完全断绝，日常开支，既无得款，而生活程度日高，本堂逐渐陷入从来未有之困难中。孩童最需营养，昔日婴儿以牛乳为主要食品，今只能以粥汤奶粉充饥。二、三岁之小儿，则由稍长的孤女喂食糜粥，粥内仅和入素菜汤少许。四、五岁儿童，一日三餐，每人食一小碗饭，或一小碗粥，下午仅予极少量的点心。七、八岁以上，则每早晚各食粥两碗，中午则面一碗，饭一碗，每四人食一菜一汤。每星期五食咸鱼一小块，星期日食猪肉一小块，则仅如蚕豆瓣。再者，名虽粥饭，实则是籼米、碎米、珍珠米、番薯等，和煮而成。

我们关心着全堂给养的困难，据我们估计，这五百余儿童，每月须食米六十石，连同一切费用，每月需五万余元，而房屋修理等费用，均不在内。我们想到此辈无辜赤子，应该共同设法来扶助。

原载《圣心报》，1943 年

徐汇圣母院聋哑学校一瞥

凤 举

谈起上海徐家汇圣母院的聋哑学校，已有五十几年的历史了。它创始于一八九三年，在这以前，全中国至少全上海的天主教会，还没有这种机构，灌输必需的教育知识给这一群可怜的孩子，更无法使她们获得宗教知识了。

原来在圣母院所收养孤女中，有许多哑巴。那时的院长厄玛努儿姆姆便写信给法国总院，陈述本教区的需要，于是一八九三年的十二月，马尔塞姆姆便来到了上海，她事先在巴黎费了一整年的工夫，学习训导聋哑的专业学识。

马姆姆来到上海之后，首先要把她所学得的技术配合到中国话语上，这又是一番很吃力的工作。六个月过去了，学生们已有了显着的进步，不幸在一八九五年八月里，马姆姆患霍乱症逝世了。

幸亏那时有位献堂会的初学修女，名叫朱贞姑的，作马姆姆的助教，于是朱贞姑继续这已经开始了的事业外，另又聘请了一位她所训练的女教师作助手。

以后土山湾孤儿院的哑巴来加入受教，渐渐地连外教人家的聋儿哑女也都送来，人数既然增多，于是由两位献堂会修女和一位女教师给她们分班施教。到了一九二四年，校务更见发达，有三位姆姆和一位女教师担任教导，而朱贞姑修女仍是从旁加以指导。

上学期生共总有学生四十七名，其中三十五名是寄宿生，八个毕了业的学生，或往别的工厂里工作，或在圣母院的各部门里服务。

前来就读的学生，有的生来就是聋哑的，有时一家有几个孩子；有的是因了抽痉、出痧脑膜炎而成聋哑的。有的是受父母遗弃的孩童，有的家境很宽裕，有的来自上海，有的来自近郊或很远的地方，有的外边的聋哑学校读过一两年，因为毫无功效，才送到这里来。

这些聋哑孩子，无论是先天的后天的，教授的方法常是一样：一个一个地教。

第一步是先要察考她是否会吐气，假如她不会的话，那么就用一支点着的蜡烛，或用一张纸教她怎样重吹轻嘘。

第二步是把手放在孩子的喉管上，使她辨别发音时声带的颤动，教她也发同样的声音，头两个字音是 A 和 O，因为好些孩子要花好多的时间才教得会，但是若这两个字音发不清楚，是不能接下去教的。

此外的困难，便是教她们分辨轻唇音和重唇音，比如："饼"和"瓶"，这也需要拿一张纸放在嘴唇前面吹给她们看，或者发音时把嘴唇凑近孩子的手，让她知道这两个音调的分别。每一个音调都附有相当的手势，作后来学习拼音的帮助，也为便利小哑子们彼此之间的交谈。

在教发音的同时，还在黑板上写几个同音字，比方：伯白柏，这样一方面学发音，一方面识字。目前她们分为初级和高级，为她们最感困难的是造句，只消看她们的作业，便可以知道是她们自己写的，还是经人修改过的。

若攻读的时间长久，叫她们把一些句子硬记牢，也可以补救这些缺点，但有多家长不让他们的孩子费长时间利用这方法。三年之后，孩子已经能书写日常应用的事物了，在这阶段以前，还不能给她讲解较深的要理。

现在哑童中已有十名教友，有二十多名愿意进教，其中很多已获得了家长的同意，但是给她们付洗，必须慎加考虑，因为哑童们的性情，是极易感受外来的影响的，只消一遇到阻难，就能打消她们的热诚。再者，一些女孩子一旦嫁到外教人家，便不容易遵守教规。这里只要给她们一个"愿洗"已很够了。她们离开了学校以后，校方还和她们保持联络。

在寒假暑假或短假期中，这些哑童们在家里大概都不愿作迷信的举动，公开地念经，有的还往土山湾买些圣书带家去念，然后又把这些书留给父母念。她们的父母，见自己孩子的性情变得如此的和顺，也就照念。而且来参观，问这问那，对于子女的性情的改变表示惊奇。这时，要引导他们到超性的境界，已只有一步路，至少有一条可通的路了。

为叫一班哑童们懂得超性的事理，当然是困难的，所用的方法是利用童们富有的观察力，拿有形的物质给她们作比较，如大和小，有生物和无生物，人与人的区别等，渐渐地讲到造物主天主，然后再启发她们的良知，就一件事情来分辨那样对那样不对，再教她们反悔自己的过错。

此外又用些简单的要理的图像，教她们懂得天主和七件圣事等。虽然人的力量尽到了，但只有天主能光照她们的明悟，给予这些童心以爱他的意愿，因为这些超性的事理，再讲也讲不完全的。

哑童们平日关在学校里，与外人隔绝，所以自私心重，不顾别人，她们所以如此，在家庭里受家人们的看轻，也是一个原因；但不久校方便把她们改变成像一家人一样，年长的帮助年幼的，老学生照顾新学生，教她们热心服务，不但在校中，在家中也如此。并且教她们在自身的需要之外，还看到别人的需要，教她们知道还有别的受苦的人，比她们更可怜。我们且举一个例子：去年圣诞节前，她们好几星期的工夫节省零钱，为给穷苦人买面包，圣诞节当日，她们就这样买了四十斤面包分给了漕河泾的难民们。

原载《圣心报》，1949 年

教育巡礼

徐家汇圣依纳爵学堂观礼记

本邑徐家汇之有天主教堂，始自明季徐文定公光启，迄今垂二百年。依纳爵为教中古圣人名，以之名学堂者，盖欲师若弟，念兹在兹，渐而优入圣域也。

昨为岁暮散学之期，先数日，司铎李君问渔[1]约往观礼，既复折柬以招，乃约青浦金君剑花，同里金君秋圃，驱车而往，至则报时钟方鸣九下二刻。教士佘君宾王已候迎门外，揖而入晤李君，导赴听事小坐，各道寒暄，随曲折入学堂，与司铎黄君志山及姚君晤赋秋，二十年前旧雨也。

别久重逢，诸谈驱□妇，闻炮声隆然，西乐大作，赓唱迭和，沨沨移人。乐阕，诸生装束登场，演法国奸人革命时幼主路易十七惨死事。按法国革命之祸，肇目一千七百八九十年间，草泽奸雄，揭竿并起，帝后被弑，政乱如丝诒。一千七百九十五年，波亚多州温的人，奉路易十七为嗣君人下之狱中，患病呻吟，声情凄楚，狱卒正在延医诊视，详究致疾之由，突革命党渠魁带已散归。略观南徐马相伯太守所订教育章程，游息藏修，秩然有序，李君曰：堂中新辟体操场，日由法兵刀直人，恶声厉色，咄咄逼人，刀光耀然，欲行弑逆之事。嗣君悲声呼其母，时其母马利安达业多氏已升天证果，蓦儿绅光照耀，缓缓目云端下，素衣如雪，哀歌动人，而嗣君乃溘然逝。盖其年六月初八日事也，其间巨憝之凶恶，嗣君之悲凄，狱卒之狰狞，天神之妙丽，描摹尽致，几

① 编者注：即李杕。

清末土山湾孤儿院军乐队合影，后排右一为葛承亮，右五为笪光华

如周昉写生，足令观者悲愤交萦，直欲将革命奸人，寝皮食肉，而奈何无知妄作者，尚诩诩然以排满灭清相夸耀，真叔宝全无心肝者哉！演毕继以乐歌，旋复操腊丁语，演依纳爵、达尼老二圣人讲学故事。随由总理学堂之司铎潘君，择学生文行兼优者，分班给奖，首推南汇秋坪陆生，以一人而得奖者五，英才后起，可豫卜其冠绝时流矣。继以苏沈、高殷诸生，演泰西书“估蒲发道薄待佣人，致被佣人诟詈侮弄事”，盖亦以游□而寓劝惩焉。继复奖励诵习四文之高才生，然后某生朗诵华文颂词，俪以锦心出诸绣口，临风倾听，足移我情。由是院长丁君召集诸生，殷殷勉励，良工心苦，反复精详。而散学之礼乃毕时，已正午，李、佘君肃客入餐房，款以瀛西盛馔，举蚪脯，开蚁樽，略迹言情，清欢无极，谈次豫章文君甚恶，佻达狂且，主张平权、自由、革命、流血诸恶习，余语赋秋曰：“君自东瀛归，亦知东瀛民心之忠爱固结乎，今之主张平权、自由、革命、流血者，动曰我学于东瀛者也，我学于东瀛而得其国粹者

也。殊不知东瀛虽土宇狭于我，户口少于我，而其忠君爱国，万众一心，则万非我国所能企而及。当辽东半岛被俄迫返中朝，彼中人曾誓言并力以抗强，俄虽至，全国民人化作四千万坵墓，断不愿视俔俔伈伈，低首以事外人。今中国革命党中人，专以排满灭清为能事，其意与日人适相反，而尚谓学于东瀛，抑何颜之孔厚乎？”座中咸鼓掌称善不置。

席散，将辞李、佘二君归。佘君曰：“君等幸少安毋躁，此间即无甚胜境，而经营布置，亦已煞费苦心，盍一纵观以志雪泥鸠迹乎？”余曰：“幸甚。”爰先拾级，登藏书楼，几净窗明，图书四壁，几疑身入琅嬛福地。得窥秘籍瑶函，其中泰西古书，有流传自千余年以上者，尤可贵也。楼上陈列古钱数百品，最足珍者为葛天氏之币，尧之金汤之货，以及即墨集之泉刀、新莽之布。我人求其一二，且不可得，矧网罗搜访，详尽无遗乎，为之叹赏欣羡者久之。

随偕诣博物院，观鸟兽虫鱼之遗蜕，离奇怪诞，十色五光，鲸鱼之头有长至一丈以外者，龟有其壳大如簸箕者，蛇有具四足及二首者。佘君曰：“是皆产于亚西亚洲，非来自欧美异域也而已。”奇奇怪怪如此。门外以铁柙豢一熊，甚驯扰，修士某君戏以拳纳其口：“以爪搔其颔，不敢龇也。”俄步入院旁，震旦学堂诸生舰某武员来此，指授操法，故能距跃搏击，矫捷轻盈。余曰：“体操所以劳筋骸，免疴赓。”诸生习此诚有益，然一或不自检束，则不免流于好“勇斗狠，殆亦于理有所未宜乎？”李君笑曰：“泰西学生，岂直好勇斗狠，苟不情投意合，且有约期用洋枪交击者，何莫非体操阶之厉哉？”余曰：“泰西诚有之，此间诸生断不虞其至此也。”乃杞约赴天文台，历观测天诸仪器及无线传电新机。既而搴裳蹑梯，登台之最高处。西望佘山，林麓隐隐在云雾中；俯瞰浦江，盈盈若一衣带。天风骤至，峭寒砭肌。为之诵苏学士“琼楼玉宇，高处不胜寒”之句，蜿蜒而下。握手别诸君归，归则已。日落西山，案头丛蓬积寸许，因稍车。

原载《申报》，1904 年

启明女校游艺会志盛

徐家汇镇之在上海，几成“与大商场对峙之学术渊薮”，凡慈善团、教育团、天文台、图书馆、盲哑院、育婴堂、印书局等种种设施，灿然大备。大抵为法教士所经营，别有一种沉静渊穆之精神。在天钥桥南，有名女校曰“启明”者（西名 Etoile du Matin），其处境之优美，足与苏州河畔之圣玛丽女书院（St. Mary's Hall），并为上海女校中之二。虽校门外野航幽涧，一水明漪，飞阁缭垣，群英焕发，论者至比之为美京西郊“林谷”（Glen Echo）之“国民公园女学院”（National park Academy）焉。一昨（十二月四日），午后二时一刻，同校举行游艺盛会，并补发上学期毕业文凭，被邀到会者，舍为女生家属之女宾及中西神州女青年会等女代表外，仅瓜皮小帽方马褂驾目镜蓄须之天主教士若干人，暨外客三数辈而已，如法总领事、领事夫人曾纪芬女士（聂云台太夫人）、张佩英女士（学生会代表）、陆伯鸿（电车公司总理，天主教信士）、朱志尧（求新厂）、周孝怀、黄警顽、包蝶仙、唐镜元、王一之等，皆曾躬与其盛。

其开会秩序：

（一）钢琴合奏，第一起为杨寿康[①]、蔡文媛、刘龙生三女士，第二起为朱翠宝、瑞明两女士。

（二）四弦提琴（惠和灵）Violon 独奏。

（三）法文西剧《国王之葡萄架》，其剧中事迹发生于法王鲁意十五时，一日法后入园摘取最先熟之葡萄，命一女孩携往某公主处，乃该女孩竟与其一同

---

① 编者注：杨绛之大姐，曾译过法国布厄瑞的《死亡的意义》。

伴私啖之被后瞥见，遂授以函，命携交女孩管理员，此女孩意以为往必有赏，将该函转授其同伴某，后某持函赴管理员处，讵竟代人受罚。时后适至，证明某之无罪，某乃求恕某同伴云。

（四）行授凭礼，计得凭者：

中文本科二人秦文美、葛靖（均最优）。

选科一人蔡文媛（优）。

预科七人章定勋、陈慕贞（均最优）；卫翠娥、盛才俊（均优等）；欧阳金容、史铸心、吴庭珠（均次优等）。

图画正科五人：凌海霞、王纫贤（均最优）；秦信芳、许丽卿、谢瑛（均优）。

预科四人盛才俊（最优）；陈德廉、匡秀、欧阳芳（均优）。

针线预科三人凌海霞（最优）；刘龙生（优）；许丽卿（次优）。

刺绣预科一人王崇智（优）。

法文中级一人杨寿康；初级二人谢祖玉、胡世瑛。

英文中级三人王纫贤、张珧明、秦信芳。

进级五人章定勋、蔡文媛、欧阳金容、许丽卿、谢瑛。

初级七人秦图如、蔡文贞、朱棋、陈慕贞、谢桂珍、柴根英、汪紫莘。

计诸女士中，有同日受三凭或两凭者，如许丽卿等。其文凭皆泥金厚片，缘以红线，正中接线处绘一红星，分中、西文两种。中文文凭于习完全科者用之，如秦文美女士所得之凭，其文为“上海启明女校，为给凭事，某生于某某等科列入某等，应予给凭”等语；次为右，给“学生某某”字样；次列三代；次为本校女长西文署名；次为年月日号数及校印。若西文者，寥寥数行，仅于学绩分等处，特笔大书，实视欧美各大学文凭之形式为更简也。

行给凭礼时，正厅来宾席前一排第一行正对舞台坐者，有青袍长须之法国神父与老成厚重之中国教士各三人。厅左右两边，同校女生背墙相向坐，高下凡三排，一律着布面扁圆钮之明蓝色校服，上佩银星校徽。其应受凭者，大抵居左。左边近舞台处，立有衣色纯黑之同校女教授二三人，其一先以凭证呈前席之神父或教士，其一依次唱名女生之受凭者，即至神父或教士座前，向下一磬，折受凭而退，特殊之情状，颇有可观也。

（五）秦文美女士代表各生向校长致谢忱词，云："吾校备中西之学术，植遐迩之闺才，凡我同人多承造就，莫不感恩怀德，颂美仁声。某等同被栽培，克成所业，则吾校之德，固亦当铭之，五内不使须臾忘也。窃念某等自受业以至于卒业，盖三年于此矣，今日领凭之后，行将与吾校师长并诸同学别，特贡数言，使知某等之得有今日，皆良师贤传训导有方之效也。盖某等资禀，不过凡庸智识，难称优异，设非春风化雨，沾被宏多，安能克底于成不亏一篑之功乎。每忆执经问义肄礼学书之时，开其疑，解其惑，拨之使灵，诱之使勤，教之未尝怠，诲之未尝倦，不厌其愚，不苦其烦，见其惰则戒之，见其勤则勉之，凡所以栽培而造就之者，有如此斯，能有今日也。然则吾校之德，吾校师长之德，岂能须臾忘乎？谨布芜词，聊表谢忱，于万一云尔。"

（六）金石齐响，女生十八人至台前，均侧向右；法国女士艾姆姆向左，立任指挥；其下有四女生分两排坐，奏钢琴；有二女生持铙钹；二女生掉响板；六女生奏惠和灵琴在后和之；惟刘龙生女士之三角铮与杨寿康等三女士之金铃小扁鼓，忽摇忽止，极得画龙点睛之意。各女生退入后，前后左右，罗列音谱架无数，不知者几，疑为野外写生之画架也。

（七）中文诙谐《日伞与雨伞》，八龄之郁柔实饰用雨伞之男孩，九龄之陈紫椿饰好日伞之女孩，十一龄之陈桂清饰伯父。当二孩群呼"伯父真好"时，神致跃跃如绘。

（八）六幼生，前后分两排坐，奏钢琴。

（九）英文西剧《耶稣圣诞节之玫瑰花》，其事发生于中古时，某年圣诞节前一日，有某女骗，曾于一年前拐逃某伯爵夫人幼女，此时复设计惑其长男，谓有宝物藏置玫瑰花中，但汝须于深夜求之，嗣此长男夜出踪寻，迷失路径，女骗因目击圣诞仪，即感悟悔罪，竟将长男幼女一并送还，诚快举也。其演耶稣圣诞仪节时，清歌婉约，妙舞婆娑，均从舞台后壁帘幕中透出，令人与舞台各人物之古装美服比较观之，益知欧洲古文明，其足令人歆羡处，又不仅宗教上之感化能力而已。伯爵夫人之帽，微似中国小孩之狗头帽，颇足耐人寻味，饰兵卒两女士之银盔长剑紫玫瑰裙，美艳异常，又觉居今之世，遍历全球，不复更见此奇丽之装束也。

（十）法国歌。

（十一）十二女生哑铃操，疾徐高下，随琴师为动作，而极柔曼之口号即隐隐藏纳琴韵中，盖此女琴师能以事美育者兼及体育，诚中小学校极好之模范也。

（十二）悲婀娜（钢琴）、惠和灵（提琴）合奏，以两幼生行之。

（十三）钟慧菱、慧椿两幼生钢琴双奏，惟闻金石之音，铿铿然相应和，闻系毕业生某女士所指授者。

（十四）学校教育寓言剧，衣式奇美，旨趣亦极深隽。全剧大旨，先有五小学生聚语，有一人谓入校非所愿后，由五女士出以次开导，其不愿入校者顿被感化，所用开导之语，均类格言。其任开导之五女士，一“匡秀莲”发际加银圈，圈之正中，明星高举，其衣色黄，以五色绸为带，自右肩下围束，其腰其袖口及衣下幅，均围红边一道，上缀明星无数，盖“启明”代表之学校女士也；二“欧阳金容”，着红衣，遍体绘三角板，正中及两袖署地理、物理、化学、文章等字样，并缀地图一帖，袖口及衣下幅围金边，是为科学女士；三“聂其璧”（聂云台女公子），妃色衣以油画，用有孔圆板代花纹，以五道黑线上加银线，盘成之音符为袖口及下幅之边缘，更以水波纹之银线为外缘，是为美术；女士四“汪紫莘”，白衣遍缀得胜花（似稷相），是为德行；女士五“陈慕贞”，缘衣上有金线盘成贯索之锚无数（绿与锚均表希望），是为希望。女士坐台下观剧者，听至某幼童“德行女士我爱汝，愿听汝命”一语，益知此校之以德育为重矣。

演剧既毕，台上呼“中国万岁”，乃出全体女生，拥星光云影之启明校旗，合唱校歌而散。是日，正厅礼堂入门处甚暗黑，行近舞台乃觉光明，似有晨光熹微之象，如我华之黑暗女界，有赖乎此晨光之普照者固多，而欧美各大剧场舞幕将启时，必熄其四周之灯，其为光线作用，固又足为我国学校演艺会之所取法也。

众客出礼堂时，即承同校教务长蒋依女士，导往客厅旁成绩室。室四周长桌均为女生课作，其用小方格纸所绘舆图、科学图，俱精美，其成绩之足录者，如留美袁世庄女士之论治术；许季文、华丽君、秦文美、施玲珠诸女士之诗词；章兆璋、葛成慧、葛靖之工楷；许丽卿、刘龙生之抽丝法补衣；凌海霞之炭画《小孩乘自由车》；葛靖之破纸中出“两小猫图”；盛才俊之摹绘石膏美人；王崇智、吴兰舫之刺绣，皆杰作也。杰作中最特异者为王崇智女士绣“鸡”一幅，光彩之美，视彼浅灰衬黑之炭画，尤动人目，旁题“访明夷别有英雄泪，鸡声乱剑光起”，诸警句似已暗藏“东方启明”之意味，不啻为启明校，别成一中国式之母校“校歌”，观者过之，辄为之惊叹不置。正中一桌陈幼生成绩，其种类与上述者相似，惟无刺绣等细工耳。

参观毕，返客室，有黑地界金线之各科毕业题名牌，朱地界金线之荣誉题名牌，高挂壁间。其毕业牌本科栏内，压入金线，内之名片，止王浣青、姚冠群、施玲珠、华丽君四人。施女士闻不日将往南洋执教鞭行，将如学校女士衣幅袖口之边缘“于赤道线着明星”，以我东方之“启明”，普照及于南溟也。校中女生，无论毕业成年与否，其师生间相亲爱之状，迥非他处所能及。其已毕业出校或出洋者，气质尽趋“恬静谦美”，盖其所施教育为法国式，主静主简，于实际上求精进，不务高远其名。其校中所设各科舍中文外，悉以女子任教授，悉愿牺牲此生于教育事业。即据汉文讲座之梁溪、邹翰飞君，一七旬余之老名宿，舍授徒外，亦若与世缘相隔绝。所编国文课本两册，趣味浓深，令人百读不厌，举凡少年易犯之“记述不详，叙列不明，描写不灵，论辩不透彻，措词不了当，字句变化不神奇”等通病俱可迎刃而解，非有极长之岁月与极专一之精神、极渊博之学力，不能遽得此佳构也。此辈牺牲宏愿，颇与北京东单三条之圣心女塾、美京十六街北之 Acadeny of The Sccret Heart 等名校不谋而合，其无宗教之限制，又若非彼美国同类诸女校所能共语云。

原载《申报》，1919 年

徐汇公学七十周[1]纪念详情

徐汇公学自道光庚戌年开办至今，已届七十周年。本月十二、三、四三日，举行纪念庆典，大门外马路中间，扎有松柏牌楼，额曰“七旬大庆”，校内外遍悬旗彩。每晨八时，鸣炮二十一响，并燃放鞭炮数千，声震遐迩。晚间六时至九时，更放花筒九龙等物，新校舍四周，缀以电灯数千盏。本埠官绅各界往道贺者，车水马龙，颇极一时之盛，兹为之，按日分志如左。

十二日，又为该校院长由宗泰君诞庆日。上午十时行祝贺礼，全校修工师长同坐礼堂前受贺。学生由司令员统率，以军礼致祝，并读中西颂词，军乐悠扬，琴歌宛转，规模极形整肃。礼堂中陈设之成绩展览会，余近年诸生之各科成绩，及所制之手工书画等外，其最特色者，则为数十年前之旧学生，若李杕诸司铎之文学稿，沈冯诸司铎之屏对、堂幅等，均名著中外，社会视为奇珍与宝者，今皆一一罗列，以昭纪念。下午二时开游艺会，仅由在校之教员学生，入场观览，故不缕述。

十三日十时，欢迎来宾，中法官界如何护军使、汪参谋长、张春泉团长、法总领事雷南君、副领事克勒宾君，暨海军司令官数人，上海县沈知事、法界会审委员聂陈二君、道尹代表余沅、警察总厅代表张桂荣、交涉署交际科长陈震东、县视学朱伯华、劝学所长李颂唐；绅界如陆崧侯、莫子经、钱绅斋、沈叔逵、朱志尧、陆伯鸿等，以及各地之司铎、修士，莫不先后莅至，更有河南开封府之诃司牧亦来与会。先由院长致欢迎词，并报告该校经过历史，继由何护军使、沈知事等各起立演说，大致称该校之培植人材，为益于社会国家者不浅。沈知事演词中，并因院长诞辰，谓一时双庆，实为佳话云云。何军使复有祝词一篇，由其秘书陆达权君宣读。旋导至大礼堂参观各种成绩，复至操场观

---

① 编者注：实为“七十周年”，原刊物遗漏“年”字，今为保存原貌，不作改动。

学生操演。至十二时，特备中西大菜，邀集会餐。下午二时半，闻游艺会，学生演剧。第一出全用法语，由上院生扮演，布景精美，语音纯熟。第二出名《英雄血》，事为法前王嘉禄大帝，与回教王玛尔西耳战争，帝侄咾郎上将，被卖国贼茹纳龙男爵所骗，战死沙场，激昂慷慨，颇足发人爱国之心。全用官白，由上中两院生合演。第三出名《多宝塔》，称颂该校之成绩优美，如是塔之进而益上，由下院生扮演，全用歌唱，杂以诙谐，令人解颐。当每次闭幕时，复佐以土山湾之音乐，至六时始毕。复导至会客室，进以茶点，来宾七八百人，尽欢而散。

十四日清晨，先由姚大主教来堂行祭谢礼，仪节极为庄重。有旧学生孙蓉汪君，年已八十一岁，白发飘扬，精神矍铄，前向主教致赞颂词，主教亦愉悦逾恒，起与握手为礼。盖孙君自读书至今，已逾六十五载，虽较马相伯先生尚后三年（马为开办第二年之旧学生），而马君现在京都，则孙可为鲁殿灵光也。十时后开校友会，盖该校七十年中，隶名学籍者，已达三千八百余人，内为司铎、修士者约近二百人；前当科举时代，名列胶庠及乡闱获隽名，亦近百人；改政后，遵照定章分为中学、高小二部，迄今十许年间，由中学毕业者已达二百数十人，由高小毕业者几逾千人，然一经离校则多劳燕分飞，不相闻问。该院长由公，观察现在潮流，知校友会之不可少，故拟于此届庆祝时，招集历届老学生，会议组织，当由院长宣布宗旨，谆嘱推举委员，拟定简章，各校友或起演说或表意见，最后推定朱志尧、庄蕴生等十六人，为起草委员云。十二时聚餐，仍用中西盛席。酒罢后，复于新校舍前邀校友二百余人，合摄一影。下午游艺会，戏目与昨相同。惟该校定规，向禁女宾入席，此次以非常盛典，特予破例，兼邀女宾入内观剧，学生家属中，多有闻风结伴而来者，即法总领事雷君，亦挈其夫人公子辈莅至。统计男女各宾不下二千余人，致坐位不能容纳，后来者只在操场左近，及宿舍课堂等处，游观一切。及六时，均各款以茶点，分别辞去。晚间，除电灯爆竹等物，一切仍旧外。是夜并演影戏，以助余兴。至九时后始毕。

三日中戏场及出进路口，均有学生设摊，或手棒木盘，出售本校名信片、纪念册，及徽章等物，所得售资，闻将一律拨充北方赈捐，盖亦好行其德者也。

原载《申报》，1920 年

徐汇裙屐录

周瘦鹃

月之十六日，国民革命军何应钦、白崇禧、李宗仁诸将军之夫人，与伍朝枢、古应芬、蒋作宾、黄膺白、郭泰祺诸名流之夫人，及郑毓秀厅长等一行“上海妇女慰劳北伐前敌兵士游艺大会”于徐家汇南洋大学，一时裙屐之盛，得未曾有。记者与本报张寄涯、唐世昌、赵君豪、金华亭诸君，《上海画报》记者黄梅生君等，同往观光，归而记此，曰《徐汇裙屐录》。

南洋大学美轮美奂，占地甚广，不愧为海上学府之冠。兹作大会会场，加以装点，倍觉壮丽。其彩券部与书画古董部设图书馆，游艺厅设文治堂，鲜花部、玩具部、糖果部、化妆品部、香烟销售部设体育馆，楼上则辟为跳舞厅。入夜华灯四灿，与星月争明，而以跳舞厅为尤侈丽。亡友倚虹旧有诗云：“珠灯千障深，琼楼百尺凸。箫管旖旎吹，酒花纵横到。”移咏斯厅，彷佛似之。

黄梅生君兼为该会摄影干事，与主席团诸夫人皆稔识，故予侪甫至总办事处，诸夫人即以摄影为请，因同入园中，立树阴下。被摄者为伍朝枢夫人、蒋作宾夫人、范绍陔夫人，并一副军长之夫人，而郑毓秀厅长亦欣然就摄焉。已而遇总招待谭徐霞青夫人与游艺场主任戴竹书女士，因复各摄一影，谭夫人衣绿，戴女士衣浅紫，皆明艳如画中人也。

游艺厅中，人山人海，颇有嘘气成云，挥汗如雨之概。予侪小立门侧，见台上方有革命同志引吭演说，欲觅一座不可得，因引去。是日日间表演，以民国女子工艺学校为多，而该校尤以一十二龄之范漱石女士为最辛劳，盖平日兼擅歌舞，无役弗与，几如药料中之甘草焉。夜间表演，首推中华歌舞学校，杨耐梅女士之《乳娘曲》临时缺席，黎明晖女士则加一《毛毛雨》（在户外游艺场中），高唱入云，声如鸣凤，《大葡萄仙子》为其杰作，亦为观众所欢迎。老友郑子正秋，亦在户外游艺场中表演《黄老大说梦》，声情激越，尤足以资警惕也。

鲜花部中万花如锦，妙香袭人衣袂间，主持其事者为唐瑛女士，交际社会之花也。是日衣一粉霞之衣，领袖及襟际，皆缘双丝绦，正与筠篮中迦南馨名葩，同其靓艳焉。梅生为摄二影，以供本报及《上海画报》之用，予与女士略道云裳公司事，女士谓，“江君小鹣将至，欲与君晤，君可迟之于此也”，予唯唯。已而，杨君吉孚来（杨云史先生公子），女士即以二花兜售。是日杨君任游艺场干事，而予亦挂一文书干事之黄绸条，予因笑曰：“吾辈自家人，可以免乎？”女士曰：“自家人亦须购买，特别廉价，只破钞小银圆二枚可矣。”予与杨君乃各购一朵而去。女明星丁子明女士亦作临时卖花女，筠篮中一余花，倾刻而尽。

鱼池，非真鱼池也，以彩纸为障，凡纳资二角者，即授之以竿，向障中钓取品物，一时鱼池之畔，渔翁云集。吾友红蕉、赓夔二子，遽动濠上之兴，亦垂纶而钓。一钓而得一镀金之小杯碟，再钓而得一练习簿，大呼负负。

场中值洪深君，襟花而手糖，谓此二者，耗吾大洋一元四角，因以糖饷予，谢而受之。周世勋君则与女星魏秀宝等，俱购得糖果数小篮，趺坐草地上开糖话之会。《新闻报》记者蒋剑侯君，亦跌宕其间，已而忽失其襟际所挂新闻记者之蓝绸条，疾走大索，不知能珠还合浦否。

是晚因前者视学吴和士君与名医吴莲洲君招饮，因于七时许离会而去，先在吴医寓中饱饫已，更赴倚虹楼吴和士君之约，讵已人去楼空矣。因颇欲一睹大会中跳舞厅盛况，作卷土重来之计。到会已十时许，觅梅生、赓夔不得，独入舞厅。

入门见华灯如雪，烨然似在白昼，广寒宫阙不啻也。坐甫定，某女士以绿色之奖券兜售，谓每券一元，中标者可得一磁制而绸衣之西方美人，因欣然购之，视券号为七十五号。已而开标，则为二十五号，相差五十号，美人遂归沙利矣。乐声既作，舞侣对对起舞，唐瑛女士与谭徐霞青夫人皆与舞，舞姿之美，无与敌者，间有碧眼儿，亦盘旋其间，予窃引为憾事也。交际舞外，闻尚有歌唱与汤娥舞、脚尖舞诸节目。友人范潘二君尤欲一聆唐瑛女士琵琶妙奏，顾久久未见动静，予走询女士，则谓已于日间为之矣，因怅然引去。方出时，会黎明晖女士之《大葡萄仙子》方罢，欲一观跳舞，尼予同入舞厅，沈吉诚君亦偕行。时舞兴渐阑，第二次之奖券适开标，号数为九十有三，奖品为一红木龙形之长灯。遽见唐瑛女士等十数人围坐之一长案上，一西装客欢呼而起，挟灯归座，盖独购多券，故乃得之。座中某女士语予，此中南银行黄奕住先生之公子友情君也，明晖与唐瑛女士尚属初晤，爰为介见，彼此握手互劳，意至殷渥焉。

夜午，草地上大放烟火，或加流星，或如竹枝，或如天女之散花，或如壮士之射箭，虽无特点，亦尚可观。时予游兴已尽，思作归计，遇摄影学会之林泽苍君，谓华亭方觅予，迹而得之，因与偕归，自觉劳劳终日，甚矣其惫，而中怀楮桥，一时都蠲矣。

原载《申报》，1927 年

徐汇足球队

钱志元

溯自一九二五年，上海中华足球联合会成立以来，风起潮涌，足球之声浪冲霄入汉。球队林立，多如过江之鲫，重要比赛日，劳神父路上车水马龙，士女如云，诚体育界之好现象也。

徐汇公学于足球一道，素为重，然以其晦名隐迹，外间鲜有知之者。中华足球联合会成立后，即以徐汇足球队名义，加入乙组。球员皆属学生，年龄大者十七八，小者十五六。徐汇足球队始正式告成，而其名始见于海上中西各报纸。

一九二五年之球战，开汇学体育史上空前之纪录，是年沪上各球队加入乙组者，共十八队。乙组又分乙组一及乙组二，徐汇足球队列于乙组二。比赛采单循环分数制，先由乙组一及二之各队中，自行比赛，得分最多之二队，再行决赛，以定锦标。乙组二各队中，不少劲敌，然及经比赛，徐汇一战而胜，光华再战而败，南洋三战而走，家星其余各队，若南方同济，若浦东南中，若岭南澄衷，皆望风而溃。于是遂居乙组二之首席，理当与乙组一之首席暨南一决雌雄。初战二与二，成和局。再战于一九二六年，一月九号，中华棒球场上，两队势均力敌，旗鼓相当，前次一番恶战，胜败不分，今日兵戎再遇，未知鹿死谁手。二队皆具釜破沉舟之概，背城借一之心。绿茵之上，惟见双方健儿，南北驰骤，彼此角逐，声东击西，横冲直撞，各出其生本绝技，以搏最后之胜利。剧战九十分钟，上半时各无所得，下半时徐汇胜一球。银笛声中，球战告毕，徐汇得锦标。福音传来，学生皆弹冠相庆。球员汽车回校，直驶入操场，诸生远见之，皆扬巾脱帽，表示欢迎。一时鼓掌声、爆竹声、笑语声、慰劳声，闹成一片，意气洋洋。翌日，各报体育栏内，除摄有徐汇球员之芳影外，大书特书，徐汇乙组锦标球队，其评语悉属颂扬之辞，如“徐汇球员能合作传球，敏捷有方”“阵如长蛇，人人若生龙活虎”等等。

一九二六年之球战，当徐汇球队报名时，上海中华足球联合会以上届本队成绩卓著，敦促加入甲组。本队以球员皆属中学生，体格未充，经验未当，断难与彼久战之老将相抗衡，且球员中不少转学他校者，乃仍进乙组。此届加入乙组者二十四队，后分三组，每组八队，徐汇属乙组第二组。当上学期之始，球员以今年实力较弱，人人猛着祖鞭，殚心练习，以期保存上届之荣誉。经名球师之指教，一月之后，球艺略可观。首遇同乐，次敌强华，继战芳济，后为甲子，而悦群白星，一轨风顺，势如破竹，夺标之望，日见增高。讵料十二月五号，与南方之战，竟以零与一十三之比，败于南方。然而固败矣乎？曰不然，我之败即我之胜。盖南方之球员，或借自乐华，或借自复旦，然则徐汇以区区一中学之球队，与沪上球界明星之混合战，在细雨蒙蒙之下而不屈，于球场滑涟之上而奋斗，亦足以自豪矣。是年十二月十五日，《申报》体育栏载《本届中华足球联合会乙组成绩报告》，对于徐汇备加奖许，略谓：

> 论精神，当推徐汇最佳，对于裁判员之处理，绝对服从，且表示尊敬。管理者服务，认悉照联合会规则，从未耽误。此种精神，足为国各学校、各运动团体之模范。然则我虽未得形式之锦标，我实已得精神之锦标。精神之锦标，比形式之锦标更可贵，我徐汇球员又何多介介哉？

一九二七年之球战，徐汇球队于组织上稍有变更，前二年甲组中之乐群、三育、乐华皆罗致人才，势力雄厚，战必胜，攻必克，他队望尘不及。于是败兴之心生，而加入甲组者寥寥，甚有以甲组而退入乙组者，加入乙组者则踵相接，然因此而乙组之程度加高，徐汇球队有鉴于此，使比赛多趣，遂扩充范围，球员中除学生外，又有若干毕业生杂焉。为此一九二七年之徐汇球队，战力较前二年为强。此届加入乙组者共二十队，乙组复剖为第一第二组，每组十队，徐汇属乙组第一组。球赛开始后，我球员精神饱满，球艺娴熟，十战结局，九胜一和，锦标之得，希望无穷。一九二八年三月十一号，徐汇以与友谊得分相等，在中华棒球场作最后之战，用定赛权。三下一刻，开始决斗：我五前锋，传球联络，一转瞬间，球已夺门而入，斯时离开球不过三分钟。友谊竭力抵抗，卒为攻进二球。上半时告终，徐汇负一球。柠檬时后，易地重战，我球员再接再厉，攻守有方，先后以攻进二球而居上，友谊虽不少健将，然亦无隙可乘。旁观者以为徐汇必胜，不意忽徐汇中坚因伤出场，友谊更猛施攻击，仍未见效，卒于停赛前五分钟，以我队球员，在球门区域内犯规，由敌方罚进一球。下半时告终，造成和局，乃延长三十分钟，彼方死中得生，兴高采烈，我方转胜为败，神丧气馁，连被友谊蹴进三球，成三与六之比，决赛权为友谊所得。诸球员对此，心中未免怏怏，然又何必过悲哉！友谊球员半为曩昔徐汇公学之足球选手，然则今日之败，固徐汇之败，而今日之胜，亦徐汇之胜也。兄弟比赛，兄在弟前，又何多怪？惟望诸位球员，磨砺以须，则下届锦标之得，定能如愿相偿。作《徐汇足球队》，以志鸿爪于他年。

原载《汇学杂志：乙种本》，1928 年

明德小学游艺会

柯定盦

七月六日午后，因事往寄痕许，适王子汝嘉来，谓翌日星期，为家严等所创徐家汇明德小学第一届毕业典礼并游艺会之期，中有蝴蝶歌舞社歌舞参加，且舍间备肴馔数事，君等肯作竟日欢乎？时廷祯、廷凯等均在座。欣然起立曰，美哉美哉。中以寄痕为尤力，余亦从旁赞助之。是晚，余小宴诸友于南园餐后，汝嘉约以明晨九时于舍间相候，众皆诺之。

七日上午八时半，余至汝嘉处，诸友已先我而光临矣，即驱车至徐家汇谨记路荫芷别墅。入门，顿觉清气扑人，花香触鼻，棚上葡萄累累欲坠，惜熟时未届，对之兴叹。屋后桃实悬枝，黄瓜翠碧，为景之幽，令人羡煞。后廷祯、廷凯等入竹林游，余不谙此，徒作壁上观而已。四圈既毕，开始大嚼，馔为汝嘉太大人手制，甘美逾恒，较诸所谓名厨者，实不可同日而语，不禁自羡口福之厚矣。餐后因时间尚早，彼等复入局，至二时许，乃联袂往明德小学，诸夫人中有负铜鼓者，不便于行，汝嘉截得一车，遂呜呜而往，余等不劳跋涉，不得不谢诸夫人之所赐也。

明德小学，校舍系特建，光线充足，布置绝佳，即学生成绩，亦楚楚可观，诸教员之循循善诱，从可知矣。余等入会场，已人山人海，几无插足地，幸该校特留前排座位，不致受挤。是时表演，为刘枕风之梅花刀，刀法熟溜，颇具真力。后为话剧《他的死》，为该校教授顾霞秋所编，大意为一小学教师，每月所入只二十余元，既欲承菽水之欢，又须供妻孥之用，以致捉襟见肘，时虞不给，来日方长，忧思胡已，故终至自杀呜呼。教育事业，本极神圣，今若是，直劳工不如，曷胜叹。蝴蝶歌舞社健将王云仙、月仙、馥馥、爱爱等之表演，均已脍炙人口，而是日所表演之《紫罗兰舞》《洋团团乳娘曲》《三蝴蝶》《鲜花舞》《最后的胜利》等，尤为出色，博得掌声不少。该社金娇丽、娇艳、娇美三姊妹之表演，深受熏陶，纯熟可观。娇丽之《麻雀和小孩》，演唱俱佳，将来之歌舞明星也。该校女生顾士韵之《木兰词》音调激越，表演入神，亦属可造之材。余等至表演话剧《爱的使命》时，因时间关系，道别言旋，于是一行二十余人，缓缓归来。蝴蝶歌舞社音乐师一时兴起管弦斋作，为冷寂无人之斜土路上，生色不少也。

至荫芷别墅，汝嘉饷以佳点，诸友复作竹林游。八时许，登车车中，群议果腹计，有谓梅园，有谓半斋，卒以致美斋为定。车止，相偕登楼，又作狂啖。十时，相率归去。余之作此，盖志狂欢难再也。

原载《申报》，1929 年

震旦大学院与博物院

张若谷

上海震旦大学，是中国大学校中历史最悠久的一个高深学府，和“圣约翰”“交通”两校，都是中国最老的大学。它拥有三十二年过去的光荣历史，在历届毕业生中，出过许多优秀的人才。我国学术界中知名的学者，如地质学专家翁文灏先生，外交界新任驻比公使朱鹤翔先生，司法界谢冠生先生，医学界宋国宾医师等等，都是旧日震旦的同门。创办人马相伯先生，现尚健在，党国要人中，如于石任先生、蔡元培先生等，震旦初办时，先严杏笙府君，曾任拉丁语数授一职，都和震旦有相当的关系。记者也忝为震旦同学的一份子，所以敢将平日对于母校所见所闻，做一个简单的记述。

三十二年校史回顾

震旦大学一部三十余年的校史，是占着中国教育史中很重要的一章，也可以当作全国大学历史的缩影。这一座由吾国元老马相伯先生手创的最高学府，从前清光绪癸卯（一九〇三年）成立到如今，曾经过中国政府三次的承认；初由江南总督周馥呈请清廷备案；经继北京政府准予立案（一九一二年）；民国二十一年，又经国民政府重准立案。中国政局虽屡次改革，但震旦大学，却因校风的严格，成绩的优良，所以常受政府的教育当局者优遇重视。

“震旦”校名，由创办人马相伯先生所题取，寓东方光明兼含前途灿烂无量的意义。校址初设徐文定公葬地徐家汇天文台旁，于光绪二十九年（日俄战争的前一年）三月一日，正式上课，初招收学生只二十余人，研究哲学、拉丁语、英语、法语。马相老自任哲学教职，兼授拉丁语。拉丁语由记者的先严杏笙（讳乃昌）承乏。那时候梁启超出亡在日本，编辑《新民丛报》，他第一个表示同情，曾在报上揭载“震旦”的校章，同时做文章大加勗勉奖励。

光绪三十二年（一九〇五）起，学生人数增至百余人，聘西学先生南神父为“总教习”，科目注重研究国文及翻译（因为震旦的初立，是实现维新时期梁启超所拟办“译学馆”的计划），又特别注重中西古典文学的研究。

光绪三十四年，迁校址至上海近郊卢家湾，即今日法国公园附近的吕班路①。宣统三年（一九二二），光复革命的前数月，聘侍郎唐蔚芝监理。民国元年，由马相老向教育部声请备案。民国二年暑假毕业考试，教育部派交通部工学（今交通大学）校长唐蔚芝监考。民国三年，南道煌神父主持校务，分正科为三大系：文学法政科、医学科，与理工科。

民国二十一年，正式得国民政府教育部准立案。现任校长为胡文耀博士，教务长乔典爱，董事长马相伯，常务校董才尔孟。去年度有学生六百五十人，教职员八十人。

三大学院的概况

震旦大学现共分三院、六系、一专科。（一）二法学院，分法律及政治经济两个学系。（二）医学院，不分系，另设牙医专修科。（三）理工学院，分数理、电机工程、土木工程、化学工业四个学系。现在把三大学院的概况，分别路介绍一下。

在震旦校史中，法学院有最悠长的历史。民国元年，即粗具规模。聘法籍各教授巴仁、巴和等律师，安南高等法院庭长段国泰博士等任教职。民国四年，第一次发给法学高等证书。民六年，发给法学院首届毕业学生学士学位。

法学院历届毕业生，大半都在上海执行律务，其中在国民政府各部服务者，有七十余人，在各国任公使领事者有十五人。因为震旦办学的宗旨，原来是在栽培从事国家公务及自由职业的人才。

医学院正式创办于民国六年，因与广慈院邻近，学生颇多临床实习的机

---

① 编者注：今重庆南路。

会。学生中除本国籍以外，也俄籍、菲籍，及其他国籍的青年志愿入学者。

震旦对于医学院学生的教育法，学问与道德并重。在修业六学年中，即养成作良医的人格，平日习读医业伦理学，在毕业受学位时，须宣读誓词，谨守医师道德，永保医师令誉。

“一·二八”事变，医学生二十余人激于大义，在战区冒险救护，造成了震旦校史上光荣的一页。历届毕业医师，因限制的严格，只有八十八余人。

震旦当局为了要提倡实用科学教育起见，特办理工学院，以造就工业界的指导领袖人才，及大学专门教师。除聘请中法籍名教授担任教职外，并设有物理、化学、内燃机、电机、水力及机械实验室、电气测量室、工业绘图室、灯光试验室及五金工艺场等，以资学生实习。

该院历届毕业生，多半在国内天文台、测量局、铁路局、各工厂、电气厂、探矿局服务，或独立为建筑工程师。近年来，特别注重养成火酒厂、造纸厂、钢铁厂、硫酸亚厂，及三酸厂的专门人才。

专门人才的辈出

震旦大学经三十余年的苦心经营，造就不少为国家为社会直接服务的专门人才，现在举出几位在社会上知名的人物如后：

中国地质学家翁文灏氏，卒业于一九〇八年，应浙江省留学生招考，派送比国鲁文大学，得矿学博士位。曾一度任国民政府教育部长，现任中央研究院地质调查所所长，国际地质学会名誉副会长。

与翁文灏氏同时应试赴比国鲁文留学的，还有胡文耀、孙文耀二氏，当时有“震旦三文”的美称。胡文耀氏得有理算博士，现在震旦母校校长。

新任驻比公使朱鹤翔氏，服务外交部二十年，是中国外交界中一个干练的人才，是震旦同学的一个老前辈。法学院举业生中服务驻外使领馆者很多，但膺任公使者以朱氏为第一人。

司法行政院秘书长兼中央大学法院院长谢冠生氏，也是震大毕业生一个俊逸的人才，对于法学、文学，都有深诣，曾任母校教职多年。

上海名律师顾守熙、袁家潢等，都是法学院首届的毕业生。前驻比代办凌其翰氏，也是震旦同学之一，近任国际律师协会中国代表。

教育家胡敦复氏、政治家于右任、徐季龙诸氏，都是震旦初办时期的高材生，是创办人马相老的得意门生。

在医学院方面毕业的医师人才，更难仆数。上海名医师如龙寒梅、张友梅、杨延年诸博士，都是震大的同学。其中最著名而得社会人士信仰的，有上海市医师公会主席宋国宾博士、前安南巴斯德医学院主任、上海法公董局化验室主任刘永纯博士、北平中央医院医务主任宋元凯医师等等。

震旦博物院一瞥

今日我们行经法租界吕班路与劳神父路转角时，看见有一座新式三层洋房，柑黄色的西班牙风味的高墙，那便是建筑仅近五年的震旦博物院了。

震旦博物院，分做两大部分，第一所是震旦大学附设的自然科学研究。第二部是古物陈列所。

震旦博物院，创办于清代同治七年（一八六八），其历史较震旦校史更久，创办人为韩伯禄神父，所以博物院的西名即取韩神父名以留纪念。韩神父居中国凡三十余年，常往内地及长江流城考察，搜访材料，旅行归来必携带许多珍奇的生物标本，妥为珍藏。光绪九年（一八八三），才建院舍于徐家天主堂前（今《圣教杂志》社），即旧名徐家汇博物院。民国十九年，因旧院不敷贮藏标本，便另建大规模的新院于吕班路，移交震旦大学管理，改名震旦博物院。

博物院共占院舍三层，分陈列室、研究室、试验室、图书室数部。其陈列室，每日公开，供各界参观，每次收入场费二角。

入门后，我们先可以参观下层古物陈列所。在所外高悬鹿角数枝，都是世间罕有的珍品，有四枝，其鹿种早已灭亡，美国某博物院不惜重价求让一枝，但该院主任不肯割爱。他婉辞谢绝："若使博物珍藏可以出卖，那就不成其博物院了。"

古物部所陈列的中国艺术品，都是由葛修士（Fr. Al Beck）所搜集，积有三千五百余件。自商代至明清，无不网罗，其中虽不少赝品，但也可以供给近人研究古代遗制的参考品用。

统计所中陈列物品，金属类有彝器三七件、奠器一二八件、爵类五一件、花瓶三二件、鼎类四八件、香炉一二八件、钟二九件、铙钹一三件、偶像一七二件、丹炉七件、手炉八件、烛扦三三件、铜瓦二件、双鲤吉庆三件、刀剑三件、锣一一件、泉币五一二件、厌胜品八八件、文房清玩七八件。

玉石类有青田钤印二二件、油石佛像二四件、鼻烟壶一二五件、朝顶四六件。鼻烟壶都是清代制品，其质料以玉石、珊瑚、水晶、陶瓷、柴砂、竹根、果核雕琢而成，也有以人造玉石做成者，玲珑灿烂，可以算是集鼻烟壶的大成。

古物中不少稀世的珍品。有油石佛像三尊，为大梁时物。宋元物中，有雷神像一尊，颔作鹦喙，形象非常特别。陶器中有物如葫芦，为八世纪物，得自东蒙古墓。有青年骑士及骆驼各一件，是元朝作品，看他勇武的状态，和闲逸的姿势，好像是脱胎唐代的雕塑。有殉葬俑偶四十余件，从洛阳古墓掘来的，像是隋唐古物，有唐代骑士塑品一件，虽已残毁，但是神情悠逸，的确是中国罕有的美术品。

古物所隅有一个使人吃惊的一个木偶人，身穿满清官裳，因面容雕刻酷以真人，参观者初见无不毛发直竖，误认为僵尸者大有人在。但是据司事见告，这是民国六年从崇明谢家镇发掘古棺时所发现的。死者为顺治举人黄安国（泉口），死于康熙丁巳年（一六七七），他的子嗣掘坟发现时，因棺木上品，尸身未朽，衣衾如新。所以把衣裳另装穿在这木偶人上，在木偶人身旁另有各种对象，也都是从柩中取出来的，有女人衣裳，是黄妻林氏柩中的遗物。可惜，衣裳当时曾弃置池沟多日，经人捡起送博物院时，都已褪尽颜色了。

现在博物院的主任是法籍郑壁尔神父（P. Piel），是记者求学时代的法国文学教师。他陪我参观了两次博物院中的生物标本陈列室。郑神父自身是一个昆虫学专家，著作有法文《长江下流具毒针之膜翅目昆虫》四册。承他详细指示各种标本，可惜限于篇幅，不能分门别类一一在这里记录出来。我只能把院中贮藏的标本，开一张简明的账单，将来如有机会，当作更详的报告。

该院虔藏有哺乳类动物兽皮一千余张，颅骨一千余种。所有犀、熊罴、鹿、牛、羊、羚、羯等各种大哺乳类动物，都是世界所罕见的门类。

禽鸟类标本数千件，分三百属，一千余种。其中有上海禽鸟一组，计一百四十三属，二百二十六种，栩栩欲活，集上海禽鸟的大观。

爬虫类有蛇三五〇尾。龟鳖千余头。两栖类大鲵鱼四五尾。软体动物类一五〇〇种。介壳类二〇〇〇种，昆虫六二三七件，分一五〇科。植物标本五万余件，其中三万余件，约二三千都是江苏、安徽两省的产物。

震旦博物院唯一特色的工作，即注重于昆虫学的研究。经前院主任松梁材神父（P. Savio）及今主任郑神父的努力，与各国蜂科专家、蚁科专家、蝗虫科专家、蝇科专家的合作，震旦博物院，已成为世界昆虫学家所共注目的一个贮藏宝库了。

二十四年九月二十四日

原载《时代》，1935年

参观徐汇中学记

言

20 世纪 30 年代徐汇中学校门远景

余闻沪西徐汇中学之名久矣，以未得亲往一观为憾。月之某日，因事赴沪，偕友往龙华，道经于此，遂由某君之介绍，入内参观以偿夙愿。自校门至街头，有甚长之通路，右傍河滨，两旁大树蔽天，绿荫扶疎，可遮烈日，鸟鸣树梢，其声嘤嘤，芳草其花，蜂蝶翅回其上，颇感天趣。再进则巍然之二大校舍，南北对峙，突现目前。遂偕友进第一校舍，历阶而上，首间为校长室，其后则自修室、饭厅、大礼堂。登二楼，左系院长室，右为自修室、化学室。三楼四楼，俱属卧室，床褥整洁，井然有序。阅毕下楼，经应接室、圣堂，复入第二校舍。楼上下为各级教室，三楼有病房、卧室，四楼为修士室，禁止闲人上达。遂下楼，遭遇教员某，问之曰，何贵校自修室、饭厅、卧室竟若是之多耶？彼曰，校中共分四院，上下二院为进教生，又拉丁院为备修生，中院为外教生。

中院共分三班，各院各有其室，即运动场与厕所，亦互相分开，不容混乱，以便管理。惟区别虽多，而随地随处，均有监学督察，以视他校之凌杂无序者，盖有间矣。

每周有功课单，以评各生平日之品行与学业，不及格者有罚，以促学生之反省。课程与他校无异，而以法文、中文、数学为重。自初小至高中，共三十余班，学生六百余名，教师不下数十人。至体育方面，则有足球队之组织，而篮球、网球，盖皆供学生课余之练习焉。予等畅听高论，为之点首者再。

复前进，则见教师之宿舍，时正值散课，诸先生络续上楼，学生则分别各入广场，果如所言，监学等正在此时实行其职务也。退出时，过饭厅，见方桌数行，食器罗列，整齐清洁，并闻于会食时必有一学生演讲故事，以示快乐，此因他校所得未曾有也。参观既毕，予不禁为之叹曰，沪地学校林立，然办学者徒拥虚名，不求实际，在学生则浮嚣成习，易起风潮。观于徐汇中学，其办理之认真，校风之整饬，非特为沪地所绝无而仅有，即求之我全国学校中，恐亦如凤毛麟角也已。

原载《文苑（上海1936）》，1936年

徐汇中学难民收容所访问记

蔡维贤

去年八月十三，沪战开始，初则邻近战区如闸北、江湾、吴淞及浦东一带之居民，纷纷迁避租界，或投奔难民收容所，为数已不下数十万。十一月十二日，国军后撤，战区扩大，于是江浙二省沿铁道与公路之居民，亦不得不陆续逃来上海。

我天主教素以慈善为怀，所以战事一起，立即组织难民收容所多处，广为救济。其中徐家汇中学所设立者，人数最多，规模最大，且纯由公教人士主持管理，诚堪特别注意者也。

记者于三月七日，特往徐汇中学难民收容所访问该所干事王云生先生，承王先生详告该所组织之缘起与经过，以及目下之一切状况，并已办或拟办之种种设施，记者因得窥见该所主任及办事人员等之牺牲精神，与热心救济，不胜钦佩，兹将访问所得，一一记录于后，借作本月祈祷总意之旁诠。

收容所之缘起与经过

徐家汇因交通便利，兼之毗连租界，故战事一起，即有多数难民逃来居住。当时徐汇中学立刻辟出一部分校舍，暂为收容。迨八月十八日，开战后四日，上海总收容所因人数拥挤，不克安插，于是将大批难民，送来徐汇中学，数在四百以上，难民收容所于是成立。八月二十日后，战事益形剧烈，江湾、吴淞、太仓及战地后方之罗店、浏河、嘉定、南翔等处人民，已无法安居，因此绕道而来沪西，络绎不绝。此辈难民，举皆无处投宿，聚集于徐汇大堂广场，风吹雨打，饥寒交困。堂中神长见而怜之，概为收容。八月廿五一夜，竟收至二千五百人之多，一时食宿之困难，概可想见。于是不得不扩大范围，分别安插，徐汇中学之游廊、汇师中学之礼堂与教室、圣母院之工作场，几尽为难民所挤满。此后继续收容，分所亦逐渐增添，现除总收容所外，分所亦扩增至十八处矣。

十月十二日，国军退出上海之日，即邻近徐汇之居民，深恐惨遭屠杀蹂躏，亦皆奔入收容所。此时连前收容者，共计有二万三千余人，为收容人数最多时期。当时因事起仓猝，无法安插，以致堂前之广场，沿街道之隙地，尽为难民充塞。而彼辈之一日三餐，则仍由收容所分发，幸二三日后，即能将全数收纳所内，俾难胞免日晒夜露之痛苦。然司其事之主任陆修士与各办事员，亦煞费苦心矣。

此后，战事渐离上海，邻近徐汇一带居民，亦能陆续返回本家，或投奔亲友，故人数亦逐渐减少。然而常住所中者，尚有一万三千人。每日前来领米粮者，亦有三四千人。迨至今年正月，人数渐减，今者常住本所之难民有八千人，及日来领米者一千六百人。

收容所之组织与救济方法

徐汇中学总收容所，位于徐汇后街一大操场上，除职员办公室、病房、厨房、教室之外，共扎有大棚六座，每舍可容三百余人，故现住总所者，有二千人，其余则分住于十八分所中。每舍设有舍长，管理视察舍中秩序、清洁等等，有事通报职员，妥为办理，并引导一舍难胞，谨守所中一切规章，分发饭菜，均由难民自任。病房则由拯亡会修女看护管理，每日有中西医师轮流诊治。因各医师之竭力诊治，修女之用心照管，因此徐汇收容所之难民死亡率之低，远非其他收容所之比。合计自创设至今，前后八个月，共死五百二十余人。而此辈死者，大半因在外受尽颠沛之苦，早已得病，因此较为难治，而尤以年老者居多。

此外，管理所中清洁，设有卫生股，管理所中警务，初则有童子军，继则由难民中选择优良分子，先施以相当之训练，然后托以维持所中之一切秩序。所以人数虽众多，而从未有意外事件发生也。

徐汇前后收容难民，既如此众多，衣食二项，当成为重大问题。幸上海救济总会，后改名国际难民收容总会，以及存济堂等之竭力帮助，徐汇收容所主任陆修士之尽量募捐，故自始至终，徐汇收容所未有断炊之一日。而自秋而冬，总计由陆修士设法置买或募得之衣被，各在一万套以上。

主管人员又鉴于难童之失学也，于是设法使一部份难童在汇师小学上课，一部分在新业小学上课，又于所中扎搭二三小棚，分别教授。共计现在难童学生一千多名，每于晚上分别聚集，学习简单方字、公民常识，或家政课等等。

所中现因经济关系，尚未能为成年男子，设立工厂。然对于妇女，则已设有织布厂一所，其他妇女得做花边、结手套、缝衣服等等，希望以后能有规模较大之工场，俾全体难民各有工作之机会。

抗战初期难民学生在设在徐家汇的难民救济所操场上做游戏

奉教难民之救灵工作

此次因战事而逃来上海之教友，收容于徐汇者有八百余人。其中大半虽系热心敬主，恪守教规，然平素冷淡，或不善尽本分之教友，实亦不少。即素称热心之教友，亦有不明圣教要理者，是以所中对于若辈救灵工作，极为注意，若辈可天天往圣堂内兴祭领主，每晚公念夜课玫瑰经。又有修士修女等分别为之讲道理，献堂会女先生更不辞劳瘁，终日讲解问答，教授经言，因此许多冷淡教友皆化成热心。去年年底，在圣母院小堂，为被难女教友举行避静神工三天，参加者有二百余人。今年三月十五至十九，由徐味增司铎为之补开四规，人数在六百以上。每日除望弥撒外，又听道二次，且保守者亦皆来兴礼。

记者曾询一素奉公教之施姓友名才根者，据彼自云，系吴淞方济各堂会口教友，向来经商于虹口区域，此次战事一起，即逃难来汇，投入难民收容所。蒙所中主任优待，授以所中办事员之职。往昔在家时，虽邻近教堂，但因职务关系，不克时常到堂望弥撒，今在所中，每日得望弥撒，对于神业，大有增进。且彼熟悉经言，故公念早晚课玫瑰经时，彼必率领念诵，作其他老教友或新教友之引导。又据施姓教友云，教友等平日之言语举动，比较温和忍耐，故许多教外难胞，无形中受感化，因而自愿回头归正者，不乏其人。圣师云：在患难中，人们易于想望天主，因而得救灵魂，此言真不缪也。

外教难民之救灵工作

我天主教以博爱为念，故对于教内教外难胞，均一视同仁，一概收纳，不分彼此，记者见收容所中难胞，除极小部分为教友外，几全为教外同胞。彼辈非但受尽人间世苦，且灵魂上又有重大罪累，更觉可怜。因此主其事者，除教育照管及安慰彼辈肉身痛苦之外，又延致修士修女、献堂会先生、公进会员及徐汇中学学生，轮流为之讲解要理，务使彼辈弃邪归正，忍受世间患难，而想望永福。然来听讲者，咸皆出于自愿，所中毫不加以勉强。难胞中因鉴于我公教中之牺牲博爱精神，从而自愿听道，自愿奉教者，为数实亦不少，前后共计领洗入教者近数百人，其中虽大部均已病亡，然生存者亦有一百余名。彼辈自进教之后，对于神业工夫，甚是看重，大有超过老教友之慨。现在保守预备奉教者，亦在七百名以上。

闻今年复活节，将领受圣洗者，近百人。更有大批保守难民，预备在圣神降临节领洗入教。据主其事之徐味增司铎言，难民之患重症者，概愿领洗入教。圣宠感化之能力，真伟大矣哉！

有一张姓妇人者，亦吴淞人，年已五十余矣，信奉誓反教已有三十余年之久，误入异端，殊为可惜。此次逃难来所，不幸生病，经献堂会先生等告真伪，彼竟幡然醒悟，改入真教，病亦霍然而愈。现彼每日学习经言，虔诚敬主矣。

记者于聆听王先生详细叙述之后，又蒙伴同参观总所一周，目睹诸难胞之流落海上，无家可归，深为痛惜。迨见所中之秩序井然，饮食清洁，难童则欣然安坐数室，静听教师讲解；保守者，则有献堂会先生个别为之教授经言，或讲解要理，则又窃为彼辈庆幸。希望彼辈难民，虽身受流连之痛苦，然因此而获认识真主，妥救灵魂，更望各祈祷会友及教内难胞，用祈祷，用表样，用种种财力智力体力，帮助教外难胞，使之早日邪归正。

廿七年四月苦难主日记

原载《圣心报》，1938 年

四十年前的徐汇中学

济

徐家汇徐汇中学，创立于一八五〇年，在全国学校中，历史之悠久，可称首屈一指。教育方针，德智体三育并重。校舍旁设置广大运动场，使学生于课后游息时间，便于利用。而以足球一项，比较能容多数人一起参加，兴趣亦比较能持久，故更大力提倡。远在四十年前，已有足球队成立。

当时沪上足球队，寥若晨星，亦乏杯赛联赛之组织。故徐汇球队成立后，仅与南洋公学（即今交通大学）等数前辈球队，年年作几度友谊赛，相互切磋

球技。一九〇九年该校出版之校刊之一《汇学编》已载关于体育之校闻，“球员十一人，许安祥、吴家宝、沈仁宾、汪振时、沈锡生等类，皆奋勇争前，阐期通例，守如睡狮，战如猛虎，一入球场，大有汉将呼啸匈奴之势，□月十□与□潼公学赛踢，□四球，……”时□任教□□，为□籍教员□晚青神父，爱好运动，擅长足球，其指导方针，乃用“各种方法，引导球员实现□通合作原理，”而尤注意球员之运动、精神与道德。经多年训练后，技术乃蒸蒸日上。

一九二五年，首次参加“上海中华足球会”乙组联赛，为该组之常胜军，最后与暨南大学决赛，而荣获冠军。次年，中华足球会分五组比赛，徐汇被列入“中”字组，虽自量体力太差，请求改组，而委员会以徐汇为上届乙组冠军，坚持须晋入“中”字组。结果，六胜一负，得列亚军。是年十二月联赛结束后，《申报》“体育栏”对徐汇球队曾加评语，节录于后，“……论精神，当推徐汇为最佳。该校球员，对于裁判员之处理，不仅能人人表示绝对服从，且能表示尊敬之意。其管理员之负责，尤所罕见，例如裁判员由会归定后，该校常再另请一次，又加遇双方同意改期比赛之时，除已由会中具函通知外，该校亦必另函该队。遇有疑难之点，则必亲向会中而询一切。每次比赛，必将比赛报告单，请裁判员签字，并不论风雨，必派人于一小时内，送达会中，从未迟误，或遗忘一次。此种精神，诚可嘉许，足为我国各学校各运动团体之模范。……”

一九二〇至三三年，接连三年，夺得“天主教体育联合会”第一届甲组足球锦标而永久保留之，一九三五年，再度得该会第二届锦标。惟自后未继续举行锦标，亦至今保留该校。

一九三六年秋季，该校现任体育主任王方神父，义发起一级□体育竞赛，比赛项目暂以球队为限，网球、篮球之外，更侧重足球，计大足球、小型足球、小球三项，高初中分组，每学年举行一次。每组每项皆备有银杯，陈列成绩室，历届优胜级名镌刻杯上，以资奖励。

一九四一年春季，该校为纪念创立九十周年，由体育处主办“九旬杯”上海中等学校小型足球联赛，人银杯一座，系校友郁均侯捐赠。迄已举行三届，冠军一席，悉由徐汇队蝉联。

自小学部于一九四〇年秋季，移设前汇师中小学原址后，该校现分六院，每院各有球场，同时游息。每日下午退课后，全体一律踢球一小时，称为公球。不能踢大球者，至少踢小橡皮球。所以足球运动在该校并非由少数球员所包办，而完全普遍化的。每日公球时，各院皆由有足球经验之训育员一人，在场指导，除平时普通练习外，校队甲乙组每星期大规模练习一次。

关于球艺的训练，亦设有特别训练班，凡有学籍之学生，自觉有运动能力者，皆可报名加入，分文不取，一切中且由校方供给。分初级、中级、高级、专科四事，专科分三项，即射门技术、盘球技术、合作原理与实施。四组教材，皆按该校特编之《足球讲义》，每至一段落则有笔考、口考，与足考。据该校体育主任谓，此种训练及考试，皆在课外休息时间，或假期举行，故不妨碍学业。高级考试及格后，由体育处发给“足球文凭”，表明该球员受过相当训练，在参加各项比审中有过相当成绩，以后对教练普通球队球员，已有相当资格。

兹录训练班笔试题目一二式，展示教材内容之一斑：

初级试题

㈠ 试言 W 式阵法之形式与作用。

㈡ 停球有几种方法，并指出之。

㈢ 何谓前锋利用中卫？

㈣ 试言小型足球之机械进攻式。

㈤ 试说明独盘之害。

㈥ 初学球员应用何种方法，练习控制球的技艺？

中级试题

㈠ 中级之教材为何？

㈡ 试言苏格兰大型三角式之形式与作用。

㈢ 试将阵法“全部的”与“局部的”之各名称，皆举出之。

㈣ 何谓个人技艺？

㈤ 试言两翼包抄式之功用

㈥ 那一民族著名于短传阵法？

㈦ 远传与三角式阵法为何一民族之特技？

原载《申报》，1943 年

文化巡礼

略记徐家汇博物馆

《自然界》记者

十一月六日那天，我随同孙春苔先生，暨南大学生物学教授夏先生及几位别的朋友，去参观徐家汇的博物馆。这是法国天主教里的神父韩伯禄（Pere P. Heude）所创办的。韩神父对于中国的哺乳类动物的研究在历史上占很重要的位置。这样有名的博物馆，直到今日始去参观，未免太迟了些罢。

我们上午先往博物院路，到 Royal Asiatic Society，North-China Branch（皇家亚细亚举会北中国支部）的博物馆去参观，那里章程规定华人的参观时间为星期一及三的下午，但我们进去并不阻止。那里鸟类标本很多，昆虫及贝类则多未定名，哺乳类的一部分亦然。一水缸中养有一种小鱼（Paradise fish），以善于含孑孓著名，但水甚浅而混浊。此外更有些矿物及原人的武器，有几个中国人则在剥小动物制标本。

那里又出一种杂志，每年一册，价五元。会员赠送的。常年费每年是五元。

我们到徐家汇是下午三点钟，那里的章程是星期下午三时到三时三十分停止参观的。三十分后由徐家汇师范的教员朱先生介绍我们先到天文台，次到博物馆。馆长是古杜华神父（Pere F. Courtois），着中国袍子，是身材短小，面貌和蔼的一位老人，自说来中国已二十余年。他取匙给我们开启橱门，拿出虎的、豹的及别的头骨来给我们看，并指示我们许多种鸟的性质，有的是尟少的鸟类，将标本宝贵的保藏在那里。

这贮殿标本的室是在楼上，容积的是不及博物院路的那么广大，但是排列甚密，标本却甚多，内中许多是头骨，有些是化石，鸟类很繁多，具类也极丰富；有些是海产，一处陈列的是扬子江一带的淡水蛤。此外有浸制的蛇蜥蜴，和巨大的娃娃鱼。这是娃娃鱼，古杜蒂先生也这样称它，但它并不是鱼，英文称为 giant salamander，是两栖类中的有尾类之顶大者，因其能“喀喀”作声，故有此名称，古人称它为鲵鱼。

十一月间的天候，昼很短，我们到这里觉得并不是久，天将昏黑了，这才只好辞出。楼下一室也藏标本的，有象的臼齿及鲸鱼的头骨等，更有许多鱼类及木材的标本，但因得这时已逢上灯时候，只好走一遭便出去了。

古杜华神父研究学问是极努力的，对于中国的鸟学有不少的贡献。徐家汇博物馆有一种刊物，名曰 Memoires concernant' histoire naturelle de I'Empire Chinois（《支那帝国自然史纪要》），已经出的长久了。古杜华神父的研究就在那里发表出来，那杂志一卷常常分作四期（每期另买是八元，一卷全买为二十四）。古杜华神父的鸟类研究是在五卷第三期，名目是 Les oiscaux du Musee de Zi-ka wei（《徐家汇博物馆鸟类》），内又分五辑（第一辑定价十一元，二辑十五，三辑十二，四辑也是十五，五辑尚在印刷中）。已出的几期均印有鸟及卵的五彩的图，及详细的说明。

古杜华神父又研究植物，他分将一九一八年在江苏采集的植物详细鉴别，纪载，和说明花期，加以美丽的图画，这便是《徐家汇杂志》的第六册的第一卷，名称是 L' herbier de Zi-ka wei（《徐家汇腊叶标本》），即 Herborisations dan le Kiang-sou en 1918（《一九一八年在江苏所采集的标本》，定价二十元）。

我们离开博物馆后，复承天文台长的介绍，往徐汇公学访沙维阿神父（Pere A. Savio），他是中年的教士，徐汇公学的校长，他的研究和古杜华神父不同，是很专门的，范围狭小的：研究甲虫。动物界中最多的是昆虫，种的数目当在一百万以上，而昆虫之中甲虫最多，种类的在三十万以上。老实说，这范围已经不小，所以春苔先生问他也曾兼采蛱蝶等昆虫否的时候，他的回答是不曾，理由是怕的范围太广了。沙雅阿神父所已采集的标本据说约二千余种，其中有十余种是新发见的。他的标本多数是江苏产的，但也有若干得自他省。他是巴黎昆虫学会的会员，他的论文就发表于那会刊上。他说自然界也看到的，并且很诚恳的允许给我们写文章。

读者不久当能看到这二位的文章了，容我先介绍这两位法国的研究者于诸位罢。

原载《自然界》，1927 年

参观徐汇天文台

志　政

前日亭午，交通大学经济学会会员等百余人，特赴名震寰球之徐家汇天文台参观，其情况有足述者，爰为记如次。

初入门，由侍者肃客登楼，其中清静异常，几桌尤净洁无纤尘，室内仪器甚多，以风雨及气压表占多数，案头置一方盒，有二孔可以内窥，以手旋机，即有无数之风景片触于眼帘，一时同学咸以一覩为快，争先恐后，大有山阴道上之慨。此新奇西洋景，亦别开生面之陈设品也。

楼上有高台一座，距地凡二三百呎，须由狭小之铁梯上升，盖即吾人远望得见之定风针安置处也，同学之中，除一小部分中途气馁告退外，余均直上，既登其巅，俯视全沪，历历在目，胸襟为之一畅，更有少数勇士，猱升软梯至定风针侧，则更形危险矣。

台内有钟一，其面积不甚巨，惟准确则为全沪冠。据云，江海关之大钟，每行一月，即差数秒，悉赖此台用无线电纠正之，其精密亦可见矣。下有三钟，声各不同，鸣时音韵铿锵，至为悦耳。

博物馆中，搜罗甚富，举凡各种动植物，无不俱备，小至螺壳，亦分门别类，多至数十种，最足观者，厥为娃娃鱼。是鱼置于一酒精瓶中，前足一如人手，五指俱全，面亦类小孩，特有尾而无双足耳。此鱼殊不多见，一时观者，咸称异焉。余如鲸鱼头骨一具，长及数丈，谓系自南海得来，苟为全身，更不知长几许矣。

天文台主持者为法人，参观时非有翻译介绍，必多窒碍，吾人乃临时邀请王季常先生参加。先生为该校法文教授，在昔留学巴黎，达十余载，法文造诣绝深，是日权充翻译，与该台法人相谈甚得，并以所言转告同学，获益尤非浅鲜。当先生与法人对话时，同学多往旁听，顾吾人于英文虽有根底，于法文则多为门外汉，加以所谈极速，聆之殊难尽解，说者谓如无此特等翻译，结果恐无如此圆满云。

该台创设绝早，书籍搜藏至夥，有图书室一，洋装书籍堆积殆满，今上海每日所得之天气预测，亦即该台所发出也。三时许参观已毕，遂兴辞别去。

原载《申报》，1929 年

徐家汇巡礼

孙恩霖

上海人提及“徐家汇”三字，其脑蒂中除涌现天主堂之双塔尖外，尤必有一宽博大袖、玄袍素领、须髯满颊之神父在。所谓神父者，大都面貌慈祥，服装整饬，在在足以表示罗马教刚毅果敢之精神。而天主教之势力，亦如此高插云际之两塔尖，俯视一切，有凛然不可侵犯之意也。

徐家汇既以天主教而名，地方事业以及居民习俗，乃无往而不带天主教的气味。凡游其地者，未践其土，先接其人，即能领略此种特殊之意义。故上海之土著，凡闻有人来自徐家汇者，则不论此人之装束之为如何，其胸际必悬有圣母像，可断言也。至于徐家汇之一切地方事业，尤无不以教堂之名义办理，而神父则握其枢纽，好在居民什九信奉正教，谓为服从神父，不如谓信仰教义，而视徐家汇为上海之圣地也。

徐家汇之位置，在上海市之西南区，除与法租界毗连外，又与法华、曹家渡、龙华、七宝等处为邻。自狭义言之，徐家汇之所包括者，为教堂、天文台、修道院、圣母院、学校、土山湾孤儿院等，有自成一特区之势。而人之称道徐家汇者，亦莫不以此项特产为指归。本文所述亦仅就此而止，所以明徐家汇三字之真相也。

天主教之势力既包盖徐家汇而无遗，故从前一切行政，不但中国官厅难以置喙，即法租界公董局亦无从代庖。盖神父虽于时局紧急之秋，乞当道派水兵驻扎其特区内，而法公董局欲将租界马路筑入其地，则万万不行也。及至上海市府成立，此特区内，中国之警权始能达到。马路之建筑修理，概由市公用局办理。

教堂所在之特殊区域内，主要之道路为慈佑路、蒲东路、蒲西路、汇西街、三角街、天钥桥路等。所谓蒲西、蒲东者，即指浦肇河而言。此河通石灰港，而达法华、七宝等处，为徐家汇区重要之水道。蒲肇河为南北向，故两路亦系南北者。慈佑、汇西等则东西街也。

一　徐家汇之居民

徐家汇旧系徐姓所居，故名。徐文定公之后裔尚住其地。文定，明崇祯朝礼部尚书徐光启之谥也。光启入阁后，屡参机务，从意大利人利玛窦游，习天文、算法、火器等术，为国人研习科学之先进，并与意人龙华民、邓玉函、罗雅谷等修正历法。因笃信天主教，受洗礼，加名保禄。其族人亦多教徒。今之居徐家汇者，凡属文定后人，莫不信奉天主教者也。

居民除土著而外，以常熟及崇明人为多。居住本镇之教民不下一千五百余户，人数在四五千之间。依据市公安局十九年八月份报告，徐家汇六区二所公安局辖境人口调查统计，共有五千五百三十八户，人口二万六千六百十六人。其中计住户四千九百零七户，二万二千六百八十六人。铺户二百七十一户，一千四百十人。棚户二百八十九户，一千四百五十九人。公共处所七十一户，一千零六十一人。

二　教堂钟声常绕耳际

游徐家汇者，大都以教堂、天文台、土山湾孤儿院等处为必到之地。徐家汇天主堂为沪上天主堂中规模最大者。上海有天主堂六处：南区为董家渡大街、北区闸北鸿兴路、东区东百老汇路、法租界为天主堂街、公共租界为南浔路及梧桐路。若徐家汇之天主堂则六弟兄中之老大哥也。此堂建筑宏丽，屋顶两塔尖高耸入云，较龙华塔为高。徐家汇人或呼之为新堂，因尚有老堂在也。

每逢天主教之斋节及礼拜日，到堂祈祷者数以千计。即在平日，早夜两课，教徒均往念经礼拜。人人心中有一天主，是为徐家汇人之特色。故一入其地，教堂之钟声常绕耳际。因目之所接，足之所践，无一而非教堂之威权，即非真有钟声，而钟声乃时时隐约在耳边缭绕也。

星期日为大众之休沐日，然徐家汇人则大忙，忙于望弥撒也。弥撒即救主，意即盼望救主之降临也。此日自清晨五时起至上午八时止有弥撒四堂。徐家汇合镇男女老幼，无论贫贱富贵，各种阶级之居民均到堂内礼拜。圣坛上蜡炬高烧。神父持铎呼号，各教徒无不恪恭将事，膜拜起立，皆有一定仪式。教民除往天主堂望弥撒外，每日晨夕又有一定之功课，念经祷告，不绝于口。故徐家汇人之口，除饮食言语而外，尤必时时颂扬天主、赞美上帝也。

三　早起早眠早市之领袖

徐家汇人之早起早眠习惯，与上海人生活成一反比例。每日早晨五时大都均已起床，往教堂祈祷后，各人即从事其本身之业务。或谓五时起身毋乃太早，教堂祈祷为时有限，大好晨光作何消遣耶。此实不知徐家汇环境者之言也。事实上徐家汇为上海早市之领袖，因上海之所谓早市者，即系买小菜之菜市，而徐家汇为菜市之汇集地。凡上海市西乡之菜贩，每晨必先在徐家汇集合办货，然后分途至各小菜场。故徐家汇人有不得不早起身之苦衷。

夏秋之交，每晨三四时，徐家汇镇之早市即已开始。此时上海人方从跳舞场或夜总会散归，睡魔尚远在千里之外，而徐家汇人则已霍然起床，调理早市矣。若在夏日，市集尤早，平均早晨二三时间，菜贩即已荷筐负篮，吁呀在道。此时上海人方在虹桥路、大西路一带汽车兜风。车窗外常见若辈之赤足来往，匆忙赶路往徐家汇镇也。

夙兴早眠，事理之常。徐家汇人起身既早，自不得不以早眠补足之。故人晚九时以后，路上行人即稀。上海人看九时一刻电影时，徐家汇人已感谢圣灵安人睡乡矣。至于教堂所在之特区内，居民睡眠为时又早。慈佑路、蒲西路等处，一交八点钟，即已行人绝迹，盖教徒起身平均在四时半左右也。

四　徐家汇镇无客栈

天主教教徒目中之上海圣地徐家汇，离上海最繁华之特区市中心，不过八九里之遥。在其习俗起居截然不同，亦可异也。最奇者徐家汇镇上，邮局、警局、商店等皆全，而独缺客栈，斯实旅客之不幸。不过其所以无客栈旅馆者，亦有一原因在。盖上海之所谓客栈者，尽人可以借宿，良莠不齐，泾渭不分，种种罪恶，每以客栈为渊薮。天主堂神父嫉恶如仇，视罪若蝎，故对于客栈深恶而痛绝之，乃限止住民。各种店铺皆可开，而客栈则在例外也。

或曰神父以何种权力而能限止若是之严，不知徐家汇镇上之地产房屋，十之九为天主堂所有，屋主限止房客，事亦平常。何况镇上居民又尽属教徒耶。天主教堂在上海置有产业者，为数甚多。如普爱堂、三德堂、新普育堂等。最著为招商局码头，即系天主教三德堂产业也。徐家汇之地产房屋，大都为天主教耶稣会所置。

五　徐家汇人识天

俗语云，崇明人识天。言崇明人居住海滨，识得天时风雨也。若谓徐家汇人识天，语实双关。其意盖谓，徐家汇人崇拜天主。天堂咫尺，天颜可瞻，当然识天也。不过实际而言，徐家汇人之所以识天者，因有一天文台在耳。

徐家汇天文台，沪人殆无不知者。逐日发刊之中西报纸，又多记载天文台之消息。风雨天时，飓风来往，莫不事先报告。对于人生、农事、航业等，为功非浅，此不得不向天主教神父道谢也。往游徐家汇天文台者，最好由神父介绍伴往，否则可在门房室签字通知，则有值台神父出而接洽也。

天文台创于前清同治十一年。至光绪二十七年，复于旧台之西建筑新台，即今之观象台是也。所有事务概由神父主持之。其中工作大别为测验天时，报告风力及与各处来往通电，报告天时气候。与天文台通讯者，各埠均有，数在六十处以上。法租界洋泾浜之讯号台，所有风向天时之报告，均由此台所司，而随时通知者也。天文台中仪器如测风机、风雨表、地震仪、窥星镜等咸备。另有磁针仪、电浪机、测云器、测雨器等种种名目，用以窥测天象。近如日本地震，天文台之地震仪上，常有显著之记号也。与佘山观象台通讯另有一专机。

六　修道院中苦行多

徐家汇修道院为天主教之重要设备，凡神父教士均须在此中加以修养及苦行也。凡教士修道第一须摈除世欲，虔诚奉主。各项经典及百家学说，又须随时浏览。所以培养真理，而不为邪说所乘也。此中人玄裳素领，毫无火气，类多沉静明智之士，生活简单，无思无虑，其唯一之功课，即逐日须读若干经文也。院中有苦修者，须受辱历难作诸般出世想。苦行之教士，亦有于独修之时，常对骷髅残骨加以注视，俾摈世欲邪念，更有阅读秘密经典，如佛教然。故经行此修道院外者，虽非教徒，亦觉有静止无为之想也。另有女修道院在蒲东路。市上常见有素冠高耸，张如翅形者，大都为此中之童贞姑也。

天主堂之东北与修道院毗连者有藏书楼，以备神父传道者之参考阅读。分书店六处：天文学书库，附设天文台内；博物书库，附博物院内；汇学书库，附徐汇公学内；耶稣会读书修士书库，所藏为神学、哲学书，附设震旦大学内；江南修士院书库，所藏亦为神学、哲学及腊丁文书籍；中西大藏书楼，分经、史、子、集及圣教书籍等六室。中文书有三十万卷。西文书分法律、宗教圣人传记、政治、实业、中国记事、科学、哲学、历史、地理、杂志、文学、传教区域及名人传记等十三部，综计四万余册，文字以腊丁及法文为多。博物院所藏多枯骨、贝介之属，多已迁往震旦大学，大约分鱼鸟兽类枯骨、甲虫贝介皮骨及禽鸟蛇类等是也。

七　经书打成一片

徐家汇区内有学校四处，均系天主教所办理。至其地者每闻读书声与诵经声互相节奏，又有教堂钟声夹杂其间，圣经与书本打成片。此种学校，亦别有一种特殊之风格者也。此四校为徐汇公学、徐汇师范、启明女学及类思小学。类思小学附设徐汇师范之内，均在蒲西路。启明女学则在天钥桥路，以管理严密称于时。上述各校之学生，大都系教徒，其功课中亦有不少钟点之圣经课也。

除此天主教立之四校外，在徐家汇区内者，又有交通大学、同文书院、光华大学及复旦中学部等四校。交通及复旦均在海格路，同文在虹桥路，光华则在法华乡之大西路。除复旦中学外，均系高等学府，学生甚众，故徐家汇域内之人口，为之增高不少。

海格路、大西路，均为工部局越界所筑之马路。可通徐家汇者共有十一条马路，均系外人越界所筑，即海格路①、虹桥路、乔敦路②、凯旋路、哥伦比亚路③、安和寺路④、大西路⑤、亿定盘路⑥、法磊斯路⑦、惇信路⑧及佑尼干路⑨。徐家汇为越界所筑之各马路包围，犹之被困垓心。而徐家汇人方笃信教义于不暇，未闻有所示意也。

八　土山湾孤儿习艺

土山湾在蒲西路端，有孤儿院及工厂。土山湾印书馆即设于内。孤儿院收养孤苦儿童，教以各手项手艺，俾长成后能自赡其身。有神父专司其事。内有玻璃、美术、印刷、金工等各项工厂，每年出品销售颇多。有一种尼格尔金属品，专制圣像等用，作金银二色，制造精良，颇为美观。其玻璃出品中有五色彩绘之窗饰，灿烂夺目，制作工细，教堂窗饰大都用之，亦一种徐家汇之特产也。圣母院中亦有各项艺术制作，教导向道之妇女。

土山湾印书馆，规模颇为完备，所出关于天主教之书籍颇多各天主堂所用之圣经、赞美诗等大都由其出版，更有圣像图、瞻礼单等，无不齐备，供给教友之用。此土山湾图书馆者，事实上为天主教之文化宣传机关也。其所出教科书亦有多种，天主教立学校均采用之，此外则用其出版物者甚少耳。

九　马相伯访问记

徐家汇天主堂区内有一老人，为中国思想界之前辈，又为研究科学之先进，生平笃信天主教，登大寿九十有一，此老人即丹徒马相伯先生是也。记者乘游览徐家汇之便，往访于土山湾。先生谈笑风生，精神饱满，望之毫无龙钟

---

① 编者注：今华山路。
② 编者注：今淮海西路。
③ 编者注：今番禺路。
④ 编者注：今新华路。
⑤ 编者注：今延安西路。
⑥ 编者注：今江苏路。
⑦ 编者注：今伊犁路。
⑧ 编者注：今武夷路。
⑨ 编者注：今仙霞路。

之态。所言多有至理，归而记其言，尚觉坛坛有味也。

马相伯先生为天主教之忠实信徒，久居徐家汇，所住在土山湾孤儿院宿舍内。先生春秋虽高，而极健于谈。客有往访者，辄能满载而归也。记者往访时为十二月某日之下午。先生午睡方醒，临案而坐，桌上置墨盒纸笔，正在伸纸作书也。室中因光线不足，已燃电灯。灯光下就视其面，红润焕发无衰颓状。头戴红色绒线便帽，戴眼镜就客作端详状，审视竟，即除镜为礼，略作寒暄，谓记者曰，余目光尚来甚好，去年始戴眼镜写字也。记者因询其保养身体之道。

先生曰，年轻人须注意三点：一不浪费精神，二少吃东西，三早起早眠，除此而外，余别无长生术也。先生每日读书约七八小时，进食甚少。每餐食鸡蛋两枚，面包一片，米粥七八匙。而精神之佳，则过摩登青年多多也。每晨四时半起身，十时左右入睡，即在中年人亦有难色，而先生则数十年如一日，亦异人矣。

记者与马相伯先生谈话约两小时又三刻，自始至终毫无倦容。言语中时杂笑谈，津津乐道，使听者不知晷刻之渐移也。择其有趣味者略记之。先生谓昔日之官，有一特别权利，即说谎话是也，一方面向百姓说谎，另有一方面则向皇帝说谎。而皇帝则实行关门主义，一概不问不闻。又谓孙总理之知难行易，大可颠倒而言之。因总理革命有四十年之多，尚未成功，行之难可想而知。然总理于二十岁时，即知革命，则知之较行为易，似又了然也。

先生谓其一生得力处，在多读外国书，因之思想上颇受影响而不泥于古。又称中国人太苦，因多习有用之学及科学以救济之。至于人心之险恶，又非信仰造物主，不能挽救也，其信教之诚笃可以想见。先生治学极勤，到老不衰，至得意处每废寝食，而喜临池，室中靠壁高悬大小毛笔七八支，即先生临池所需者也。记者询以除读书外尚有别种嗜好，答称烟酒不御，并无所好，日中午睡一小时。大感有益耳。

马相伯先生精通数国文字，自谓拉丁尤多研究，若英法文则随在变化，依时而进，不能谓为一概通晓也。犹之国文，其翻译外国文字者，必有新奇难解之意思。譬如近来流行之黑漆板凳一字（按即英文 Husband 丈夫之译音），非解英文者或不能明了其义。先生言至此，从笑声中谓记者曰，又有英文 wife 一字亦有奇妙之译音，君亦知之否？记者曰，非坏害夫乎？因妻子而坏者必害及丈夫也。先生曰，斯亦新奇，惟余忆此译音中似有一瓦字在，因生女为瓦，颇合于妻之意义也。记者曰，然则当属“瓦窑货”三字矣。先生闻言拊掌大笑不已，曰此言确也。

记者问，先生治学亦有独得之心得否。答曰，余生有一种傲气，凡学问之事必求其尽解而后已。尚忆弱冠时，新学方兴，有勾股术一门，颇为难习。某西人对余言，此种精微之学问，非华人所得而了解者。余聆斯言，心中大不谓然，思必有以折服之，乃市得关于此术之书籍若干册，闭户研读，穷思冥索，不数月尽得其解，乐乃无艺，至于心中之畅快，更难言喻矣。

关于徐家汇之掌故，先生亦举告数端。谓此特区者并非租界，乃教士所置之产业，有天主堂、学校、天文台等聚集一处，犹之大花园也。所以名徐家汇者，因系徐氏族人所聚居耳。记者既游此大花园竟，返而记之如右，以作他日重游之参证焉。

原载《旅行杂志》，1931 年

上海徐家汇天文台参观记

明　真

缘起及历略

提起上海徐家汇天文台来，我们立时要联想到先前的事，因为耶稣会的司铎们，自从好几百年以前，就以“科学的工作”著名于中国。利玛窦、南怀仁等，从前为朝内执掌钦天监事宜，成绩卓然，很被当时朝野所重视。从那时起到现在，虽然江山数易，经过了不知几许变乱，可是，我们在北平还能见到从前那些司铎们所使用的简单的仪器。

按言这些仪器说来，实在不能算是精细，到底他们居然能成功许多惊人的事业，真足令我们景仰不置。西洋的天文学，也是在那时输入中国的。

以后，到中国传教的耶稣会的司铎们，仍然本着他们的先驱所进行的路程，继续工作，而有上海徐家汇天文台设立。

它是在一八七二年产生的，原先本来很简陋，只有几种为研究气象及磁力所用的记录。慢慢地由各方协助及主事司铎之努力，才能滋荣发长，而有今日的繁盛气象。

在一八七九年，暴风从上海经过的时候，天万台总管德舍物朗司铎 R. P. Dechevrens 把种种由观察所得的记录，收集起来，做成一部有系统的表册，这是上海徐家汇天文台对于气象学的工作的开端。

一八八四年，在法国码头上，安设了第一架海岸通信机，这是为把气候的骤变、风暴、大旋风等，报告给航海员，叫他们先事预防，知所趋避。所以徐家汇天文台最大的功绩是在用科学的方法，保护中国海岸的船只，同时对于航空，也有莫大的帮助。

后德舍物朗司铎因积劳成疾，须返回欧洲调养，天文台总管一职，由石瓦利司铎 R. P. Chevalier 继任。到一九〇一年，佘山天文台成立，石瓦利司铎调往彼处主事，徐家汇天文台事务改由传洛克司铎执掌。关于气象上的种种工作，都是在传洛克司铎手中，一天一天扩大起来的。此时佘山天文台，同徐家汇天文台仿佛是两条连理的枝杈，而能平行式的进展。佘山本是一个僻陋的地方，大部分人，都不曾认识它，所以也就少有人肯牺牲数小时的光阴，从徐家汇坐船去参观一次。在那里有黑夜白日在镜头之下不停工作的博学士们，在天文界里很是出名。人人都喜欢这样说：是在佘山天文台，证明了太阳的运转，及太阳面黑斑的组成。

科学的进展，是无止境的。自从无线电发明后，它能用极大的速度同别的地方取得联络，及报告各种的消息，气象学的工作，受到它的影响，而改向一种新的途径。徐家汇天文台，也开始把无线电用到气象学及地震学的工作上。

在一九二六年，万国对于经度线的测量时，用徐家汇天文台作为三角网的一个角点，因此对于“时刻”的使用，必须按照一种最新的方法。天文台全部的事务便生出许多应当改进之处。于是又设立一处纯粹物理的实验室，为专门研究气候上的各种想象。

以后勒若埃司铎 R. P. Lejay 继续传洛克司铎任徐家汇天文台主理。到任后，先从事于经度线之测量及空中电现象之研究，电波之传布，及其对于气象学之关系。在此时又成立一枝新的部分，专研究地球对于物理学上之种种特别重要问题，而将重力归并于磁力、地震及气象之一部分内。

徐家汇天文台种种设备之一瞥

在我们走进花园以后，正在守门人把我们来意报告给管理司铎的时候，我们向四周一望，到处都是用作气象测量的仪器，星散在院中丛细的草地上。温度表十分多，有的是离地五十公分，有的是离地一公尺，有的是离地两公尺，这自然是为的测知各高层的温度。有的是放在树阴下，这一定是为求出院中最低的温度用的。温度表的种类也很全，举凡干式温度计、湿式温度计等等无不应有尽有，十分完备。从这些温度计的暗示，即便没有人对我们解释，我们也能立时明白“温度”在这里是怎样重要。

除去温度计以外，还有许多种为研究气象所用的工具，如水速仪、量雨计、蒸发计及各种不曾见过的新式仪器。在平台上有一座“太阳计”，这是为计算太阳时刻用的。在大楼的正中尖顶上，有顺风板及风速仪。

在有人把我们领入实验室内以后，我们就看出在这里边对于气压的研究较比温度更重要。因为这时映入我们的眼帘的不是温度计而尽是气压计。在风速记录器旁边有许多样最精细、最灵敏的气压计，在远东各天文台所用的仪器中，这些都是标准的工具，室内的空气十分寂静，一点嘈杂的声音都没有，只听见在电话里，有人这样报告说：“在全中国的气压都是很平静的……巨旋风现在从日本东边的博宁群岛经过……”以后又听到计算员打“算机”的声音。

这时有人给我们说，气象组的职务，共有两种：第一职务是关于海潮的事情，我们每天制成两张图表，露布在法国码头的通信机上，并且把这些事情用在无线电报告给各船上；第二种职务是在扶助航空，我们每天又制成两张别样的图表，送到龙华飞机场，并且对于上南京、北平、广东等处的飞机，每天有好些次预测的报告。

我们走到第一层楼上，见到这里有一些工作人员，都很有次序的工作着。在他们一旁有各种应用的工具，及无线电机、摆震仪等。我们一步一步地走到大厅的尽头处，看见有人正在试验一种从美国来的新式电灯。这种电灯能自动把微弱的星光的现象记录出来，是一种光电感应器（见上期《北辰杂志》内《电界秘轮，光电感应器之检讨》一文），从它前面经过的星辰，已经有好多颗被记录出他们的现象来。在一旁有一件很大的“照相记时器”，这是勒若埃司铎所发明的，它能立刻指出一件钟表的极小的错误，小到一秒钟的一万分之一的错误，也逃避不过的。

这时天文台最重要的工作，是在研究无线电对于气候的现象，所用的方法，很是奇奥。我们只能略说一说：先用“阴极的摆动”研究出变化的形式，然后用活动电影照相法，把种种的现象照出。照像时用一个很大的扩大机，由两个继电器节制着，这两个继电器又同两个“验风照影机”相联，这样就可以

徐家汇天文台的神父正利用仪器在分析气象数据

把那些超出两个预定的界限的现象，计算及记录出来。又有一个别的扩大机同一个能转动的木框架相联，他们能绵延不断地把风的来源指出。最后在小板上我们见到种种温度及气压的记录，是由这些仪器的帮助而写成的。据天文台的希望，是要把气象及电波的各种变化的状况及根本的关系，研究出来，因为这些事情，现在还没有人能清清楚楚地认识它们。

在旁边的一个大厅里，有一些计算员，正在很沉静地用计算机工作着。因为自从一九二六年，改用新的经度线以后，各地的位置较比从前略有变更，所以有时必须根据新经度线，重新计算。

我们这时又到钟表室去参观，在里面放着一组由温度计及电阻力节制的钟，被罩在玻璃筒内。这两架钟不受外面气候变化的影响，是在常温度气压之下，因此它们都是极精确的。它们能自动地把种种的动作，用电流传到隔壁的大厅里，为同别的钟表相校对，它们能把一架每天快一秒钟的一百分之一的错误指出来。据勒若埃司铎说，它们能查出每天或快或慢到一秒钟的一千分之三以下的错误。

在这里是一个钟表的世界，这里所有的钟表较比在楼下大厅内所有的气压表，在花园的草丛中所有的温度表还要多。这些钟表每天要同一架极精确的钟表相校对。指示给人，每天的平均时刻的钟是一天校对三次，因为它是节制“时刻放送机”的总机管，所以对于这架钟的快慢，特别小心。时刻记号的放送每天两次：第一次在上午十一点，第二次在下午五点……按二十四小时的钟表说，是在十七点。同时徐家汇天文台的无线电台，或福洛卢路的电台上，也作相同的时刻报告。

在我们从这里经过时，最令我们注意的，是那件很大的无线电收报机上，为记录时刻记号用的纸条，在上面所记录的是从波尔多、奥杭 Nauen、亚拿包利斯（在美国）等处所来的时刻报告，用它们校对两千公里以外的钟表，所得的精确的程度，同我们校对在同一处的两件钟表一样。

以后我们到一个特别的小亭子里去，这是“子午线室”，离大楼有二十公尺的距离，在这里面是用天上的星辰，作天文台的钟表。普通的钟表，不论是怎样精确，不过是用为测量两颗星辰从这“子午线室”里所经过的时间上的距离。这一处“子午线室”同以前那一处差不多完全一样，每个里面都有一架小天文望远镜，这是为观察星辰在子午线上经过的时刻所用的。

无疑的，这些为研究“气压”“温度”“地震”所用的仪器，一定需要一笔很有可观的维持费，单为修理及调整它们就特别成立了一个工厂。在那里有一位机器师及好多名助手，天天都很忙碌。这还不算，花钱最多的地方，是时常添购新式仪器，差不离每种新出的应用工具，在这里都要立时购到。

徐家汇天文台之地震仪

徐家汇天文台的地震仪，共有三种：一组是用为测度较近地方所发生的地震；一种是用为测度较远的地方所发生的地震；别一种是因为测度地壳的微小而又绵连的变动，这种地震，叫做微小地震，现在很有些人研究它，并且这件事情和本地的气象现象，有相联带的关系。柴而济司铎 R. P. Gherzi 曾注意到一件微震仪能把从大海里经过的暴风用一种特别的曲线记录出来，在一种骤冷的气候临来的时候，这件微震仪，也能给人一种特别的指示。

我们走出这里以后，又到别的一个小亭子里去。在里面有一件“地心吸力仪”，正在它的小架子上摆动着。它就像一件在真空罩里动得很慢的“音拍仪”（就是在作乐或歌唱时，为“打板”用的那种仪器），它的每一部分，都经过详细的考验，绝对不受气候变化的影响。它是这样安排着：它的摆锤差不多是在平衡状态，这个摆是极灵便，对于地心吸力的变化，有极锐敏的感应，在北平摆动的周期是六秒，在香港是五秒。在十分钟以内，就可以测出一个地方的地心吸力，若按从前的方法，不但需要好多件仪器，并且还要计算好几个星期的工夫，那是何等的笨拙呢！

后来我们遇到勒若埃司铎，见他正在绘制中国地图，这事是和几处中国的科学机关合作的，整个的黄河北部已经绘成，从上海到西贡的海岸也已经测量完毕。若是单独进行的话，在金钱时间各方面的消耗量一定很大，这样不过在几个月以内，就可以完成。我们在这时已经走到门前。

出去大门以后，便感到经过的时间过于短促，为这些丰富的仪器，我们如果再作一次较慢的参观才好，又觉到在这里虽然人数不多，所进行的工作却是非常伟大，非常重要。我们为完成这次参观的工作，遂又一齐预备到佘山天文台去。

原载《北辰杂志》，1934 年

徐家汇杂记

[日] 中山正善

“城市里也有乡村景象”，这是一句常见的话。

但是我来到徐家汇后发现“上海居然也有像徐家汇这样的地方”，我来上海前对上海的印象只有华丽的码头，关于上海的知识我了解得甚少，感觉自己的脸被打了一下。

说实话我并没有关于徐家汇的任何知识。我准备的资料里也有提到徐家汇的部分，但我只把它作为上海的一大天主教堂所在地，顺便想去看一看而已。第一次访问是十二日，当天是个极其寒冷，风又特别大的日子。由于路途原因我们去了同文书院。期间，我们把手插在衣服口袋里，看到穿着外套的巡警走在冬天干枯的杨树旁的小溪边上。然后我们眺望了冲向高空的双塔尖，一边想着塔尖会不会被这大风吹断，却一边拍照。我们还擅自闯入了教堂，并跑去土山湾购买了书籍。我向站在天文台前的法国哨兵说了句“Good morning”，完全是一付“刘姥姥进大观园”的姿态。然而谁都感受到了徐家汇的一种无法言喻的气氛，而土山湾有宗教书籍的出版社，也有天主教堂，这一点对我的启发很大。相反，至今为止我所知悉的天主教堂实在是很狭义的概念，访问此处使我的“孤陋寡闻”得以拓展，对我也是一件十分有意义的事。

在我接下来待在上海半个月的时间里，我又访问了两次徐家汇。第二次是十四日，在商务印书馆的黄警顽的带领和介绍，以及他的熟人——《宗教》杂志主编——徐宗泽的热情带领下，我参观了著名的藏书楼、博物院、圣母院以及徐汇公学。至今我仍惊讶于其庞大组织，让我对上海久久无法忘却。此次访问也使我改变了对于上海的看法。第三次参观不记得是具体哪一日了，只记得返程前某一日，为了买书和参考资料去的。

虽然我在上海只待了半个月，而期间我还去了南京、苏州和杭州。所以实际上我在上海的天数也就一个礼拜左右。而在这么短的时间内，我却去了徐家汇三次。这个深深吸引我的徐家汇到底是什么样的地方呢？我在回国的船上，或在回国后对它的兴趣也没有消失。在我还对徐家汇抱有兴趣的期间，收集了关于徐家汇的知识。我按照以下分类，并参照我的见解对徐家汇进行大致的介绍。

位置及沿革

“逃离上海的人山人海驱车向西南行驶，终于来到法租界舒适的住宅区，我们进入到中国人聚集的地方。”这便是铁道局介绍书[①]里写到的徐家汇，位于上海南部大约五里的地方。电车从法租界一直延伸到此为终点站，我们沿着一路舒适的机动车道，从布满灰尘以及耀眼商业街的上海来到了使人感到神清气爽的信仰之地。

路旁有一道小溪穿过-也许是沿着小溪铺的路，小溪上飘着许多苫船。此小溪通向上海，也可远离上海，或者可以在小溪上暂时停留。从杨树底下眺望着此汇景，我感受到了江南水乡的风情不带有任何粉饰地被展露出来，于是把无数景象收于相机里。

此处虽然为离上海五里远的乡下，但此郊外肩负着上海作为港湾的使命。在此处开展的天主教的传教事业中，天文台作为其中之一，担负着午炮的发射，也担负着向长江及近海航海的船舶通报天气气流等警告，换言之上海作为开港之城，其生命可以说被掌握在耶稣传教士的手中。

上海作为开港之城与徐家汇在某种意义上有着深深的缘分，然而看到被法国水兵保护的此寺院，又觉着此处有着国际问题与信仰问题的交融。我对徐家汇的兴趣的至高点（回国后），是在我记录其沿革所之时。把其沿革按如下简略记录。

---

① 编者注：1924 年版。

徐家汇如其名是徐家的别墅，由光启向天主教堂赠送。[①]我们在探究徐家汇的天主堂的沿革时，不得不对与杨延筠、李之藻同被称为中国开启传教的三大支柱[②]，又是最早也是最久地在背后为天主教传教所尽力的徐光启的信仰进行一瞥，了解由何人支撑天主教传教。

光启生于明末一五六〇年左右的上海近郊。他在成长过程中逐渐对天文学、西洋学产生兴趣，于万历二十八年（1600 年）到南京拜访利马窦(Matteo Ricci)，并向其习天主教，对利马窦的敬天思想与妥协之教给予了极大的关注，并在万历三十一年（1603 年）再次访问南京，被罗如望（I au Rocha）赠与了利玛窦所著《天主实意书》并阅读之，之后受到罗如望的洗礼。

光启于第二年万历三十二年六月赴京当官，跟着利马窦学了西洋学，于万历三十六年（1608 年）遭遇贬官，又遭遇其父怀西之死（四月二十八日），为陪伴其棺材回了上海。在回上海路途，光启决心要在自家设立传教所，顺道去了南京成功邀请到郭仰凤（Lazarus Cattaneo）来上海，但郭仰凤在去往上海的路上因故返回了南京，于同年冬天来到上海。他把徐光启的住所直接改为传教所。我虽然没有到访这个具有纪念意义的地方，根据《徐文定公集》此传教所位于沪城南门内乔家滨一侧，现在被世人称为九间楼[③]。

然而，对于当时的人来说他在上海开教给人们的心灵带来了一束光。仅开设三天便呈现一幅“绅宦来访，门庭若市”[④] 的景象，此传教所根本无法满足传教的需求，此乔家滨传教所三天便关门了，继而在南门外双园借了朋友的房子让郭仰凤移居到此。也就是说，此处既是郭仰凤的住所，同时也是传教所，两个月后繁盛到出了五十名受洗礼者，之后此处也因过窄而无法接纳来受教的人们，光启在郭仰凤的住所的西侧设立了一间礼堂，于耶稣的诞生日亲自率领众朋辈来到礼堂进行了礼拜，这便是上海最初的天主教堂。

---

① Latourette. Ibid. p95. 山田谦吉引用了《支那研究》第十八号《徐光启附徐家汇天主堂》中关于日本百科词典第 821 页服部的引文，第 70 页。

② 《天主教传入中国概观》，第 18 页。

③ 《徐文定公集》卷首下八之背面、《支那研究》第十八号，第 61 页。

④ 《徐文定公集》卷首下八之背面。

“最初如光启传所记录的一样把徐光启私宅作为传教所。也就是现在的九间楼。后来借了在双园的友人家，之后在光启的居住地的西侧建了礼堂。之后，郭仰凤于万历三十九年去了杭州，光启也恢复原职返回到北京。西士潘国光因此礼堂过于狭窄而把在城内安仁里的自己家作为礼堂。安仁里天主教街现存的礼堂恐怕是重建的，外观是中国式的建造内部却是光彩又极其华丽的。墙头还挂有康熙年间的匾额。《上海县志》记载了其后在西门外肇嘉浜徐文定之墓的东西建造了教堂，这便是徐家汇天主堂的起点。也或许在光启居住地的西侧建造的旧堂才是最初的天主堂起点。”①

以上是山田书上写的沿革中的文字，然而我认为时间上并不是很清晰。即“居住地之西侧”恐怕指的是“双园的居住地”，而潘国光因“此礼堂过于狭窄”而搬迁到安仁里，很明显“居住地之西侧”在此时以前被建堂，所使用的事实很明显。那么我认为“居住地之西侧”所建礼堂在安仁里建堂前后存在过两次。

小竹在同书中《上海的沿革》中写道：“随着上海逐渐发展经济实力增强，人才辈出。明清时期上海县出了许多进士。其中有名的为明初、明中的潘思、明末的董其昌、徐光启潘思，董其昌与徐光启还被记载在《明史列传》里。潘思之子允端、允哲都成为了进士晚年在安仁里定居，据说其住所之宽阔可达几里。住所位于现在的城隍庙之东北一侧。此处为徐光启修历的地方，后来在徐光启的保护之下，西洋人潘国光建造了上海的第一所教会堂。此教堂在清初因著名的禁耶稣教问题于雍正八年（1730年）被改为了武庙及敬业书院。之后于咸丰八年（1858年）根据天津条约耶稣教被允许传教并有一条规定关于对天主堂的旧址转移，因此在此处又重新建造了新的教会。此为现在天主堂街里的天主堂。”根据此文，安仁里的天主堂为上海第一个天主堂。

① 《支那研究》第十八号，第77页。

但是，这次我仅仅指出此处的问题。因为没有其他更好的参考，更没有一探究竟的必要。无论如何江南天主教的昌盛是离不开徐光启的功劳的，在徐光启的竞争对手又是佛教徒的沈漼教案中，南京受到的迫害之大与上海相对的安稳形成了对比，不得不说这是徐光启的信仰与势力所带来的结果。

光启于一六三四年结束了其信仰的后半生。享年七十四岁，葬于上海的西门外肇嘉浜北原之阡城壁之外十余华里之处。这便是现今的徐家汇。

光启去世后，其女又信徒名为 Candida，三十岁成为寡妇以来直到七十三岁的时候去世①为止，她以天主教徒身份进行活动，根据 Du Halde 的 Historie diune deristienne de la chine②，她不仅盖了三十九座寺院（church），还出版了三十册教义书（Christian books），而且设立了盲人学校与孤儿院等。她的所作所为可以被看作是今天在徐家汇所开展的慈善事业的先驱。

关于在十八世纪清朝年间遭受迫害期间受了何种影响并没有在山田的书中阐明。又或许在上述第三天主堂以后的阶梯期间所建立的，但也不是非常明确。

随着北京各处传教根据地的崩溃，地方流淌着殉教的血，徐家汇也发生了异变。举一例说明，安仁里的天主堂③于雍正八年（1730 年）的禁教期间被改为武庙敬业书院④。该天主堂一定还受到了一七七三年耶稣会解散的影响。

关于十八世纪的记载比较少，可能是由于活动不频繁造成的。然而今日所见的徐家汇盛况是进入十九世纪以后才开始的，即签订南京条约后（1842 年，次年实施）上海开港，以及签订天津条约后（1858 年）传教被准许后才出现的。

在法国的保护下，可以在国内自由旅行传教，被没收一时的安仁里教会堂，以及被徐光启寄赠的徐家汇的土地也被返还到耶稣会的手里⑤，耶稣会士

---

① 即 1680 年 10 月 24 日。

② 《中国历史》。

③ 于咸丰八年（1858 年）签订天津条约后再建，为今日之天主堂街上的天主堂。

④ 《支那研究》第十八号，第 17 页。

⑤ Latourette，Ibid. p803.

的活动变得非常活跃，为了使在十九世纪迫害时代松懈的信仰得到更生，他们便实施了一系列措施①。

此处需要着重说明的是根据 Latourette，传教会士获得传教自由以后，有许多人参加了在中国的传教，1843 年至 1857 年间有五百八十八名传教者参加。他们中间有人提出复兴以十七、十八世纪的北京宫廷为中心的科学传教，然而会议结果为，停止在有排斥外国思想的宫廷传教，把传教本部从北京移到了徐家汇。

Latourette 对传教本部移到徐家汇，如下称赞道："耶稣会士把他们的本部设在了徐家汇，而非北京。选择在徐家汇作为本部实属英明之选。不管怎样，徐家汇不仅位于外国贸易的最大中心上海之郊，还是初期耶稣会传教的立功者徐光启之故乡。"

之后耶稣会的活动以徐家汇为中心开展了，他们第一个着手的是江南天主教徒的生活及信仰的向上，并开办男女学校，设立孤儿院等以达到该目的。下面我将叙述有关教育或事业内容，而我们不能忽视的是，根据十七、十八世纪时代的传教方针，耶稣会并没有向中国各地伸手送出传教者，而把他们集中在了江南。耶稣会当然与其他团体也进行过妥协，虽然传教地数量是有配比的，但此集中手段可能是使徐家汇壮大的原因。

如下，按年代罗列出所设立的传教辅助机关。（由《徐家记略》以及 cooling 著《支那百科词典》补充）

年　份	日　期	事　项	场　所
1814 年 嘉庆十九年		耶稣会再兴（Pius VII）	
1840 年 道光二十年		支那派遣决定	

① Latourette, Ibid. p235.

(续表)

年 份	日 期	事 项	场 所
1841年	4/28	以下三位从Brest港出发 Claude Gotteland，Benjamin Brueyre，Francis Esteve。	
	9/23	到达马尼拉	
	10/21	到达澳门，接着去往英属领地舟山（葡萄牙）	
1842年	7/11	Gotteland，Esteve两名到达上海（Brueyre晚到数月） （天主教百科词典显示为6/12）	
1843年	2/3	修道院（大修院）（创）	松江的张樸桥
	2/3	修道院（小修院）（创）	青浦的横塘
	7	修道院（大修院）（迁）	同上
1844年		耶稣会修院（创）	同上
1846年		董家渡天主堂建立	
1847年	7/31	徐家汇天主堂（旧堂）建立	
		耶稣会修院（迁）	徐家汇（本部确立）
		藏书楼（创）	
1849年		洋泾浜天主堂建立	
1850年		徐汇公学（创）	
		修道院（大修院 小修院）（迁）	浦东的张家楼
1853年 咸丰三年		修道院（大修院）（迁）	董家渡
		修道院（小修院）（改）	并入徐汇公学
1855年		圣母院（创）	横塘
		土山湾（旧名不详）（创）	同上
1860年		长发贼、占据、掠夺破坏	
		修道院（小修院）（改）（上级进入大修院下级留在汇学）	
		土山湾（迁）	董家渡
		耶稣会修院（迁）	肇嘉浜
1861年	2/19	归还	
1864年 同治三年		圣母院（迁）	王家堂
		土山湾（迁）	土山湾

（续表）

年　份	日　期	事　　项	场　　所
1868 年		博物院（创）	徐家汇
1869 年		圣衣院（创）	王家堂
		圣母院（迁）	徐家汇
1870 年		虹口及杨树浦天主堂建立	
1872 年		修道院（大修院）（迁）	徐家汇
1873 年		天文台（创）	肇嘉浜
1874 年		圣衣院（迁）	土山湾慈云桥之东（同治 12 建筑）
		修道院（大修院）（迁）	董家渡
1878 年 光绪四年		修道院（大修院）（迁）	徐家汇
		修道院（小修院）（残）	留在董家渡
1896 年		徐家汇天主建立新堂（改）	
1899 年		天文台、改建、起建	
1901 年		天文台、落成	
		修道院（小修院）	并入大修院
1903 年		震旦大学（创）	徐家汇的老天文台
1908 年		震旦大学（迁）	卢家湾
1910 年 宣统二年	9/20	新天主堂落成	
1913 年		修道院（小修院）（迁）	老天文台
1914 年		类思小学（创）	徐家汇
1918 年		修道院（小修院）（迁）	移到新院舍
1920 年		徐汇师范（创）	徐家汇
1929 年		修道院（大修院）（迁）	新院舍

注：创—创设　迁—迁移

根据以上可以看到总的扩张状态，在此期间当然也有盛衰，而且由于外部的力量受到了相当大的破坏。长发贼于咸丰十年（1860 年）乘占领南京之势攻击上海时徐家会的天主堂被贼军占领、掠夺并破坏，且有一名佛人宣教师儿童十数名被杀害[1]，教会的一部分建筑也与民宅一起被烧毁。

然而，不管当时状况有多惨，耶稣会士的势力与力量足够培养并维护中国人的信仰。这是毅然对其附属事业的扩张与整顿的体现。即，在传道者养成方面，一般教育、信者子弟教育、慈善的育儿，图书馆、博物院、印刷所等全被打造成上海第一的建筑，尤其就天文台，以科学的传道向朝廷效劳的曾经的传道者前辈们到底是值得进行缅怀的。而且基督教的教难“义和团事件”（1900—1901年），虽然此事使其他地方遭受了迫害，但江南受其影响较少，徐家汇甚至据说没有遭到任何祸害[2]。

关于所属其他地方的资金关系，山田氏如下说：“本天主堂与佛国的天主教、江南传道本部人员的经营有关，把本部放置在此处，与佛本国联系并主要依靠本国及留下来的天主教徒以及有志官民的资金出资或辅助，得以在江苏、安徽两省从事传教活动。属于其管辖监督的在江苏省有九处，在安徽省有十处，皆作为其分院并致力于说教、救济及研究之道，云云。”

现在的组织

我最大的兴趣以及非常需要了解的项目是关于现在的传道组织是怎样存在的。但是我的储备知识太浅，而且当时在短时间内多人一起行动，对于这个题目几乎没有取得满意的结果。况且回国后虽然偶尔碰到能参考的书籍，但大多数部分以法语展示，我个人没有足够的能力很好地解决这个问题。虽然很遗憾，我按照我的见解为基础，并借助参考书中内容，如下记录传道组织的各个情况。

天主堂

三月十二日，那是个刮着强风的日子，我第一次访问了徐家汇。首先映入我眼帘的便是那幢有着十七丈以上的双尖塔，想着它是否会因为这强风而倒

① 《支那研究》第十八号，第39页，小竹氏文。
② 《支那研究》第十八号，山田氏文。

塌。我在双尖塔前院的石头人行道上放置了机器，以仰视角度摄影。拍摄效果当然是感觉要冲破云端的状态。我们看到了走在面前戴着可爱的帽子的法国水兵、桥边上的铁丝网以及外形犹如大炮的天文台望楼等，加上当日的强风天气，而且周围的灰色瓦砾房屋很压抑，衬托着整个气氛非常诡异。我进入天主堂后却发现内部的氛围和外面截然不同，各式各样的玻璃以及我自身储备的知识完全隔绝了外部不安的气氛。哥特式弓形门犹如把头部吸到屋顶，微微摇曳的烛光照耀了塑像、绘画，来礼拜的人们悄然无声，来往都听不到鞋子在地上的摩擦声，与其说外部压抑的氛围，就连附近有个嘈杂的弄堂都暂时被忘却了。

以上便是我的第一印象。当然这是第一次访问，也可能评价过高了。然而我还是感受到了和上海不一样的氛围，犹如晃动双尖塔的强风般向着四周扩散。于是我对徐家汇的兴趣在此突然产生了。

与其说是我的兴趣中心，此徐家汇的信仰中心，即群楼的中心为有着高高的双尖塔——此天主堂。根据《纪略》，此天主堂于光绪二十二年（1896 年）开工建造并于宣统二年（1910 年）九月二十日竣工落成。道光二十七年（1847 年）南格禄建立天主堂，现在称为旧堂，被作为徐汇公学的小堂所使用。新堂钟楼高十七丈，堂高八丈，宽九丈，中间宽十丈，深二十五丈，可容纳二千五百人的堂内有十九座祭台，每日行礼拜。

此为名副其实的徐家汇全体的大天主堂，公学、圣母院、土山湾寺等各自拥有礼拜堂，偶尔举办礼拜活动。我还看到在校学生在教师的带领下来此大天主堂参拜，忘记问他们是否每天来此礼拜。学生们的步伐没有孩子们特有的吵闹，或许是他们把孩子活泼的一面封锁在了黑色的制服里，其姿态平和安静。

耶稣会修院

此为江南传道的中央机关，同时也是最高研究所。我没有到访。根据《纪略》，道光二十四年（1844 年），南格禄在青浦的横塘创立建设。但此处为不健康之地，导致许多教士患病，南格禄为了计划迁移场所，道光二十七年（1847 年）在徐家汇购买土地并建了新院，并于七月三十一日移居到了徐家汇。于是耶稣会在中国传道本部的“因”便产生了。《在支那的基督教传道史》中以及 Cooling 著《支那百科辞典》中提到徐家汇的土地曾经为徐光启寄赠所成立，但根据《徐汇纪略》中却写到“购买所得基地一处”。《纪略》并未记录徐家汇的土地是否被一部分购买而不断扩大，我把《纪略》作为介绍书对其进行详解。

咸丰十年（1860）移至肇嘉浜的东边。此处西洋建筑物逐渐增加时至今日，其内部被分为以下三部分。

司铎住室。

大学院。只向中国人修士传授哲学、神学及各种文学。哲学三年、神学四年，毕业后全部升为铎品。

初学院。修业二年，有中国人及各外国人，其中，中国人及法国人居多，如一家人一样亲密。

修道院

此亦为传道士修业场所，分为大修院和小修院。我也没有参观此处。虽然我也很想到访，但或许信徒以外的人无法进入。《纪略》上是如下说明的。

大修院和小修院一样，场所有时迁移。我在《沿革》部分已经提起过，此处省略。迁移到徐家汇后，起初在徐汇公学的老头门内部，于民国十七年（1928 年）在土山湾之北新建，民国十八年十一月一日落成。其正东有南京区主教公署、神哲班教师住院。

大修院专授修生被分为神学、哲学的两部分，后者两年，前者四年毕业，毕业后升为铎品。

小修院有时并入大修院，有时并入徐汇公学，光参考《纪略》并不能完全了解，也被称为主心修院，培养效力于耶稣圣心并成为主保的人。

藏书楼

三月十四日，在黄氏的介绍下来到藏书楼拜访了徐宗泽，在他的介绍下对此附属事业巡行查看了一番。对着前几天拜访过的天主堂，右手边有一处小的出入口，我等着他从这里出来。然而这个出入口作为著名的图书馆的入口实在太小。

过了一会儿，《圣教杂志》主编的他非常客气地向我介绍了馆内情况。此小门内有住宅、博物馆及图书馆等，卫兵的场所也被使用了一部分。望去第一眼，便看到了宽阔的草坪。草坪前有两座大洋楼。右手边有旧堂等多座楼，但我没有被带领参观，因此不知道到底有些什么。

徐宗泽在藏书楼工作照

我被带到了正面建筑物的左手方。其内部有一座木造红漆剥落的老楼。从外观来看，此为著名的，也是我的目的地之一的藏书楼（图书馆），实在让人失望。此楼没有任何参考意义。我带着这样的想法跟着徐氏走在洋楼一侧的石头路上。

“请看一看这边吧”，好像是黄氏对着我这么说了一句。因此徐氏带领我来到了正面建筑物的走廊。看上去不是太有吸引力，应该是传道纪念馆之类的地方。此建筑叫什么名字我并不知道。虽然我想仔细看，但徐氏赶着往前走，没有办法充分地了解。我想大概是以各种方法展示有关耶稣会传道的沿革、现状、配置等的场所。

我记得走廊上挂着几年的照片以及几年的人们状态的照片、表以及统计一二。房间似一种谈话室的摆设。可能也是因为传道研究的关系，没有被允许进入里面。带着遗憾，我被带领至藏书楼。和外部一样，内部的样式以及楼梯等其他作为建筑物过于简单。我对其能保存至今甚至感到不可思议。唯一使我惊讶的是，如字面上“楼被压得皱皱巴巴”一样，书被收藏得密密麻麻，而且都为贵重书籍。甚至这些书被随意地摆放，也没有为了方便取阅而使用目录、卡片等近代的整理方法。

我问徐氏："是否有目录？"他递给了我一大本用笔记录得非常长的台帖。当然我对内容是无法读懂的。一开始部分的墨水很淡，字迹无法辨认，甚至没有人可以读懂。

我问道："是否有印刷版本？"答道："无"。

以上为使我无法忘却的内容，黄氏说："天主堂的藏书楼不对外开放，只向一部分读者开放。有许多精品书籍，不对外开放非常可惜。"作为书店的外交部长，这一说很有道理，没有印刷版本的"目录"也就解释得通了。

藏书楼的楼上有一处可以观望到大天主堂以及其他设施的走廊。也有类似读书室的地方。现在就有一位会士边走边思考着。也许这就是流传下来的做派吧。我在走廊的一处角落放上相机拍摄了外部哥特式的风景。与十二日截然相反，今天是个难得的好天气，双尖塔上挂着薄薄的云。

可以从过去的足迹看到，耶稣会士进行过科学研究。最初以北京为中心收集了各种文献，由于十八世纪的弹压，十六、十七世纪末的收集遭到了损失。即，今日我们所见的贵重文献皆是一八四二年以来，再次来到中国的耶稣会士所努力收集的结果。他们把文化事业中心移至徐家汇，同时也可以看作是上海成为中国文化的要地之一。此藏书楼的轮廓在一八四七年教师从青浦的横塘迁移到徐家汇之时已经成立，其后在此收集到的书籍约达二十万册以上。书籍分为上下两层收藏，楼上收藏西洋书籍，楼下收藏中文书。

西洋书籍多为古书，贵重书籍被杂乱得摆放，其场景前所未见。古书大部分为希腊语、拉丁语、法语、英语及德语书籍，也有多部葡萄牙语著作。在各国出版的百科辞典非常齐全，也有按科分类的著作者名录。卡片及书簿也有编辑，介绍书上写着"西书物八万册"。也许我是外来者的原因，可能没有注意到目录。

中文书籍被摆放在百架上。每架有共十二格，可见其藏书量之大。藏书内容为以廉价收购的中国还未得到关注之时的府县地志等以及各省有名的碑帖等，实有先见之明。据黄氏说"没有哪家图书馆拥有这么齐全的地志"，过了几天我在北京见到陈垣的时候也听说他"从徐家汇借过资料"。无论如何其内在不似外表，十分优秀。虽然是题外话，中国的图书馆中收集地志最多的是商务印书馆的东方图书馆，然而我访问后因上海事变而消亡，藏书楼的地位变得愈加重要。

言归正传，根据介绍书四库全书目录按照经史子丛集分成五部，有书本簿和卡片。卡片上写有著书名、书名、分类的三种，很不幸的是我并未见到。还有其他各省府厅州县志的目录，也分为书本和卡片两种。此类书有约十二万册，另有志书一千七百余部（地方志不在此内）。还有古钱琳琅等使考古家眼前一亮的东西，叹为观止。

另外需要特此一笔的是，此藏书楼的书籍不是指徐家汇的全体藏书，耶稣会会士院、天文台、徐汇公学、徐汇大小修院以及徐汇师范也各有图书馆，尤其天文台的图书馆十分贵重（参考其项），收藏有约八万册中西书籍，因此徐家汇的藏书数量大约有三十万册。

徐汇公学

我在上海的学校部分做了说明，因此在这里只作大概略述。三月十四日午饭后，我去了徐汇公学，在徐宗泽与张家树校长的介绍下参观。徐汇公学洋名 Ignatius College，于道光十三年（1850 年）成立，从历史上来说该校在徐家汇占有重要地位。此校的沿革：当时江南处于大饥荒时期，徐家汇附近的人们把无能力养育的孩子送到了天主堂。耶稣会士看到被送来的孩子们中间有可塑之才，因此创办了徐汇公学。

在校长的带领下，我把学校从头到尾看了个遍。教室、食堂、寝室等皆在校内，走廊上挂有历史照片，想必学校是进行历史教育的。老校舍为光绪四年（1878 年）的建筑，而西式三层建筑（后增一层）的新校舍在其北侧，为民国七年（1918 年）的建筑。如今大礼堂、课堂（教室）、卧室、饭厅、病房等一应俱全。此学校由中学与附属高级小学组成，原则上为寄宿制学校，分为上院、中院、下院。上院与下院为教内生，中院为教外生，一般不仅授课中文，还授课拉丁文、法文与英文。另外还教科学，毕业后可与震旦大学或外国的大学取得联系。此学校的历史已达八十年，从这里出身的名人很多，在一般禁止宗教教育的中国却有着优秀的地位。

1929 年徐汇公学竞走比赛场景

徐汇师范与类思小学

这两处我都没去拜访，因为讲到学校了，此处顺便一提。徐汇师范由潘秋麓司铎发起，于民国九年（1920 年）开始，民国十四年开校。接受三年的学习以及一年的实习后，并通过（1）笔试（2）试教（3）口试（4）学生课卷的评改的四阶段者可被授予小学教师资格。

类思小学于民国三年（1914）开校，培养进入徐汇公学和徐汇师范的人才。

震旦大学

一九〇三年创立，以徐汇老天文台为校舍开校。一九〇八年校舍迁移至上海卢家湾法租界。通常被称为 Aurora University 或 Universite d'Aurora，为上海罗马天主教的最高学府之一。现开设有法政科、工程科与医学科三科。一九二七年增设了文学专科，一九二八年举办了二十五周年纪念活动。由于场所原因，徐家汇博物院的大部分也转移到这里，被称为韩德博物院（Muss é e-Heude）。以上虽然是耶稣会的介绍，该校曾经引起过学校骚动而休校了一段时间。虽然悲剧地最终成为了复旦大学的前身，此处省略。

天文台

此天文台面向大天主堂的右侧，有法国水兵卫兵。我当时对天文台没产生兴趣，因此没有特地参观。然而时至今日却非常后悔没有参观。

说起耶稣会在中国的传道史，首先不得不提到此天体观测与历法算定。今天此天文台在本部。此天文台作为上海闻名遐迩的场所在世界上也占有重要一席，我竟然不假思索地以为科学大体与宗教传道没什么直接关系，并且无视了其历史存在而理论上过早地判断没必要参观。回国后此遗憾没有减弱。事实上，自明以来南京北极阁的踪迹与此天文台比较发现，此天文台继承了遗业，也是科学传道的最好标本。为了标本反而把他们的事业弄成容易向中国人叙述的点有很多。其实对于现今禁止宗教教育与排斥外国的中国来说，天文台的确是不同寻常的。

此处于同治十二年（1873 年）有了天文台，由法国人高镐鼎主张。最初在肇嘉浜。经历了数次增建后，于光绪二十七年（1901 年）在徐文定墓的东侧落成新台舍，时至今日。然而事实上此处只有地震学、气象学两部，天文学部在佘山（光绪二十六年开设），磁气学部在昆山陆家滨（光绪三十四年开设）设置。每一部都以教会的费用所经营，自一八八四年至今大约五十年间，上海的正午及下午九时的时报由此发射的电波传达，还掌管着播报上海天气，向长江及中国海岸通航的舰船通报气象等任务。天文台正厅的西侧为藏书楼，藏有天文算学等书籍，与欧美各天文台联手，把各出版社赠与的杂志新书等作为参考资料收藏，此外还制作每日的上海气象图、公布并保存。

《纪略》上叙述了其他各事项，传道上本机关所起到的直接影响暂且不说，间接作用是绝不能忽视的。

博物院

作为耶稣会士的科学者传统产物之一，此处也有博物院。根据 Latourette，此博物院和天文台、图书馆、印刷所同样是其传统精神的表现。另外据传为了使更方便地接近中国人，他把有关博物收集起来[①]。根据《纪略》，此处于同治七年（1868 年）由法国人韩伯禄司铎收集，地点位于大天主堂的正东。他精通物理、动植物诸学，并收集珍稀禽兽虫类。之后由柏司铎扩大。另，院中有藏书楼并藏有中西动植物科学的善本，其中不乏价值连城的珍贵旧中文书。每天下午免费对外开放。只要递一张名片即可参观。目前没有足够空间使它扩大，而且收藏量在增加，大部分藏品移管至震旦大学内的韩德博物院，以此纪念博物院的创立者韩伯禄。

圣衣院

圣衣院为最高级别的女子修道院，我没有参观。我甚至连圣衣院是否可以拜访都不清楚。小溪对岸大概是女子部门的地区，但具体位置不详。根据《纪略》，同治六年（1689 年）在王家堂创建，新建的院舍于十三年（1874 年）在土山湾慈云桥东落成，并迁移至此。但会规非常严格，有“虽与家人晤见，亦不得久谈”之规定。其他祈祷、洁斋等比较困难。

圣母院

参观完徐汇公学后，我走过慈佑桥来到了圣母院。入口竟然很小，但进去后看到了比较大的建筑。会说英文的尼姑出来迎接我。她貌似是法国人，因此英语也不是流利。但我反而听得懂。圣母院于同治八年（1869 年）迁移至徐家汇，今天有五十余名 Sisters 和更多的 Teachers 进行以下事业。我大胆地以蹩脚的英文和她说话，因此有一段时间我在同行有了最“厚脸皮”的恶名。

---

① Latourette，Ibid. P340.

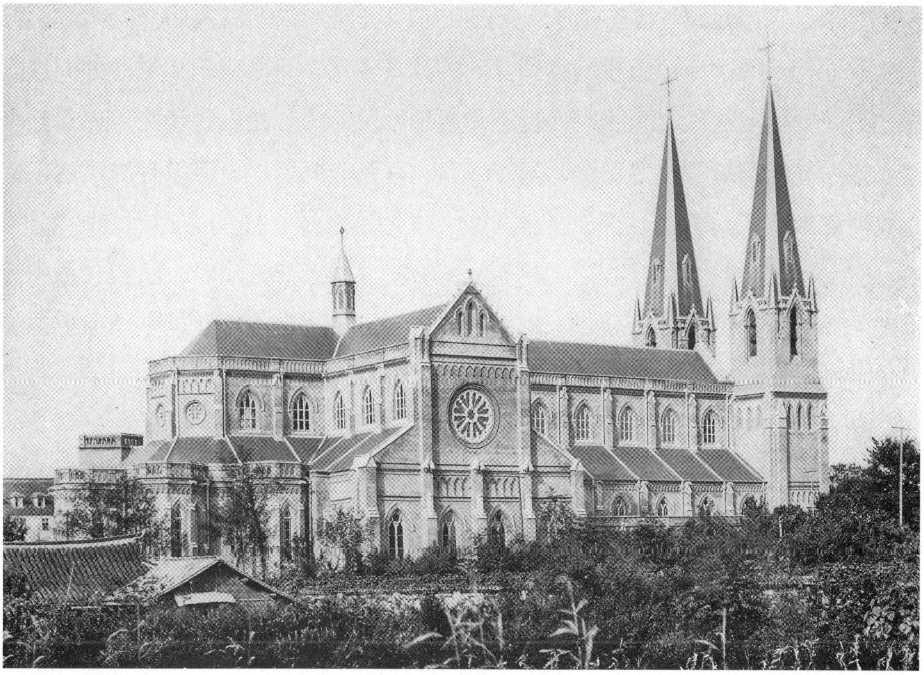

民国初年的徐家汇圣依纳爵大教堂

事业：拯亡会女修院、献堂会女修院、崇德女校、启明女校、聋哑学堂、幼稚园、育婴堂、刺绣所、花边间、裁缝作、浣衣厂等，罗列出来有许多。简言之，女子修道院、女子教育、慈善事业、手职业辅导等四项。我们没有参观修道院和女校的一部分，但大体了解到了其大略。如下分别阐述。

拯亡会女修院：同治六年（1867）创设。为女校的女子教育、手职业的老师、或保姆等的培养场所。接受中国人与外国人。

献堂会女修院：同治八年（1869）创设。只接受中国修女。从事女校教育、育婴堂的管理事务、江南地区的传道。

崇德女校：同治七年（1868）创设。为教内子女寄宿制教育场所，分为初高二级中学及附属高初两级小学。除中文还教英文、法文等。青年后进入女修院。

启明女校：因培养教外女生而创设（1904 有了校名）。有进入震旦大学的学生，逐渐产生优势。

聋哑学堂：一个小女孩在一个保姆在中间玩耍。我们进入后一同向我们行了礼。他们一同排列，让我们感到受到的良好教育。但是我们却觉得他们这副样子很可怜，无法长时间面对。也不知道那位保姆内心在想些什么。还看到一个女人在光线阴暗的地方织线。是位盲人。耳朵能听见，也可以开口讲话，但是见不到太阳。一个会说中文的人问她："你是以什么样的心态生活的"。答道："每天以足够的心态活着"。我们大家听到这句话都眨眼了。纺织车发出很钝的响声边旋转着，盲女动着手脚把断了的线给接上了。也许正是纺织车每天发出的钝音替代了阳光，给她带来了福音吧。

幼稚园：一同还是给我们行了礼。也许这个光景并不少见。

育婴堂：男女孤儿七岁前在这里被女人养大。男孩七岁以后被转到土山湾。女孩继续在这里被传授手职业或被送到学校。毕业后有正规职业的，并允许和土山湾的男人结婚的人出现后，徐家汇的家族不断增加。也就是说，此育婴堂的任务等同于照顾女人的一生。他们生出的孩子也像其父母那样进入此育婴堂，接着又生育她们的孩子。

但这期间有严格的规定，因此没有不良作风。如果本人同意，她可以到上海的街上靠手艺养活自己。也就是说，土山湾出身的人也一样，他们的生活不会有困难。不离开此地的人在徐家汇附近的，受到过培训的工厂工作。时至今日，育婴堂培养了一万一千四百六十余名男女。

其他：刺绣所、花边间、裁缝作、浣衣厂等，有接受许多种类手职的场所。刺绣、裁缝等女人可以做的工作都在教。向育婴堂的孩子教这些。同时这些场所又是工厂，让其出身者工作。制品的第一目的为教会用，在此进行必需的法衣、桌布制作等其他女人手作的工作。有剩余劳动力时为了满足外部需求，也会对外出售产品。也许这是原始的做法。所得收入之后会变成传道所需费用，因此也会大量制造产品。而且他们的产品比时价高出很多。然而，外国人知道此产品所得会用于传道的补贴，因此他们会购买。只是买方的这种想法不知道会持续多久。

我看到在很大的工厂里默默工作的女人。我正在找寻不寻常的事务想作为参考，正巧看到许多产品被优雅地拿出，而我却内心暗淡。相关工厂各栋在制

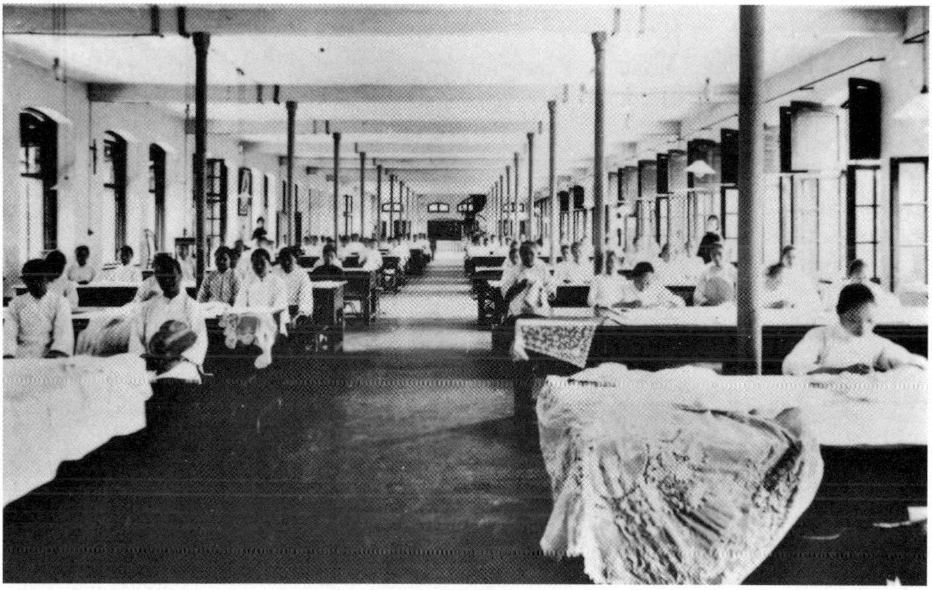

圣母院的绣工场

作圣母玛利亚像，开工完工前必会行礼。这是从孩提时代养成的对信仰的习惯。不行礼拜则心不安。

我离开她们工作的区域站在河沟旁。有时有一位白人尼姑会经过工作区，像老母亲那样和她们说话。尼姑果然也说中文，也许是圣母院出身的吧。

丄 山 湾

土山湾一名是因为把肇嘉浜的堆积起来的土山开辟而得来。面向大天主堂的左面，笔直穿过墙与汇沟的中间到尽头是土山湾育婴堂的入口。我三度访问此处。一次是找书，一次是参观，一次是购买参考物。根据《纪略》，此处寄养七岁以上的教外男孩。成长过程中会送他们进入小学接受教育，并教授他们手职。此经费出自中西教民的捐助，如今收容两千数百名孤儿。教授手艺的年限为六年，其后可另找工作，或留在工厂工作，全按照个人意愿选择。到了适婚年龄也会帮他们选择配偶，婚后男的在土山湾工作，女的在圣母院工作，晚上让他们回家。

进入土山湾的入口左手边是印刷所的事务所，也是销售所。房间似日本的

民国初年土山湾印刷所的石印车间

阴暗的农家纳屋，产品放在二楼这一点也非常相似。在这个房间旁边最深处是机械室，还有组装玻璃加工厂、图案部、金属等彩色制版所等。入口的正面为细长的运动场，其中央为圣母玛利亚像，两侧为慈母堂小学。此学校是贫穷孩子接受教育的或接受手职教育场所。我看到穿着统一款式衣服的孩子们在玩球。

入口右手边有新的慈母堂。于同治五年（1866 年）创设，民国九年（1920 年）遇火灾，民国十五年建立新堂。

看着看着，那些玩球的孩子们不见了，但是他们排成一列进入慈母堂。神的声音持续了一段时间，不久他们在教师的带领下出去了。他们或许会到学校上课，或许去工作。

穿过右边的建筑来到后面便是木工厂。此工厂不加工耶稣像、圣母玛利亚像，而加工桌子等其他木材。另外，陈列室有排列着许多成品。这些成品可能不是卖给中国人而是卖给外国人。有许多产品看着符合外国人的口味。我买了一个有风俗特色的玩偶。天理外国语学校的参考品室有这个玩偶，第三次访问也是为了这个。五金厂有各色金属制品。从烛台到砂糖罐、金属等，被漂亮地镀金而且施加了七宝。也就是说，教会让工厂生产必需品，并用剩余劳动力来应对外部的订单。我们正准备回去的时候，有两个水兵来修鞋。看来教会内部自成体系，可以做任何事。

最后特别引起我注意的是印刷所，看着不像是很好的机械。但是土山湾出版的书籍中有 Varietes Sinologiques 为首的许多出色的书籍。虽说工厂历史悠久，但还是会惊讶于出版社居然能印刷这么珍贵的书。使我更为惊讶的是，我居然买到了此处出版的所有《圣教杂志》。

当我询问："能否买到从创刊以来的杂志？"他们说"说不定能找到"后立刻帮我去寻找了。如果是在日本，除非是学术杂志，否则很难找到旧的杂志。也许他们有时需要旧杂志，因此他们立刻去寻找的举动着实让我惊讶了一把。

以上为根据我所观察到的，并结合《徐汇纪略》的内容所得的概况。山田氏的介绍中有一部分尚未提到的非直接内容，和徐家汇的耶稣会士手中的事业有关，在此作为参考也罗列出来①。

地　　点	事　　　　业
徐家汇	1—5. 略（因有重复）
	6. 月刊《支那加时》发
	7. 月刊《支那旧教神事报告》发行
	8. 施疗院
	9—17. 略
董家渡	1. 教会付属宿舍
	2. 安志院

① 《支那研究》第十八号，第 79—83 页。

（续表）

地　点	事　业
洋泾浜	1. 教会会计事务总括所
	2. 慈善事业受持修道女士的所设立场所：以欧美女子教育为主的学校、教育欧美人或混血儿的孤儿的学校、施疗院。
	3. 佛学小学校
虹口城内	1. 略（因有重复）
	2. 圣芳济学校
	3. 施疗院
	4. 信仰宿泊所
龙家湾	1. 略（因有重复）
	2. 圣玛丽医院
	3. 支那贫民诊疗医院
	4. 施疗院
	5. 施疗院浦东分院
郊区	1. 天文台佘山分所
	2. 天文台昆山药家滨分所
	3. 浦东修道女子宿舍
	4. 孤儿院修养里子保教

结　束　语

虽然徐家汇使我印象十分强烈，但在这部分的叙述实在有许多不满意之处。尤其对十八世纪的状态、经费等我没有进行过任何研究。和不断增强的兴趣相比，我对传道组织的疑问却不断在增强。此组织下面的江南传道现在的结果是什么样的。学校如何，天文台如何，皆不清楚。疑问如影追随，没有尽头。看到如此大规模后产生兴趣而双眼却被蒙蔽，因此有关事项几乎没有考虑到，让我感到羞耻。然而我接触到了天主教的传道总组织的新旧两个形态，对我有着非常大的参考意义。

接下去我的兴趣将是耶稣会士的信条与行动。根据 Cordier“耶稣会正是在中国传道的真正开教者”[①]，他把话说的很绝，但从历史上来看确实如此。然而，如今他们是否还保持着以前的势力和气概不得而知。根据《天主教百科辞典》或《支那百科辞典》，十九世纪后的传道再兴以来，耶稣会不似前世纪那样向全国扩张，而是在传地道进行协定，其结果是以徐家汇为中心的江南传道与南东直属传道被确定为耶稣会的受持（后者本部在巴黎，前者在沙瓦内）。我虽然对他们现在的活动持有兴趣，但没有更多的知识。虽然我知道对此抱有疑问缺乏深思熟虑，但说实话，我是抱着这样的疑问回国了。

回国后只要有人提到上海，我便会向对方告诉有关上海郊外的徐家汇的事情。当然这是出于我对徐家汇的喜欢的直接表现形式，我也同时惊讶于很多人竟然不知道徐家汇的情况。不久的将来，若有时间我将一定再次访问此处。也许不会像第一次到访时那么感兴趣了。而且我能否像之前那样被接待也是个疑问。我会比以前储备更多的知识，带着想再次造访徐家汇的愿望，以结束这篇关于徐家汇的叙述。

原载《从北平到上海》，中山正善著，1934 年养德社出版

① The Jesuits are the true Founders of the missions in China.《天主教百科辞典》第三卷，第672 页。

徐家汇天主堂藏书楼参观记

上海大公报

沪西徐家汇，是明末徐文定公的故乡，也是江南天主教的策源地，那里有教堂、天文台、藏书楼、修道院、学校、工厂、印书馆，及一切宗教的文化的机关，每逢星期假日，许多中外人士，到这个具有西班牙风味的宗教村落，游览参观，或在郊外聚会野餐，或畋猎散步，呼吸田野的新鲜空气。

在徐家汇电车站的尽端，有一个“徐保禄路”，这条路名就是纪念徐文地公的。徐文定公本名光启，保禄是他信仰天主教后所取的领洗圣名。在近代西方书籍中，凡记述徐光启者，都一律称他做徐保禄 Paul Siu。

沿着肇嘉浜路前进，走过一顶桥梁，便是中国的地界，在右手一带土墙里，可以看见一幢两层楼的旧式洋房，这就是上海有名的徐家汇天主教藏书楼。此楼成立于前清道光二十七年（一八四七），已有八十年悠久的历史，是上海最早最大的图书馆。

这藏书楼为天主教中耶稣会士所私有的，平日向不开放，性质和普通的图书馆不同，欲入内参观者，事先须经人介绍，得该楼主任神父许可，才可一饱眼福。现任中国书楼主任为青浦徐宗泽神父。徐神父为徐文地公的后裔，现兼任《圣教杂志》编辑。记者先到天主堂圣教杂志社访问，蒙徐神父殷勤接见，记者说明了来意，他表示很欢迎，便领导记者同到藏书楼去。

我们先走进耶稣会修院门口，经过了一个奇花异卉、芬芳扑鼻的大花园，在草坡的一隅，便是藏书楼的所在。那楼孤立一角，四处都是隙地，楼中电线，都用保险铅皮包里，预防走电失慎。楼分两层，下层为中国图书部，一个很大的广厅，放着高与楼板相平的大书架一百架，每架分十二格，藏着各种精装的线订书本，满目琳琅，目不暇接。书架前，各设一竹梯，预备取阅高处书本之用。书架之外，另有书柜若干，扃藏各省各地有名的碑帖，及许多种的杂书。

据徐神父说，该楼藏书分类，完全照四库全书方法，共分经、史、子、集，及丛书五大部分，图书目录有书本簿，及卡片两种，都照康熙字典字母为次序，以书名的末一个字编成。卡片目录，又分三种：（一）著作人姓名；（二）书名；（三）分类目录。

“贵藏书楼有了近八十年的历史，收书的书本，为数一定很可观吧？”

“单是这里楼下的中国书籍，大约有十二万册，楼上西洋书籍，也大约有八万多册，其余还有十多万册中外书籍，分别藏在耶稣会院、天文台、修道院、徐汇中学、徐汇师范中学、各小图书馆内，合算起来，存书约有三十万册左右。”

“中国书籍中，有不少的海内孤本，及名贵的书本吧？”

“我们所收藏的，大半是注重各省的方志，现在已收藏有志书二千四百多种，其中包括各省县及乡土方志，居全国图书馆第三位。另外编有书目及卡片目录两种，孤本抄本并不很多，抄本中仅限于研究宗教教义的译稿，在楼上西洋书间中，古本很多，大半都有希腊、法、英、德，及拉丁文字。各国出版的著名百科全书，差不多都应有尽有。”

在一处壁上，我看见有两长镜框，里面藏着许多中西古钱及古旧邮票。记者正想摩摸欣赏，徐神父说：“这是前本楼主任张渔珊神父留下来的两种纪念品，可惜我们资力有限，不能继续广为收藏呀。”

将走出藏书楼时，徐神父指点一只小书桌对记者说：“这里是十多年前，名记者戈公振先生著书的地方，他写那本《中国报学史》时，需要参考资料，所以到这里来借抄旧报，现在上海市通志馆，也不时派人来抄借材料，我们平日虽不开放，但是从不拒绝学术家及学术团体的请求，在可能范围之内，我们很愿意和各界做学术研究的合作。”

“不过藏书楼位置在这个隐僻的地方，实在太不方便。”

“是呀，而且我们觉得书楼的建筑太旧了，地位也不很广大，我们也打算拣一个出入便利的适中地点，另外建造一座新式的图书馆，图样早已打好了，不过预算建筑费，至少需洋十万元。希望有热心文化事业的人，大家踊跃代为募集，使这一座古旧的藏书楼，能够变成上海最新式的，而且也是最大的图书馆才好哩。”

原载《圣教杂志》，1936 年

震旦博物院小记

埋葬在色情风味中的上流社会阶级层，大多数是很少上博物馆这一类研究学术的地方的，说穿了讲，能够常常到图书馆去闻闻尝馆看味的人，也能有多少？

有人说过，中国科学不抢步，我说，最少，最少，得改变上海人的生活环境。关于博物院，我知道上海租界上一共有两个，一个是博物院路的博物院，一个是附属于震旦大学的博物院。在沪战以前，上海市政府曾花了很多钱，建筑了一所博物馆，而且举行过一次历代建筑展览会，对古代建筑物的伟大，有过很详细的说明与介绍。

现在，这所博物馆是埋葬在烟火瓦砾中了，这确使人引起无限沧桑之感的。

关于震旦的博物院，以前没有开放的时候，我曾破例去参观过一次，前几天他们举行七十周年纪念典礼，所收集的各种标本，也格外丰富了。

现在仅就各报所没有记载的材料记一点下来：由震旦这所有七十年历史的博物院，我们同时可以看出，宗教学术者，他们在中国所化的精力，的确是惊人的。由创始者韩德神父开始，一直经过雷神父、柏神父、白神父、松神父，到现在负责的郑神父，他们始终不停不息的经过多少艰苦与奋斗，才收成现在这么许多可贵的标本。

这许多神父，他们都专门收集一二种标本，比如雷神父收集的鹿的标本，是远东最丰富的（现在共有标本三千六百七十五种）；创办人韩德神父为了搜集各种标本，差不多环绕了地球七次之多，到现在他又留给中国很多本宝贵的《中国自然历史》著作，这些著作，对中国研究自然科学的，是有着多大的贡献呀。还有白神父，他是专门研究植物的，松神父是专门收集昆虫的。

震旦博物院一共有三层，一层为古物及铜器，这一层我以前参观过。第二层是植物标本及昆虫标本，三楼为昆虫、贝介、鸟类等标本。

昆虫标本中间，没有许多你从来没有看见过的各种各式的虫子、蛱蝶，它们怎样生活，怎样孵化的过程，比如一个细小的竹管中，却是一个小虫最完善的住的处所；一块泥土中间，却是另一种虫子最完好的家庭。这些标本，则是活生生的一步一步把它们的巢穴、变化，标明出来。尤其是许多彩色翅膀的蝴蝶标本，的确亲看见了，这些外表自然界彩色的昆虫类，是值得使人留恋的。在鸟类中间，也更有很多精巧的标本，如一种极小的小鸟，怎样在一个树枝及竹管中间，安置他们的虫窝，它们又怎样化它们的卵蛋。

参观过这所包括有动物、植物、昆虫数十万种标本的震旦博物院，愈加使人感觉自然界的伟大与美丽。

原载《申报》，1939 年

上海之博物院

致　远

书籍所纪载之事事物物，车载斗量，设无实物以资证明，则人类之活动痕迹，只成为纸上之空文，因是而有博物馆之制度，所以辅图书之缺也。上海博物馆之创始，当推天主教法国神甫韩德于清同治六年所创立之徐家汇博物院，其次为皇家亚洲文会北中国支会于同治十三年所创设之上海博物院。上海市政府鉴于博物馆之重要，于民国二十二年秋，动议建设一博物馆于市中心，二十六年正式开幕，上海始有国人市立之博物馆焉。兹将上海之三大博物馆分别述其经过如次。

韩德博物院（震旦博物院）

韩德神甫为一生物学家，于同治六年十二月至沪，见徐家汇天主堂中已略略收藏生物标本，决定加以扩充而成立一博物馆。韩神甫莅沪未久，即赴中国内地考察，而于长江流域，尤加注意。每次返沪必有大量奇异标本携归。为搜集麋鹿，特往西北各地，所得成绩，极为巨大，其《说鹿》一书，已成为世界生物学名著之一矣。光绪九年，始建院舍于徐家汇耶稣会总院之南，贮藏标本，每日午后，准人参观不取游资。当时楼下贮兽类及鱼鸟骨骼，楼上贮甲虫、贝介、兽类之剥制、禽鸟及蛇类。韩神甫主持此院凡三十年，嗣后由柏永年神甫主任后为松梁材神甫主任今为郑璧尔神甫所主持，惟松神甫仍在院中任研究员。

日积月累，标本愈集愈多，旧舍不敷应用，乃于民国十九年兴工，建筑大规模之院舍于震旦大学地址内。院凡三层，每层总长度约为八十公尺，内分陈列室三，以及研究室、试验室、图书室、摄影室等。院舍之南，另辟植物园一所，培植花木，以供研究。民国二十二年冬开放，规定每星期日、一、三、四、五、六各日之下午二时至五时为参观时间，门券二角。今所公开展览者，为第一第二陈列室。第一陈列室中所陈列者为中国古物，此种古物系土山湾育婴堂葛修士所搜集。古物分金属类、玉器类、陶瓦类、及刺绣等物。室之北端陈列崇明谢家镇黄泉口之遗形，最为引人注意。泉口系清顺治举人，卒于康熙十六年。民国六年时，其后裔掘其坟，尸未朽，衣衾如新，夫人林氏亦然。柩为葛修士所得，以木塑泉口像，穿以原有之殓衣，旁置柩中各物。所陈列之刺绣一件，为上海名物顾绣之一种，所谓空绣是也。第二陈列室为生物，如犀熊麁鹿之哺乳类、鸟类、爬虫类、两栖类、鱼类、软体动物类、昆虫均具备。鸟类标本，装置精美，栩栩欲活，昆虫标本亦极考究，盖该馆近正注意昆虫之工作也。植物标本另辟植物专室，共有标本五万件。又该馆所出之各种书籍，极其充实，颇得世界专门学者所钦佩。

上海博物院

上海博物院在公共租界博物院路二十号亚洲文会北中国支会四楼及五楼。该院创立于同治十三年，迄今已六十余年。历任名誉监院，多系博物学家与生物学家，现任名誉监院沙韦佩尤为巨擘。故院中陈列品多为生物标本，虽美术品与古物亦属不少。物品来源及地域，多系属中国，盖该院系以研究中国为对象者也。该院第一任名誉监院为朴来阿，光绪元年十月初七日《申报》曾有新闻记述该院云："泰西各大城池夙有成例，凡在该地方人，必公建一院，将飞禽走兽以及各动物并列于内，以便博物者随时赏玩。如在府城，则将阖郡之物实之；如在都城，则将天下之物实之，名曰博物院。现在旅居上海之西商亦仿效泰西规模，在本埠设立一院，将中国与东洋各物齐集院中，事虽创始，而所罗列者已不少。计属毛虫者，有震泽湖旁之野猪，羽族者，有鹰鹊麻雀等，又有水族中名物，不能殚述。余如螳螂、蚱蜢、蝴蝶之类亦各分其种，各标其名。每一物件系从何处得来，何人相赠，必书明悬贴于上。中外人有往观者，俱不取值也。珍藏羽毛各类，西国向有妙法，虽皮已干枯，而毛可不落。现在此法，华人已得之，且又从外国购到玻璃眼睛，故无论是何异兽珍禽，一经装点，便栩栩然大有生气。凡院内一切，俱系博物之西人所供给。其总理斯事者，即元芳洋行朴来阿君也。”

博物院路，原名系圆明园路，租界市政当局以重视该院之故，乃即改今名。自光绪三年起，工部局并按年捐款补助该院。

上海市博物馆

上海市博物馆之建议，时在民国二十二年之秋。其经费系出自市公债中，划定该馆建筑费为三十万元。其建筑外观与市图书馆相仿，位于图书馆之对面。两馆遥遥相对，适成市政府之左右两翼。二十四年春，该馆筹备会推定一临时董事会董理之。董事长为叶恭绰氏。叶氏素爱好艺术，且善于治理事务，故主持该馆，游刃有余。董事会中决定该馆性质，以艺术历史为主，而历史尤须以上海为中心该馆建筑工程于二十四年双十节告竣。其内部布置，大略如次。

地面层，中央入口处为门厅，宽约十七公尺半，长约十四公尺登楼之梯级及衣帽售品等室附焉。由此向内为大厅，宽约十一公尺半，长约十八公尺。厅中陈列乡贤陆深石刻四大方，壁间悬上海名物顾绣挂幅十二幅，复置二钟，钟能指示上海时间与世界各国时间之对照。大厅内为第一陈列室。厅两旁为廊。两廊均陈列上海各种之文献。廊通前部左右两翼之办公室。左翼突出处为图书馆，右冀突出处为演讲厅。

第二层，中央分两部，前为艺术部，置一大傀儡戏台；后部为历史部，陈列服饰、用具、音乐、刺绣，而历代发结模形，尤引人注意，两廊亦为历史部陈列物。两翼光线最好，则陈列书画磁器铜器陶器，为艺术部集中点。

中央二层前面陈列厅之上有夹层，地面与后半部平屋顶相齐，由此循露天梯级达第四层之门楼。门楼四周亦设平台，以便远眺。大厅之下有地室，为设置锅炉等之用。

民国二十五年四月间，该馆以中国建筑展览会揭幕，参观者人山人海，熙熙攘攘。二十六年一月，该馆正式公开，沪上中外人士前往参观者日数千，市中心区车马不绝于途。七月七日为上海市纪念日，市政府所属机关协力举行各种展览会，以为庆祝。该馆所举行者，为上海文献展览会，出品极精良，且有系统，最为各界所赞美，不图是日即为倭寇制造芦沟桥事变，变动侵华战争之时。不久，“八·一三”上海战事发生，该馆陈列品虽事先迁出若干，然大件如石刻以及各种模形，例如陈列于地面层后厅之老上海三大产业（渔、棉、盐）标本模型等，以搬运不便，悉留置馆内，今则想早已成为劫灰矣。

原载《申报》，1939 年

徐家汇天文台

汤铭和

徐家汇天文台，创设迄今，已经六十五年了。它是远东最早设立的现代科学化的天文台，为什么说是“现代科学化”呢？这是因为在它未设立前，还在十七世纪，在北平已经有天主教传教士利玛窦、汤若望、南怀仁等先后介绍西洋数学和天文到中国，就在明末清初的时期，我国的故都已有观象台的创设了。游过故都的人，大概还能记得故宫博物馆中所陈列的那些仪器吧。

在十九世纪末叶的时候，上海的商埠，渐渐繁荣起来了，进出口船只也多起来了。可是这些船只，常常被飓风所毁。东亚的飓风，的确闹过不少的惨祸，就是近年来飓风仍旧在浩劫着东亚的人类。最近飓风不是在菲列宾又闯过大祸吗？那时上海的万国商会就请求天主教的神甫设立一个观象台来进行预测飓风的工作。

这位神甫，就毅然答应了，但是有一个条件，那就是要让这个将要产生的观象台免费拍发电报，因为一个观象台必须和别的观象台互通生气，互相报告气象记录的。这要求当时就由电报局当局允许。在一八七三年远东最初的现代天文台，就在上海的徐家汇创立。

徐家汇天文台的主要工作是气象报告，历来对于航海界的供献，非常显著，他和五十余个气象报告台（有的在太平洋中，有的是中国沿海的海关报告站，有的是内地的政府报告站，有的是其他国外报告站。）和海洋中的商船，军舰取得密切的联络。每日可以从各处接到二百余个气象报告，并且每天四次将所得的气象情况向外放发。

遇到飓风临近上海的时候，天文台特派神甫到法租界外滩的信号楼守候，预备接见船长并且答复他们的询问。等到飓风到埠的时候，在外滩就可以听到警号的声音。近二十年来，警告可以从无线电传布了。天文台和其他发报告的联络，也利用无线电了，有线电报一天一天的少用了。

在已往五六十年，至少有一千几百次的飓风发现在中国海岸，因了徐家汇的警报工作，不知已经使多少船只免难。军舰、船公司、海员都纷纷向那天文台道谢。要是你到徐家汇天文台去的话，走进屋子，你便会看到墙上挂着一张英国兵舰 H. M. S. Kent 的照片，在照片角上由舰长写着道谢的话。这不过是挂在那里的许多嘉许那天文台的照片中的一张。因为记者特别注意那张，并且把写着字念了一念，所以在这里提出作为一个实例罢了。

徐家汇天文台还进行着计算标准时刻而向外用无线电播发的工作。时刻可以计算到百分之一秒那样准确，每日播送的时候，是正午和晚上九时。在港内的船只，就可以因此纠正船上的时计。

现在那天文台有二架新式的时计仪，藏于温度和气压不变的地窖中，每日的错误，不会超过百分之一秒的，除了作为记时报时的用处外，还作研究之用。国际天文协会（International Astronomical Union）曾经议决，在地球上规定三个地方作为标准时计处，徐家汇天文台，是其中的一处。其余二处，是非洲的亚尔基和美国加州的圣地亚哥，从一九二六年十月起，已经开始工作。电磁和地震、地球电磁学的研究，在东亚也要算徐家汇天文台最早了，因为在上海有电车，对于磁力研究发生困难，所以在一八七七年就费了数天的工夫，把仪器移到菉葭浜。在过去五六十年中，关于地磁变迁记录得很详细。一九二二年中国政府曾经吩咐海关与日本科学家合作调查沿海地磁状况，所用的仪器和技术人员，大都由菉葭浜地学部供给的。

徐家汇天文台还有地震仪器的设备，虽然设立得最晚，但是仪器倒很精妙。有维希式（Wiechert）水平动仪一架，和加里津式（Galltzin）垂直仪器一架，所以徐家汇在世界地震研究中，占有十分重要的位置。已往十余年，最重要的记录，是华北的两次大地震天文的研究。

徐家汇天文台的天文部，是设在离上海十五里的佘山，是在一九〇〇年创设的。台中有一个很大的赤道仪（望远镜），镜长七米，镜头直径是四十公分，这样的望远镜有两个，用平形的装置，一个是拍照用的，一个是用眼睛观望的。

世界上最大的和佘山天文台同式的望远镜，是在美国 Yerkes 地方，那个镜头的直径是一米（39.37 吋），在美国 Mt. Wilson 的望远镜，是现在世界上最大的反射式望远镜，它的镜头是一百吋，现在还在美国建造的一架反射式望远镜的镜头是二百吋，这是将来世界最大的反射式望远镜。

平常对于望远镜有一种错误的观念，那就是说镜头大了，东西就可以放得大些，其实天体的大小，全可由接眼镜片来放大，所以要镜头大的目的，是在使亮度集中。如果亮度不够，随便你放得怎么大，你终看不清楚的。

佘山的望远镜，能把四度光的星增强到十三度光，在已往摄过太阳黑点。照片一万二千张，决定过一万四千个星体的位置，曾经研究一千二百个双星和群星，曾经一百多次计算过木星扰乱其他行星之轨道。这是佘山天文台的大略工作。

记者问下次上海可以见到日蚀是在什么时候，茅神甫答道：是在一九四一年，能见到全蚀的地方，是在汉口和温州之间，上海可以看到十分之九以上的日蚀。

徐家汇天文台，还进行过几次内地探险旅行，曾作过长江上游之行，测绘地图五十四张，决定五十个城市的方位。安南总督也曾请过那天文台去计划设办气象台，中国沿海的灯塔也不时由该台巡视，查察究竟仪器准不准。

徐家汇天文台，由法国教会、法公董局、各船公司等津贴的，在战前中国政府亦出资津贴的。台中一切，由神甫负责。当初罗马教皇把徐家汇教区划为法国教会管理，所以台中的神甫大都法国人，但是现在也有一个意籍神甫。

天文台的第一任主任是 Dechevrens 神甫，第二任是 Chevallier，第三任是 Froc 神甫，第四任，即现任，是 Lejay 神甫。第三任神甫任期最长，共二十五年，他有“飓风之父”（Fatherof typhoons）的称呼，可知他对于预测飓风的供献了。

现任神甫是：主任雁神甫，龙神甫负责气候和地震，现在由茅神甫——即记者所拜访的——代理负责气候和地震，卜神甫负责电磁和时计，常来回于佘山上海之间，因为自从战事以来，菉葭浜的电磁部已经迁往佘山了，卫神甫负责佘山天文台。

自从这次中日战事爆发以来，长江和中国内地的政府气象报告站，都停止工作了，所幸太平洋各站和福州汕头，还继续工作。所以对于飓风预测工作，仍旧没有受到什么影响。据茅神甫说，望望天空的云，已可以预测在二十四小时后本地会不会遇到飓风了。因为内地和中国沿海的各气象报告站，已经全部或大部停止报告，徐家汇对于上海北平间，上海汉口间，和上海广州间的气象，不能准备的预测。幸而现在这三条航空线，都已停止了，所以预测不预测，都没有关系。战争对于徐家汇工作没有直接的影响。

徐家汇天文台创设之后，在二十世纪开元就有青岛天文台的设立。其范围当然相当的狭小。最近在南京的中央气象台是中国设备最完善的天文台，比徐家汇完备得多，现在内部仪器虽已运到内地，但是分散在各处，没有装起来用，这是很可惜的事，因为中央气象台非但在中国占有首位，在世界天文界上亦有相当的地位，虽然成立不久，对于天文方面，已作了不少的研究。

前面已经说过十七世纪时就有西教士把欧洲的天文传入中国，可惜国人没有训练继续西人的人才。两百年后，就有上海徐家汇天文台的创设。

至于天主教为什么对天文，或者说对科学有兴趣？是否有一种特别的奖学制度？那可没有！不过天主教徒觉得研究科学就是追求真知识，根本宗教跟科学没有冲突，而且不能有冲突的。这是他们现在所深信的，因之他们对于科学，有浓厚的兴趣。

茅神甫还说明了一点，徐家汇天文台的目的，是服务人群，并没有什么色彩的，也并不选拣去服务谁。

原载《申报》，1939 年

徐家汇巡礼

凤　举

云淡天高，好一片初冬景象，我约齐了几个朋友到徐家汇去巡礼一番。领导我们去巡礼的，便是老徐家汇的S修士。

修士告诉我们说，徐家汇是明朝徐文定公的故乡，他的子孙世居此地，又因为正当肇嘉浜和法华泾两水的汇流处，所以名叫徐家汇。可是现在肇嘉浜和法华泾都已填平了。这里是上海天主教事业的中心地，值得我们参观一下。

法商二路有轨电车把我们一直送到上海市的西南角。我们下车向南走不上几步，右手有一座大门，那便是徐汇中学的前门，里面有一条很长的甬道，很是幽静，我们进去吧！

在我们的左边，有一堵短墙，里面有一座四层楼的大洋房，那就是耶稣会的神学院，是全中国耶稣会修士攻读神学的地方，也是现今全中国唯一的能授神学学位的学府。S修士说，里面功课很紧张，不必去惊动了，我们向前走吧。

穿过了一道门，我们已进到徐汇中学里了。好苍翠的松柏呀！好平坦的柏油路呀！这所学校创办到现在已经有九十七年了。新校舍是四层楼的大红房子，极其巍峨壮丽。老校舍是在南面，也是四层楼。大礼堂、教室、卧室、饭厅、病房、运动场，应有尽有，真是一座规模宏大、设备完善的中学。S修士说，今年的学生人数是一千二百多名。

我们将到耶稣会总院里去看看吧。它就在徐汇中学的隔壁，也是四层楼的建筑，这里是上海教区耶稣会士的中心点。S修士说，在三楼的西面，便是圣心报社和圣体军月刊社，一切通讯和稿件，都是在这里编辑，而后送往土山湾印书馆排印寄发的。东面便是有名的藏书楼，里面所藏的中西文的书籍有二十万册。

出了耶稣会总院南面的大门，便是一个广场，圣依纳爵大教堂便耸立在那里。它的两座钟楼尖顶有十七丈高，堂内可容二千五百人，是上海的第一座大堂。S修士领我们进去拜拜圣体。

名震东亚的徐家汇气象台就在圣堂的南面，屋顶上有一架铜骨制的瞭望塔。塔顶上有四个碗形的东西，日夜不停地转着，那就是赛风机，是记录风度的迟速大小的。台内有各式的仪器，专门测候气象，电告中国沿海长江一带的船只，指明狂风暴雨所在的地点，使他们免遭危险，实在是一个造福人类的机构。

汇师小学在气象台的东面，美丽的校舍，以前原是汇师中校的旧址，可惜现在只有小学，中学已经停办了。

S修士领着我们沿着一条石子路，继续向南进行。左边的肇嘉浜已经填成平地了，右边有一堵短墙，从气象台一直延长到土山湾，墙内便是气象台、小修院、大修院和孤儿工艺院四个不同的机关。

主心小修院院屋，现在已改充备修院，里面有四十多名准备修道的高中生。小修院和母心大修院合并了，是一座气概雄伟的四层大楼，园地也极大。文学班修士三十人，今年起参加震旦大学的文学院。神学哲学班五十人，上海教区之外，又有海门、南京、蚌埠等教区来的。

土山湾孤儿工艺院是在徐家汇的最南端，收养孤苦无依的儿童，供给他们衣食，教他们工艺美术的技能，其中分为木工、五金、图画、照相、印刷等部门，出品精良，销路很广。我们没有来到上海之前，早就知道“土山湾”这名词了。

出了土山湾孤儿院的大门，遇了慈云桥，便是圣衣院。呀！时候不早了，应该回去了。S修士说，“下次我再带你们来继续参观吧！”

1914 年土山湾孤儿工艺院成立五十周年时孤儿的欢庆场面

1914 年土山湾孤儿工艺院成立五十周年时全体成员合影

清末土山湾慈云桥

原载《圣体军月刊》，1948 年

徐家汇再巡礼

凤 举

记得去年十二月的中旬，我们学校里的同学们已经忙得乱哄哄地，预备过圣诞节，搭马槽，但是我们的马槽纸，已经破得不能再用了。自己做吧，又伤工夫又不成样子，最后大家决议每人捐五千元，派几个代表到徐家汇土山湾去买。侥幸得很，我也是代表之一。

提起徐家汇，倒勾起我的心思来。小朋友，本卷第一期你不是看了我的一篇拙作《徐家汇巡礼》吗？可巧那一天时光不早，我们只巡礼了徐家汇的半部，今天有这好机会，我又可作再度的巡礼了。

这次带我们去的，是我们的教练员徐修士，他是徐文定公的后裔，世居在徐家汇，所以当地的一切掌故，他都很熟习。我们这次改乘廿二路公共汽车，到了徐家汇就步行着，往土山湾孤儿工院，在圣物部买了些马槽纸和泥塑的牧童牛羊等物，走出大门，时候还早，我便向徐修士建议说：“请修士带我们往圣衣院和圣母院一带参观吧！”同行的七八个小朋友，也都随声附和。徐修士露出他那副惯见的笑脸，柔和地说：“横竖是顺路，我就带你们去草草参观一下吧！”

过了慈云桥，便是圣衣院的正门，进门向南，是条水泥的甬道，直达圣堂的门前。堂里一切很简单，可是另外有一种幽静。据徐修士说，圣衣会是天主教女修会最高的等级，专务祈祷，会规极其严厉，入院之后，一生不再出来，并且不与外人见面，虽是和家人接见，也不能久谈。半夜里也要起身祈祷。“在这充满着罪恶的上海，实在需要这班纯洁的灵魂，代作赎罪的祭品，来平息天主的义怒啊！”徐修士感叹地说。我们在跨出大门时，心灵也起了异样的感触。

向北沿着新近填平了的肇嘉浜，约摸走了十分钟，便到了圣母院。在传达处，由徐修士向一位戴着黑帽子的姆姆表示了来意，她便欣然地领着我们进去参观。后来我才打听明白，这种戴黑帽子姆姆是拯亡会的修女。她们修会的特别宗旨，是用祈祷善功来拯救炼狱灵魂。

圣母院里的范围很大，我们只能走马看花地参观一个大概。我们先到手工间，那里有好几百个女工，分别担任着刺绣、花边、缝纫、洗衣等工作。她们的刺绣和花边，出品精良，很受人的欢迎，在战前销到欧美各国的不少。我国内地圣堂中所用的祭衣和台布等，很多是这里的出品。据说全中国主教大人们穿的绛色礼服，都是这里一手包办。

接着我们便参观育婴堂，这里男女孤雏，一并收容。男孩满了六七岁的，便送到土山湾孤儿工艺院习艺；女孩便留院学习小学课程，再学习刺绣花边等艺术，从创立到现在，己经收容过二万多名孤儿哩！这真是救不幸孤儿的伟大机构啊！

穿过了育婴堂，我们看见了一座三层楼的大厦，姆姆说，那是献堂会的住院，里面都是中国修女。她们的宗旨，是专任女校教习，襄助传教士。“献堂会”这名对我并不生疏。我幼时在我的故乡——安徽宣城——便认识献堂会的“先生”，老实说，在江南一带的传教区里，献堂会修女可以说是传教士的右臂。

忽然“当当”的钟声响了，几百个服装整齐的女学生，从一座二层楼的校舍里涌了出来，大概是游戏的时间了。原来这里是徐汇女子中学，原名崇德中学，创办到今，也有八九十年的历史了。这里专收教内女生，授以高中教育。在徐汇女子中学的东端，又有一座巍峨的校舍，那是启明女中，专收教外女生，不少名人的闺秀在那里念过书。可是时间不允许我们多逗留，我们匆匆地跨出了圣母院的大门。

在拥挤的公共汽车中，圣依纳爵大教堂的尖顶，在我眼前掠过，我对这古老的，庄严的徐家汇说不出心头的感慨和向往！

原载《圣体军月刊》，1948 年

徐家汇素描

参观戚秀夫养蜂场记

似　兰

十一月四日，午后二时，青年会参观团七十余人，同至徐家汇虹桥路参观养蜂场。当由场主戚秀夫先生招待参观。若养蜂场农场、蜂具制造场等，均不惮一，一群为指示，殊可感也。是场最初创设于极司非而路[①]，首先试养者为中国蜂种及日本歧阜县东武养蜂场之卡尼屋兰种，成绩均不甚佳，嗣即改养意大利蜂种，结果遂非常美满，繁殖甚盛，于是作扩充之计划，择地于徐家汇之虹桥路，即今参观之养蜂场也。

场中地亩极广，蜜源亦富，共养洋种蜂八十余群，其中蜂种约可分六种：混系种、一代杂种、萨意蒲利种、褐黄色意大利种、金黄色意大利种、原系意大利种。以上六种，均经先生数年来苦心培养，业已成效卓著。中有中国蜂种一群，为本年四月间收得者，闻秋季已割蜜三丨斤，其成效亦可想矣。又有养蜂王之小箱数枚，据云能以人工养成蜂王，洵新法也。其余养蜂器具，亦俱属新式巢框，系用美国最风行之蓝格司脱劳斯长框；采蜜分离器有两面转换式及三面固定式之两种，妙在取蜜之后，蜂巢完全无损，依然可以再用，如此不但可省蜂子造巢之工，而且于蜜源发动期中，使蜂可专用力于采蜜，以增加其蜜量法，诚善矣。

闻中国养蜂家，每群至多采蜜三十斤，若以新法养蜂则，每群可采至百斤左右，相差至三倍之多。且场中自蜂场管理以至制造器具，戚先生均事必躬

① 编者注：今万航渡路。

亲，除学生二人相助为理外，并不另雇工人，故费省而事举。此国人之创办实业者所宜取法也。

原载《申报》，1922 年

五洲固本皂厂观访记

海　云

五洲固本皂药厂，在徐家汇谨记路[1]西，开办已久，民十改组。其时有中华兴记香皂厂、亚林药水厂二家，均归并于五洲，遂定今名，同时向农商部注册。其工作与出品，截然分两大部分，一为制皂部，一为制药部。肥皂部分，容积较宏，设备亦繁，请先言之。

此部大别，为香皂、粗皂两种。香皂部之设备，有押出机三部、磨床两部、干燥机一部、打印机四部、切皂机两部。至粗皂部分，设备较多，有方式配料缸四、方溶油缸一、圆式溶油缸二、炼油缸一、甘油缸三、制皂大锅三、小锅二、圆形甘油淋桶六、打印机七，地下有皂脚大池二口、小池五口，此外又有烘房二间。其大锅之容量，可置十吨以上。其油缸高度，至二丈八尺，口径九寸。又有发动大引擎一、冷汽缸一、冷凝机二、磨床二、干燥机一、甘油铁方柜一、甘油热水缸一、泸过车一、刨铁机床一、钻床一（专打机件眼子）、地中油锅二（用以提净皂质），以上皆肥皂部分之设备也。

制皂之原料，则取材于油类六种，碱类二种，及其他杂物四种。油类为牛油、柏油、椰子油、漆油、木油、籽油。碱类则用纯碱、烧碱。此外又杂以食盐、硫酸、石灰、松香各物质。至透明香皂所需原料，则用牛油、椰子油、籽油、酒精、香精、烧碱、五温糖（香港来）等，以较制造通常肥皂，原料大半不同。

药品一部，其房屋设备，有化验室一、制药室一、包装室一。机器方面，

---

① 编者注：今宛平南路。

有浸药圆桶十二、火酒桶二、釉膏磨机一、丸药打光机一、粘粉斗机一、筛粉斗一、截丸器二、压片机一，此普通制药部之设备也。

药部制品，各种丸散饮片、香水、粉蜜，琐碎殆□缕指。其役工多面占室巨者，大别为良丹部、臭药水部、自来血部。良丹部有事务室二、压条机一、新式截丸机一。自来血部有配置室一，多用女工。臭药水部有制造室一，在内工作者四十人，蒸汽锅炉二大口，蒸馏汽机一、蒸水机一、贮水槽二、水锅四（用水汀）、蒸溜锅一、煤膏池一、瓦缸七、大方铁柜六（制碳酸），另有香料室一。

出货统计，除药品外，计香皂出货，每日八箱至十箱；粗皂出货，日五百箱，如开夜工，可增至七百五十箱。房屋分配，制皂占三所，制药二所。工人方面，男工一百五十人，女工一百人。工人月薪，男工自十元至二十元，女工自六元至十四元。上工时间，午前七时至十二时，午后一时至五时。工人分配，皂部三成，药部二成。男工工作，多在运动机器及劳力之任务；女工时间，多消耗于制成纸盒，包装药皂，并料理香水、油蜜等种种化妆品。劳逸不同，工资亦异，职是故也。

厂址三十余亩，地颇宽博，坐落纯属华界。有运货汽车二辆，仆仆于徐家汇及福州路间，奔驰运送。厂务分三部：制造兼工务部、香皂兼化妆品部、化验兼制药部。另设消防一部，由各部主任兼摄，对于香烟火柴之遗屑，非常注意，以免火患。

各部职务分晰极详，如化验制药部，内分丸药、化验、良丹、制剂、木塞、家庭药品、药片、臭水、药库包装、瓶子、批发等各组；香皂化妆品部，内分制皂、化妆品二组，制皂工务部内分制皂男工、女工、记工、香料、机器等各组；此外有工务进货股，则司过镑、收发、稽查、筹办、贮藏、管理用品等；会计书记股，则司记账、出纳、书记、造表、经租记工等。

全厂面积既广，出货亦繁，厂内运货往来，人工尚觉行缓，敷设一轻便铁道，轨路四通，输送灵捷，所有一切机器，均系德国产。

原载《申报》，1925 年

徐家汇

项　珊

徐家汇，在上海一般人的心目中，似乎不会十分注意的吧，至多也同曹家渡、卢家湾一样，知道有这么一个地方罢了。也许有的连徐家汇在上海的哪一角，还不知道呢。

鄙人住在徐家汇，已经有二十多年了，最近因环境的变迁，迁居故乡太仓，而对于徐家汇，却很有些恋恋不舍之情。所以这里我来谈谈我的第二故乡徐家汇的一切。

徐家汇在法租界的西端，公共租界的西南角，相传是前明相国徐文定公光启的故乡。至今徐氏后裔，住在徐家汇的还很多。徐文定公不但是我们中国最先受泰西科学洗礼的一人，所以徐家汇信天主教的，特别的多。现在徐家汇路、贝当路、海格路三路的交叉点，竖着一块路牌，叫做徐保禄场，这就是纪念这位徐文定公的。

徐保禄场南面是蒲肇河。西面是华界，东面是法租界，而北面是海格路，却是公共租界。

蒲肇河里，老是那么停着许多浮家泛宅的江北船，浑浊的河水，显然的表示出这条河在这都市的一角，也受了物质文明的影响，已经不为一般人所重视，而且都认为不需要了。

这里有几所著名的学校，交通大学、复旦附中、徐汇公学、启明女校，我们每当夕阳西下的时候，常常可以看到三五成群的学生，在马路上散步，同时也看到三五成群的女工，拎着饭篮回家。因为这里也有几家著名的工厂，我们日常所用的固本肥皂，它的制造所，五洲固本皂厂，就在这里天轮桥的南堍。

还有大中华橡胶厂、百代公司留声机器厂，也都在这里谨记桥附近。其他还有几家小规模的织布厂，而尤其值得一谈的，却是一种专销洋庄的手工业，这里人叫做“做花边”。徐家汇中产阶级以下的妇女，很多是靠着做花边来增加她的收入的。她们把那十指辛勤所造成的花边，来换取外国人的金钱，这和那班十指上搽着红红的蔻丹，把大好金钱，送给外国人用的摩登女子相较，显然是有上下床之分了。

这里近郊的风景，也非常清幽。霞飞路海格路一带，夹道绿荫中，掩映着一二红楼，这是多么的富有诗意啊。离这里三里之遥，就是龙华古寺，从天轮桥向南，步行十余分钟，就可以望见龙华塔的尖顶，每逢春二三月的时候，徐家汇到龙华这一条路上，红尘紫陌，帽影鞭丝，游人是天天不断的。还有在天主堂旁边的那座天文台，这也是徐家汇所特有的。

每天早上五点钟左右，这里附近的乡人，都把各种的菜蔬，挑到徐保禄场上来。他们有的是用运货卡车，有的用小车或黄包车，把菜蔬车到上海各小菜场去卖。这些卖小菜的人，大概也可分为两种，一种是自种自卖，一种是向种的人贩来卖，他们都把徐保禄场，当作菜蔬运输的总站，也当作菜蔬交易的市场。

这里近两年来新造了不少的房屋，同时也新开了不少的商店，可是多数是在租界一面，那一条横在华界的所谓老街，却依然保存着若干年前的古香古色。

原载《新闻报本埠附刊》，1934 年

徐家汇

凉

徐家汇是属于上海市法华区的，据上海市年鉴民国二十三年的人口统计，有三万六千三百二十七人，蔚然成一大市集。讲起文化史来，徐家汇是最早的西洋文化输入区，在明万历三十六年（公元一六〇八）由徐光启介绍天主教的意大利神父郭居静到上海来传教。于是作为传教工具的西洋文化，就随之而来。至今徐家汇居民信奉天主教的还是很多，我们可以时常看见穿着黑色长衣的教士，像吴友如画报里所示的数十年一成不变的姿态，在沪西的街道上蹀躞着。崇高的天主教堂在建筑上显出他的年高德劭来。

可是越界筑路的地带①，已受了时代文明的洗礼，立体式的高楼，参差地矗立，在柏油路上行驶着汽车和电车，只没有那些舞场咖啡店、按摩院的点缀，连电影院也付之缺如，因之徐家汇还未十足和上海同化，而时常给人称为乡下了。的确，它有着乡下的本来面目，在许多新建筑的间隙里，这几天碧绿的菜正在萌动呢。

徐家汇的晨间和晚间，完全不同的。晨间成了一个临时小菜场，浮滩延长有半里路光景，人行道上也骈列着小食，供给早起人的果腹，除掉最普通的大饼、油条、粢饭、豆浆以外，也有比较贵族化的蟹黄包子、肉汤团之类。要到午牌时分，才陆续收拾还家去。至于菜蔬，当然以田园风味居多，所以可称绿色之晨市。

到了晚间，街上是很冷静，虽然两旁的店铺还是开着，主顾却不多了，只有交通大学、复旦大学的学生在散步。秋天成了白色和黄色的夜市，西风一

① 编者注：越界筑路是上海公共租界在界外修筑道路，并进而事实上取得了一定行政管辖权的附属于租界的“准租界”区域。

旧时徐家汇街景

起，全成了黑色。

沿徐家汇的两岸，工厂很多，因此卡车常是笨重地梭织般来往，青布短衣的工人，更如蚁般游离在浓绿荫地上，所以在这里不容易见到摩登姑娘和纨绔子弟的，而静的趣味，也足够人领略，在晨曦里，听林间鸟鸣清越，一种似雾非雾似云非云的水蒸气，笼着树梢。煤之臭气，是永远吹不到的。我们早起，用巾儿揿着鼻孔，就可以证明有异于住在这里人所称的上海了。

徐家汇的地价的陡涨，当然可以使乡下人一跃而成小康之家，所以从杂货店的老板那里，可以听到几个乡下人的发迹史。但是还有许多田地闲置着，没有主顾，不能一方一方受营造厂的雕琢，犹之村娃没有一个一个给都市吞去。是同样为了市面不景气，否则徐家汇早已消减了乡村的痕迹了，而字音从舌尖上打滚的标准上海话（这是我的见解）一定不能凝聚在一个区域里了。

原载《新闻报》，1936 年

徐家汇的“衣食住行”

怡怡馆主

徐家汇位于上海之西，在从前是一个乡镇，自从交通发达以后，便一天天的繁荣起来，直到如今，俨然已成为沪西的一个繁盛之区了，现在我把它的“衣食住行”的状况，介绍给读者诸君。

衣

现在徐家汇新旧的绸布庄，已有四家之多，计同益祥、震秦新、震大祥、公大祥；都是布业中之大同行，听说还有新同行几家，正在组织。裁缝店因为布店陆续开出来，便到处皆是，但工价并不怎样便宜，继一件普通的男子夹袍子，须工价二元，女子的夹衣袍，须工价一元半，其它的可想而知了。

食

食在徐家汇，真可以说得应有尽有，尤其是在早晨，菜摊是从镇上的徐保禄场摆起，一直摆到海格路[①]的虹桥路为止，至于点心是“五花八门”，只要你的袋里麦克麦克，差不多要吃一样有一样。其它如茶楼、酒肆、茶店、饭馆、以及南北货店、、糖食店、水果行、西餐社，都有开设，而且都不只一家。

住

在从前房价是很低廉的，一楼一底的石库房子，不过月租二十余元，现在

① 编者注：今华山路。

可大不同了，自从“八·一三”之后，闸北南市都遭受了炮火的威胁，唯独这徐家汇，却没有波及，所以一般难民，都把徐家汇看作“世外桃源”，纷纷迁来居住，已有人满之出！因此，一间亭子间，在从前不过月租五元，现在却非月租十余元不可了！它如统楼厢房，更不用说了！

行

至于说到行，以前是只有电车，现在还有公共汽车，电车是从徐家汇头上至四川路桥的“二路”，公共汽车有英商办的“七路”，行驶于近徐家汇的海格路和曹家渡之间，有法商办的“二十二路”，行驶于近徐家汇的贝当路[①]和外洋泾桥之间，交通不可谓不便利。

总之，徐家汇的人口，近年来日见增多，徐家汇的“衣食住行”，便因此而日见进步，日方兴未艾哩！

原载《申报》，1938年

① 编者注：今衡山路。

徐家汇素描

徐进之

徐家汇原为上海县西门外一小镇，晚明相国徐文定公光启之故乡，值法华泾及肇嘉浜两水汇合处，因名曰徐家汇。

徐家汇因徐文定之子孙世居其地，文定公为信仰天主教者，流风所被，故该地居民十之八九为天主教徒，天主教之各种事业，咸以徐家汇为根据地，历史悠久，一切设备类皆完善。现有天主教堂一座，高十七丈，深二十五丈，中阔十丈，可容三千余人建筑之坚实宽大，为全国天主教堂之冠。天文台一座，创自前清同治十二年，光绪廿五年大加扩充，专事测候气象，电告行驶中国沿海一带及长江商轮军舰，指明气象之变化，使能欲加防备，而免遭不测。今日国内各大日报之测候消息，多得自该台。天文台中管理人员皆天主教司铎任之，现在主任为龙相齐神父，意大利人，该台因历来测候之准确，故名闻世界。

徐汇中学、徐汇师范及附小、启明女校、徐汇女中，皆为天主教教会教育训练之大本营，各校规则颇严明，故一般非天主教民，亦多送子女就学于徐汇中学及启明女校二处者。徐汇中学创自清道光卅年，迄今已有八十余年之历史，为我国中等教育之耆宿。徐汇师范创于民九，徐汇女中始于清同治七年，初名崇德女学，近因立案改今名，以年份计可称国内最早开办之女学校。启明女校创于一九〇四年，为一兼收教内教外女子之中学，执教者皆为女修士。

徐汇藏书楼为明末天主教传教士利玛窦所创置，历年皆由专门人材负责，现由徐若瑟司铎管理，藏书分中西二种，西文多系古本，中文书籍十二万余册，志书二千一百余种，编有各省府厅州县志目录，收藏极富，近闻将建新屋，于落成后改为公开之图书馆，诚然，则亦造福社会之举也。

土山湾工艺馆，为徐家汇教民工作之处，九八老人马相伯先生退居于此，内有美术部、印刷部、五金部、木工部、皮革部、及创办最早之照相制版部，工友三万余，为教会中安插教民之所。

天主教之孤儿院亦附设在土山湾，教育孤儿至相当程度，即择其性之所近者使之学习一种技能，至能自立为止。留馆工作，或自行出外谋生，皆可听其自由。更有女工厂一所，设于圣母院中，专做刺绣、缝衣、洗衣等工作，并附育婴堂一所，男女兼收。其中所有婴儿、女工、女修士等，合计有二千余人，院规严明，院内布置清洁，井井有条，盖慈善事业之卓著成效者也。

天主教在徐家汇与民众有关之设施，已如上述，其他如修道院、女修道院等，皆系教内事，无关外界，故不赘叙。查徐汇一带，地产房屋，十分之八属于教堂所有，俨然形成沪西一特别区域。

徐文定公光启墓，在天文台之西，墓前原碑已失，所有石人、石马、牌坊、华表等物，皆系一九〇三年徐公受天主教洗礼三百周年纪念时所重修，石坊中额刻有“文武元勋”四字，右额题“熙朝元辅”，左题“王佐儒宗”，正中额下题曰“明故光禄大夫太子少保加赠太保礼部尚书兼文渊阁大学士徐文定公墓阙”，共卅二字，作十六行，行二字。又坊联云：“治历明农，百世师经天纬地”“出将入相，一个臣奋武揆文”。

徐家汇妇女，不论老幼，皆善做花边、刺绣等女工，故男子工作于外，而妇女辄能自食其力，且花边等品，类皆行销于欧美各国，每年数量，亦大有可观。

年来社会不景气现象充分显著中，徐家汇一带反见土木大兴，洋场居民，纷纷迁居于此，盖徐家汇虽地居沪西，交通尚称便利，镇上有法商之二路电车，二十二路公共汽车，公共租界之英商十二路公共汽车，三种交通工具，来往不绝。而房租较租界每幢约少一半。因接近农家，居民食品取给便利，菜蔬鱼鲜，俱价廉物美，日常开支亦较之租界中心可节省多多，毋怪市民之趋之若鹜也。

原载《中华（上海）》，1937 年

交大生活素描

云　城

生活本是随着个人的性情、嗜好、习惯、环境，时时变动的。八九百人同在一个学校里读书，环境可说是一样；但因个人性情、嗜好、习惯，很不一样，所以各人的生活自然不同。不过我想人们所要知道的是交大的总生活，不是每个同学的生活，所以我现在所写的交大生活，也是交大的总生活。至于教职员的、茶房的、厨房的生活，恐怕不能“和盘托出”了。

古人说人生于世，免不了三件要事——衣、食、住。现在的世界，人生变得更复杂了，又加入了行。交大学生既是人，自然脱不了这四项要素。然而学生是学生，更离不了读书、运动、娱乐。所以交大的生活可分衣、食、住、行、读书、运动、娱乐七项来讲。

（一）衣——交大的学生军，仍有“一线生机”，所以制服是有的，但可惜平常不大穿呵。因为这样，交大的服装，可说是五花八门。论帽子，有军帽、便帽、瓜皮帽、French Cap 和红白的小 Columbia 帽。论衣服，有中国长衫、时髦洋装、sweater jacket，Pu null-over ……文武东西，应有尽有，但，穿洋装裤而外罩中国长衫的，较占多数。所以交大的衣服是朴素的；但因“时势所趋”，不能不洋其装而西其服，可是这样也不见得是要阔，不过到上海“找朋友去”比较像样点吧了。论鞋子，则自一块钱一双的皮鞋，到十块钱一双的皮鞋都找得见，但前一种似乎“销声匿迹”了。袜子呢，除了密斯们那些白的、粉红的、肉色的，“有目共睹”，其余的，多数藏诸洋裤，不得而知了。

（二）食——古人说的好，“饮食男女，人之大欲存焉”。所以讲到吃的一方面，实在大有可观了。交大是以吃著名的，你看吃的机关，除了厨房，每日三餐，可以另自点菜而外，在校内的还有消费社；在校外的还有瑞昌、华洋、申江、适中楼等十多家，校门外还有许多水果摊、汤圆担、馄饨担、花生米担……那位水果店老板陈发记，竟因此腰缠万贯，买地皮，造房子呢。照这样看来，你对于交大的吃的，大约可以明了了。

吃饭的时间，除了早上吃粥，午饭在十二点钟，晚饭在六点钟。饭铃没响，饭厅门口，已站满了“大嚼之徒”；门一开，踉踉跄跄，更形拥挤，不一忽，已是“高朋满座”。八人一桌，四荤三素一汤，大家虎视眈眈，施展平生绝技，勺箸齐下，真是风卷残云，不到十分钟样样都要碗底“朝天”了。用饭时，一方面既要手快嘴快，别方面还要谈话，耳朵既要听人说话，眼睛又要留心搬菜的那位茶房，真是五官并用了。不过我们却很讲究“家法”，每人都要用卫生筷——每人要用两双筷，一双用以取菜，一双用以送菜入口。——并且小菜是要吃光了一盘，才能开第二盘的；你若像“花和尚”那样“洒家不管”，就要有“滚蛋”的危险了。

如果要把饭厅的生活分析起来，就有各种的派别：

（甲）老爷派——这样一派抱定“食不言”的主义，每饭都不说话，无论捣乱派闹到怎样，他们老夫子尽是不管。他们吃饭是很 gentle 的，所以吃得很慢，吃完了，站起来就走。

（乙）加菜派——这一派都是“大嚼之徒”，也可说是“享乐主义”者。一桌八个人，菜虽也有八样；可是有名无实；样数多，可吃的少。一碗红烧肉，白菜底，上面八片薄肉，天都飞的上去。一盘炒蛋，吃起来，一块块多是面粉。午饭时间局促，勉强地过去；夜饭怎好再勉强？经过了一天的工作，筋疲力尽，夜饭不把油加足，晚上怎能温书？自然不得不加菜了。

（丙）捣乱派——这一派多是平常的“吵客”。大吵大笑，毫没顾忌，拍桌子，敲碗碟，吵厨役，除此以外，还喜欢用筷子来交战。

除掉几位“经济博士”外，差不多没有人不“小吃的”。你看冬天的早粥，吃的真是寥若晨星，原来两三碗稀薄的粥，怎敌得过冬天的暖被窝。好在迟些起来，炒面馄饨，随叫随到，谁高兴一早起来领薄粥的情呢？四点钟后，更是小吃的好机会。校门口小店里的老板，眼看着成群结队的主顾，说笑着光临他的铺子，自然殷勤招待，夸说：青豆怎样新鲜，黄鱼怎样肥美……学生听得有劲，便吩咐炒几盘面，再烧几样小菜。店伙自然诺诺连声。不一会热腾腾的面呀，菜呀，摆满了一桌。他们“君子当仁不让”，个个都像狼吞虎咽般往嘴里送了。晚上到了，又只见许多同学，向门外走，有的是一个人急急忙忙的走；有的是三五成群，谈谈笑笑的。无论一人数人，总是因为馄饨摊大驾已到，又想吃个淋漓痛快呢。

（三）住——讲到住的一方面，在上海无论哪一个大学，它的宿舍，再没有我们的“执信西斋”这样美备了了。执信西斋那U座形的粉红房子，是多么美丽呵：一派粉红色的墙，围护着黑色的瓦；而那马蹄形的长弄整天点着电灯，衬着那嫩黄色的墙，白色的天蓬，淡绿色的纱窗，赭红色的地板与窗台，褐色的书桌和书架，椅子和茶几，更有那嵌着镜子的衣柜，低低的铁床，雪白的被单，使你看了是说不出如何的美丽，只是觉得悦目赞美。

像这样美备的卧室，每房仅住两人。第一层和第二层，各有冲水马桶和盥洗室；冲水马桶自然没有气味，所以想守秘密的同学，大可坐在里面读读 love letter，盥洗室里冷热水都用自来水管，从早上六点开到夜里九点，沕浴便当极了。说到浴室的生活，真是别有洞天。到了那儿，所以梦寐求之的模特儿，都一丝不挂了，赤条条的，很 fresh 的，展开在你的眼帘了。无怪乎初来的同学，往往忸怩徘徊，有点难为情呢。然而这里的浴室，还有壁隔着，不像体育馆里全“没遮拦”，弄的臂与臂相接，面与面相对，那真不好意思呢。浴室也可以说是变相的 Glee club：某君来一个 solo，或唱一曲《妹妹我爱你》……，某君或哼两句“想起了，当年事……”是不愁无和的，而且照例是有人叫 encore 的。

至于宿舍里的生活，又是千变万化了，有的同学拿宿舍作书房，每天除了上堂听讲外，总是做在宿舍里读书，有时夜里还点洋蜡烛，拼命“开夜车”。有的同学拿宿舍当旅馆，有课上讲堂，无课到图书馆或体育馆；有的简直坐在房间里开谈话会。的确，宿舍中最重要的工作，便是谈话。这班同学平时虽也有什么演讲会、研究社，其实倒没有这谈话会来的自由无拘束，要讲什么，就讲什么。本来谈话的范围很大，而学生所谈的，更是无所不谈。他们的谈话，是包含着人生哲学、恋爱哲学、性学、电影学……以及一切的学问。他们所逞的口才，真是值得令人骇怕，即使一般大学教授或天才的文学家旁听时，也会叹出一口气，承认自己是不及他们的渊博。这种谈话，有时继续至数小时，有时简直用烛光代替了电光；人家睡了，他们还是什么“美呀！”“爱呀！”闹个不休，简直把功课的麻烦，一概都丢在脑后。有时还买些零碎小食，做他们谈话的 Agent。口干了，各人进一杯清水，再振作精神。果壳狼藉，桌椅纵横，桌上只剩几张花生米和西瓜子的包纸了。有人提议散会，多数赞成，一阵子走出果壳满地的房间，各自寻找“乌托邦”去了。

宿舍中，脱不了一张床。在床上，同学们有可“别出心裁”了。关于床上的东西，枕最神秘，所以到了人家宿舍里，千万不要翻看人家的枕头，因为那底下也许有□□，翻出来“交关弗好意思”。

总之，在宿舍中，有他们的“洞天福地”，有我们的“埃田乐园”。

（四）行——讲到行的一方面，便捷极了。从前有学校“到上海去”，只有法界的二路电车，现在又有了公共汽车。假如有了四五个同志，那么可以叫一部 ford。

（五）读书——交大的功课，是有名硬碰碰的。无论你怎样聪明，对于每周三四十点钟的功课，还有一两次的小考，无数的口试，和两个的实验报告或几百页的 Assignment，不能不相当用功的。用功的程度，很不一致，分析起来，大致有三派：

（甲）老爷派——这一派可说是书虫。他们对于课本特别注意，就是一字一句，也不愿放松，除了应看的参考书外，别的书一概不看。开会是照例不到，对于公共事务，更是漠不关心。一天到晚，只知“摇铃上课，下课自修”。日常所到的地方，不是课堂，便是图书馆；运动场上，轻易不会光降。大考小考临头，尤其寝食不安；熄灯后，还点了洋蜡烛，度其夜车生活，甚至和书本 kiss，还不肯罢休呢。

（乙）浪漫派——这一派可说是 enjoy 朋友。它的分子很是复杂：公子少爷既有，球场健儿也有，天才艺术家也有；他们虽非全不读书，但要紧的功课，还是享乐；露骨点说，就是“拆烂污”。

（丙）普通派——这一派是要占大部分的。他们抱定工作的时候工作，游玩的时候游玩的主义。他们书也读，但不很读；运动也运动，但不很运动；他们的功夫；虽不能说确有心得，但也足以应用。

我们上课，每天自上午八点钟起，至下午七点钟止，一共七个钟头。幸好在这七个钟头里面，间有一两个钟头是空课。遇着空课，实在开心，因为可以随心所欲，或预备下一个钟点的功课，或消遣在运动场上，说也奇怪，一样上五十分钟的课，有时觉得光阴过去很快，有时觉得非常之慢。原因是遇着高明的教授们，很能引起学生听讲的注意力，讲解既然明白，说活又复滑稽突梯，使人听了好像“刘姥姥初入大观园”一样的有趣；有时听未终局，还恨退课钟响呢。反过来说，遇着催眠大家，那就糟了，学生既不能“闻所欲闻”，便见也等于不见了。听众有的“鸦雀无声”专心致志地，细看《楼头的烦恼》《诗与散文》一类的东西；有的你摸我一下，我扭你一下的，就好像在那联系柔软体操；有的简直害着“单相思”，歪着脑袋，和那“颜如玉”kiss呢。有的实在倦了，心里想怎么还不下堂呵，摸出表来看，还有五分钟。歇了一回，再摸出表来一看，还有四分四十九秒。等不及了，于是乎“陈胜发难”；用两只脚在地板上实行起义了。

四点钟到了，有到大操场，或体育馆运动去；有在宿舍里预备教员的Assignment，或做report，有的到图书馆去寻译各种书报。晚上图书馆的生意更兴隆了：研究课外书的，预备参考书的，做札记的，查公式定律的，大有人在。遇着参考书太少时，开馆的时间还没到，主顾们三五成群，已经挤的水泄不通，待乎铃声一响，则蜂拥而入，手快的先把书借到，阿木林空叹口气。

大考一到，又是一番景象了。各种娱乐几乎一律停止，看报也只能看专电，不像平常那样专看“这个男人和那个女人”的本埠新闻了，至于头上的发，身上的垢，也特别的长，特别的多，老虎灶可说是无形的减工，剪发处也门可罗雀；徐汇商况，除洋蜡烛特别畅销外，其余面馆、馄饨担，家家冷淡了。大考期间，还是我们那位全校的太上师——图书馆忙些。那时它不但是老爷们书虫派的洞天福地，即极少数之球场健儿，翩翩公子，平日耻学“记姓名”的，也会光临。假如你高兴的话，不妨去赏光一下。哈，那真妙了：有伸纸疾书的，有并肩细语的，有闭目深思的，有愁眉皱面的，有隐几而卧的，有用手指挖鼻孔的……形形色色，比看大世界还妙。至于那些来不及预备的同学，又怕考不及格，真“弹琵琶”，只好在电灯熄后，拿起洋灯，加足马力来开夜车。

（六）运动——一年由春到冬，气候不同，运动种类亦因之而变，开春时篮球时季，随后就是田径赛；入夏是棒球、游泳；秋季开学是网球，其次是越野赛跑，随后是最紧要的足球了。

四点钟后，那些绿油油的大操场上，运动场中，总是东一簇，西一簇，那些在草上散步的人，总得留心些，不然，标枪落在头上，铁饼打着身上，不是好玩的。对于足球，我们尤有遗传上的乐趣，你看那黄蓝健儿，一来一往，忽南忽北，好像潮水一样涌动着，而那个“青天白日”也似可搬动的太阳，在湖头上飘来飘去，煞是好看；假如蓬的一声打破了鬼门关，那么，作壁上观的同学，是会大声叫好的。有时还要提起嗓子喊“Give three cheers to Mr……”呢。同时那体育馆传来的几声，也隐约可闻。到了体育馆，篮球房的杀声更加震耳。那红青白甲的健儿，跑来跑去的脚步声，恰如惊蛰春雷，忽南忽北，此外还听得拉铁坠的，摇浆的，在跑圈练跑的种种声音和那“Pass！”“Pass！”的喊声，混在一起，真是有声有色了。

一到夏天游泳池又忙起来了，那些水鬼在水面上浮来浮去，真是如鱼得水，跳出种种花样，使人咋舌，拍掌叫好。至于那些初出茅庐的朋友，多坐在上游的石阶上，间或顺着石阶溜下水，在浅处踢水，或沿池挣扎，游时人到声至，浪花纷飞。除此之外，有时捣乱派冷不妨地将站在池边的某人，推下水去了，引得人们哈哈大笑。

（七）娱乐——我们每年是照例有两个欢狂节：一个是十月十日的国庆纪念，一个是四月八日的本校成立纪念。那时大家都欢聚一堂，真是兴高采烈，而那灿烂耀目的电灯牌楼，和悬绕全校的椭圆形小纸灯笼，点缀得似锦锈世界。那天，京剧社是照例登台彩排，而技击部也有一番国术表演，非特校中“子弟兵”得献身手，即国术名流，亦惠然肯来，引得毕业老同学，携眷偕友，重游旧地。徐汇西施也娉娉进来享受四五个钟头的乐趣呢。

除了这两个狂欢节外，还有些美化的同学，更组织了各种社——文艺社、美术社、南洋影社、南洋歌社、京剧社、新剧社……既可谈什么三角四角恋爱，曲线直线美，又可拉拉梵亚铃，哼两句《空城计》，其美的生活当非一般未闻是道的同学所可了解。至于一班“党国要人”，比如服务于各种学会的同学，每天免不掉的大事，就是开会；还有“手无缚鸡之力，胸怀锦绣之才”的老爷，“悬颈锥股，目不窥园”，就不得不放弃娱乐了，然而他们是以工作当娱乐的。

礼拜六到了，大家忙着擦皮鞋、穿洋服。有的鬼鬼祟祟去找“绯洋伞”；有的高高兴商量看电影：哪一个买票，哪一个叫汽车，哪一个担任请夜饭，分配妥洽，再看一看报纸，大家说“大光明”好，于是浩浩向大光明去了。

有《论语》为证，子曰：假而时放之，不亦悦乎？有朋请看电影，不亦乐乎？人不知，鬼不觉，不亦秘密乎？学子曰：吾三日省吾身，司丹康涂得匀乎？西式衣裤穿整齐乎？皮鞋亮乎？……

对于那二三十位女同学的生活，小子恰如“苍蝇钻鸡蛋，无缝可入”，只得搁笔了。

现在引苏东坡的庐山诗，聊以解嘲，并作此文之结束：“横看成岭侧成峰，远近高低各不同。不识庐山真面目，只缘身在此山中。”

原载《十日谈》，1934 年

上海一角：谨记桥

旦　君

谨记桥，在上海住久的人，大约都该知道，虽则僻处偏郊，却是去龙华的要隘。这与打浦桥——所谓学校区——有相同的好处。这是纯粹的工场区。虽则也有学堂，一支前在吴淞，被日本帝国主义在“一·二八”几下炮火赶在这里的学堂——中国公学。但是翘得起大姆指的，还要算工厂的。

真的，在这里学堂是只一支，而工厂却有好几家。几家工厂都有悠长的历史，除美亚九厂是新造房子而外，那些，其他的几家工厂，只要看了它那老朽的房式，已就知道它在这里，是如何根深蒂固的了。

靠北，是洋大人的领域，向南才是咱们中国自己的地方。界在洋大人领域与中国自己土地的中间，是一条不上丈阔的河，徐家汇河。这河，是一条非常之脏的河，臭的河，恶浊的河，乌糟的河。没有清泉，没有流水，已是荒芜不修的河。要是在大暑天，站在桥上立定半个钟头，包管回家你患上一场脑疯病，虎列拉，去招呼医院发财。

但中间虽不好，朝南望，却有青茵一片的麦田，有绿树，有红花，有荷锄的农夫，有提篮的少妇，有牧牛的小孩，有匆遽的行人，是十足自国的风光，是十足自然伟大的境地。可恨，我这天因有事在身，未克细细地将此情景开怀浏览，实是此行的缺憾！

漫步在南边——洋大人的领域地方，有广阔而平坦地柏油马路，有新建时式房舍和店家。书铺、洋货店、酱园、菜馆、杂货店，可说各样俱全，和热闹的租界中心区市街，没有两样。所不同者，在近处无十数层高耸的巨厦，和马路上没有摩登小姐与夫贵家公子行走而已。

真的，这里是工厂区，是生产人材的萃所。没有十足富贯的买办阶级，没有大摇大摆的绅士架子，没有游闲者的白相人，没有要爷要娘的小姐和公子哥儿。有的是工人、男工、女工，一群群，一队队，一团团，一堆堆，连结在生产的场合，为各自谋夺生存权能而战斗着。

战斗着，辛勤的人们，劳苦的人们，是真能生产的人们，我祝福你吧！真的，我虔敬地祝福你吧！

我也祝福那朝南此时青茵的大地，在都市工业迅速繁荣之下，不数年后，有本国新兴起来的实业者，能将它建造和此刻靠北地段——洋大人的领域内一样兴盛，一样繁荣起来，多荟萃一群我所敬爱而愿虔诚祝福的人们。

原载《新上海》，1934 年

徐家汇一瞥

苑　陵

自从华北战事发生，上海战事还在酝酿的时候，有许多人以为上海的租界是安乐窝，所以住在内地的人们便拼命搬到上海的租界来。然而，自从上海的战事发生以后，先有大世界流弹炸死四五百人的惨剧，继有先施公司炸弹死伤六七百人的惨事发生，于是所谓安乐窝的租界，顿时变成了危险的地域。因此住在上海的人们，便又拼命的搬到内地去。这一去一来，表示出民众对于战争的慌乱。

徐家汇的河浜，平时是无家可归的流浪船聚集的所在，也是粪船集中的处所。平时这儿有的是污浊发臭的水，无衣无食的人们。现在，它却成了上海的人们逃亡内地的码头，也正有如黄浦江码头一样，不但是有华贵的人们，还有千万种的离情别意。战争将徐家汇河浜繁荣了，也将徐家汇河浜高贵了，这是徐家汇河浜本身梦想也梦想不到的事实。

徐家汇河浜是上海人逃亡内地的大码头，因此，我日前特去作了一次巡礼。

到徐家汇的路上，经过无数次的麻烦，沿途也看了各样的景象。到了徐家汇，空气十分紧张。人们都聚集在河浜的沿岸上，河浜内的水发出像腐尸一般的臭味，人们是慌张的，杂乱的，就好像飞机飞在头上，炸弹立刻就要掉下的一样。用迅速方法离开这个危险的所在是这一些人的唯一的目的，可是，在徐家河浜内只有一条死的臭水，与几条破烂装粪的小船。人们只得望着河浜的死水焦灼。

一会儿，一条小船靠岸了，人们便蜂摊的跑上前去，“先下手为强！”谁的力气大谁就占先，一条小船挤得满满地，只等无法再站人的时候，方才开船。在船上的人深庆自己的幸运，在岸上的人只得深深的叹息。

这些船都是开到松江一带去的。在平时，船夫是装粪往农村里去，过的是痛苦的生活，闻的是难闻的臭味，谁知上海战事发生以后，因为逃难的人太多，倒造成了粪船船夫的幸运。我曾经问过一个船夫："你们的生意不错吗？"他笑嘻嘻的说："还好还好。不过逃难的人太多了，我们忙不过来，每日从松江到上海来往两趟呢。"同时，每一个人的船资又是漫五标准的，每个人起码要得一二元，由此，可见他们收入的可观了。

我见着这一批逃难的人们，远闻隆隆的炮声。中国到处烽火了，除了往前冲以外，我们逃到什么地方去呢？

我见着这一般可怜的人们，我不敢说出这一句话来。

原载《大公报临时晚刊》，1937 年

徐家汇浜畔

上海，原是包含着不少渡着黑暗面生活的棚户和“平民窟”的居住者。以前，在香烟桥、太阳厨，以及沪西的枫林桥谨记路一带，都是那些下层市民居处的集中点。“八·一三”的战争，炮火和炸弹，把这些都市的“陋居”都卷灭了，千万的“贫民窟”居住者，一部分在战争中消失了他们的生命，幸存的亦已被骗入了街头和流落在难民收容所里。

战争把上海大批的平民窟卷灭了，同时战争又造成了不少新的“平民窟”，那些因战争而形成的“窟”居者，他们的环境和遭遇，显然更是艰苦和悲惨了。

沪西徐家汇路尽头处的徐家汇浜畔一个广阔的广场上，那儿在坟堆累累遍地瓦砾上面，现在无形中已变成了这里新的“贫民窟”集中点之一了。徐家汇浜是法租界与南市龙华区的分界线，当上海战事正激烈的时候，那地方是炮火弹片的重要威胁点。战事停息之后，浜西法租界马路旁的铁丝网犹在，而对岸的一切，已是完全变样了。

据记者的调查，在那瓦砾场上栖居的“难民”，总数不下有一百多人。其中一部分是昔日徐汇浜中的船户，当战争进行的时节，他们抛弃了船只登岸去逃难。战争完了，船户们回去找寻他们赖以为生的船只的时候，有的是失踪了，有的已是被毁坏了。失掉了船的船家们，已无法再继续渡他们水上的生活。于是，一部分的船家，在无可奈何的情形之下，他们不得不实行“抢水登陆”，把他们在炮火下剩余的破船搬上岸来，搭成了他暂栖的居处。

除掉徐汇浜里登陆的船户之外，那儿亦包括有失业的工人，和沪南区一带毁了家的难民，他们有的在泥地挖成一个浅浅的窟窿，用细竹竿做成柱子，上面盖上一块薄薄的席片，亦有仅仅是利用起伏不平的坟墩，斜斜地搁上一块碎烂的松板，遮不了雨，挡不住风，生活在这样“陋居”里的人们，有的是单身汉，亦有的竟是包括了五口的小小家庭。其中有一个过去是居住在枫林桥附近的农民，据他说，他的农田和房子，由隔浜远远的望过去，还可以很清楚看得见。然而，现在已被插上别国国旗的军人占住着，无法回归自己的老家去。他一家四口，难民收容所亦不容易进去，所以只有勉强在这里苟安一下。但是附近的巡捕已几次来干涉过，叫他们搬走，可是，他们再没有什么去处了。

旧时徐家汇河

原载《大美晚报晨刊》，1938 年

别了，徐家汇！

毓 琛

因生活的激荡，激荡投向你怀里来，现在又要漂泊到不知何处去！前途茫茫，人世冷漠！

在这过去的短短三个月，你给我些什么？天没亮，我就被旁边的纺织厂的机器声震醒，我挟了两本书走向那田野，偷偷摸摸的找到一块平整的地方开始做呼吸运动，你那清新的朝气把我衣服的四角，皮鞋的缝隙里都塞满了，我是整个的沐浴于你的□态惺惺之中，我是兴奋的，我高声念起了我的书。我这样不止一次，天天如此！那树上的麻雀是哪次不是听我聒噪醒了的。有些工厂的放气哨好像是看见我在这里念书，不是也直着喉咙呼呜！就是那般白昼劳苦了的农夫们也好像是被我闹醒的，这一切的一切的声音都是我先带头的，我是做了一切音籁的先锋！

你这里，什么东西也用不着愁，尤甚是合宜于我这失业的人的居留！这里有稀饭吃，有油条烧饼馒头吃，代价不到十个铜子我可以得着一顿饱！如果身边多有几个钱的话，也可以到一洞天或者适中楼吃他一个痛快！别了，那卖稀粥的慈祥面孔！别了，那一洞天的胖子，多谢你们给我的客气！

虽然我没有多大的成功，然而这短短的三个月中，我把那蓄怀已久的短篇小说写成了！还写了一篇长篇，和一本诗集。这只有在这机声轧轧的气氛圈中我方始才能一提笔就不致中途废置。天然的，你给了我这小小的亭子间。在别的地方是非眷莫问无保不租，可是在你这里是宽大为怀一视同仁的，你能原谅我这飘零人儿的苦蕴不少！还有古诗古词，我也熟读了几十本之多。

每天的下午，当着烈日侵蚀我这居亭，我会奔向你的林野里藏着，在那树阴溪水的周遭，有时，我徘徊的朗诵，有时，我因疲困遂倒卧于长埂之上！从那枝干叶的空隙里我窥看那白云泛滥的青空。在这里又没有人来扰搅我，我是常常可以安心做要做的事。偶尔有几个小姑娘在溪水里弄些什么，偶尔有几个上田去工作的农夫农妇，但是半点也不妨碍我的。

这是最近的事吧！我常常欢喜到交通大学去阅报去，哪里有的十多份报，集各种报纸之大成。虽然很多次遇见那位戴眼镜留平顶穿白皮鞋的瘦子对我表示不满，幸而他是没有力量赶走我的，那些茶房和大门口的校役，个个暗暗的已经默许了我的不是一个怀人偷窃儿之流！

晚饭之后，照例的我又踯躅于虹桥路上，这条路我总觉得有说不出的幽秘，绿叶的浓翠，路线的曲折，这是最宜于散步的人行道。偏偏那往来的汽车特别多，老是把我趣味挫击了。然而，我是不会走开的，在这条路上我可以看到许多许多的人力车，上面坐的七个八个的刚从工厂散工回家的妙龄女郎。

有时，你那天主教堂的钟声又把我吸引到玄冥的路上，我看看那美丽的落霞，看看那长空中飞的孤雁，我望望那双尖直耸入云的教堂的高塔，我望望四遍丛生的野草闲花，我觉得很快意的带着金黄色的光辉回到我的蜗居。我还是听见厂里的机车在那响，我想象到工人们还是在那淌汗赤膊之下努力工作着，然而我一点也不惭愧，我自己也曾做了不少的不事生产的事吧了！

别了，徐家汇，慈祥的，幽绿的，伟大的。我现在又要开始流浪，何处荡？不知！何时再相逢？不知！

原载《民报》，1932 年

土山湾巡礼

处在这都市边线角上的“土山湾”，过去是不为上海人们所注意的。因为它离开这都市的核心是那样的远，而且是那样的偏僻与肮脏。

如今，这“土山湾”已成了特区与南市战区间唯一的交通线，回南市去希望看一看他们破碎了的家庭的人们，每天从早晨到傍晚，像潮水一样去土山湾口波动着。现在的“土山湾”，已成为人们注意的所在了。

坐电车从徐家湾下车，在法华交界处的铁丝栅外，就可看到由土山湾来往拥挤着的人潮的余波。出法租界沿徐家汇浜转入浦西路，这一带是法租界的教会区，那儿包括有五个以上的耶稣堂和天主教堂，而上海唯一的徐家汇天文台，亦就在那里。所以这地段虽然不属法租界，而仍由法方派军警维持着这区域的治安，战时布置的防御物，仍旧历历呈现着。

越上山湾桥，就开始踏泥泞遍地的浦东路。纯泥的路基，一面靠着河浜，路面是那样狭折而凹凸不平，而来往的人又是那样的拥挤匆忙，于是有许多女人和孩子，被推倒泥淖里在打着滚。

循蒲东路向前进，人的拥挤程度是越来越甚。因为快近四点禁止通行的时间了，来的人特别的多，而且每个人手上都提满了零碎的杂件，木桶、铅壶、铺盖、铜器、木材、包袱、菜蔬、席子，往往一个人所能负担的东西，差不多都带上了。每个人涨红着脸，喘着气，在充满着泥浆的路上艰步跋涉着，最可怜的是那些力弱的妇女和孩子们。

到蒲东路的尽头，便是入南市去的界限了，由较远处望去，那儿招展着红白色的“太阳旗”，和黄黑色的“太极图”旗。下面拦街横着沙袋和铁丝网，铁丝网的左右开着两个空档，进来的左面走，出去的右面走。五六个便衣的和

“非武装”的“大道”警察，担任检查的工作，二三个黄衣“军人”以紧张的姿态在旁监督着。进南市去的人们很自由，出来的是被检查得那样周到和精细，一条被褥要翻看上二三次，人身的检查，连裤裆都要摸个遍。在那条界限上进出着的人们，脸上都浮着一种“紧张”的表情。

有十多个被认为有偷窃嫌疑的苦力样的人们，被“军人”反绑着一排跪在铁丝网的前头，有的头上被箍着铁丝，有的头顶上压着沉重的锡罐，有的头顶间被挂着电话机，亦有跪着的腿肚子上绑着各种铁件。据说，这些东西便是被认为是贼物的。跪绑着的人们，有几个恐惧地流着泪，有的企图站立起来向“军人”们辩明他的冤枉，可是在没有时间说话之前，木棍就落在他们的头上。

当徐家汇的教堂当当四响的时候，土山湾口的紧张局面就渐渐的松懈下来。非武装的警察挥着警棒喊着：“明天再来吧！”于是那开着的铁栅口就随着关闭了。

原载《大美晚报晨刊》，1938 年

徐家汇难民区见闻录

沪西徐家天文台一带，战前原由上海市政府管辖，居民大多为教友，手工编织业，甚为发达，“八·一三”淞沪沦为战场，居民始终镇静自持，安居乐业，未尝作易地为良之想，直至国军西撤的那天，扶老携幼，摩肩接踵，投奔上海唯一大教堂——徐家汇教堂，幸有法当局和教会方面极力斡旋的结果，教堂附近一带终于划为难民区，奠定了安全的基础。

难民区的范围

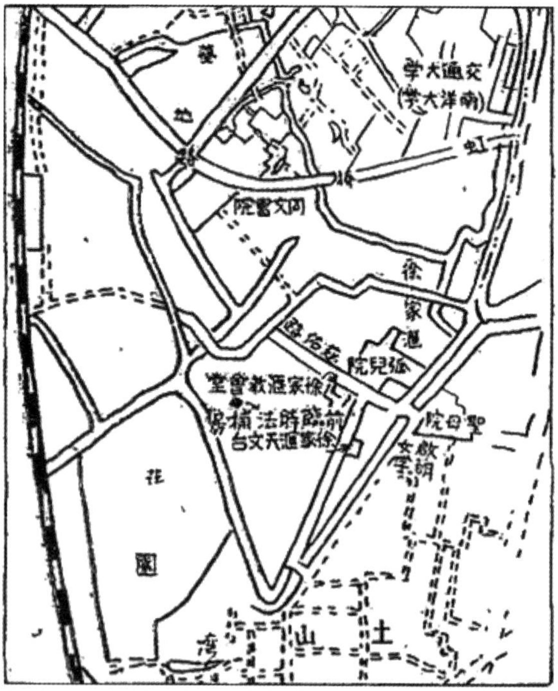

难民区范围起自徐家汇南首土山湾沿铁路线西北，越虹桥路南折经哥伦比亚路而达海格路为止。铁路沿线内有三尺宽度的铁丝网，南首边界，并筑有战壕一道，同文书局东虹桥路南特筑水泥堡垒一座。防务由法担任，警政由法总巡捕房在汇站街，宋家坟山设一临时巡捕房主持，故秩序不久即告恢复，同时两特区正有人满之患，房租空前昂贵，一般中下阶级，不顾路途遥远，纷纷迁往，因为房租约低两三倍，菜蔬肉类以接近产地，也较特区为廉，三年来田野上差不多皆盖起了住屋和小型厂房，俨然成为一个安全区域。

每逢星期日的早上，教堂前面广场倍形热闹，远近教友，都来礼拜，汽车人力车络绎不绝，教堂距法租界不远，自贝当路、海格路底越桥南行折西便达，道旁老树参天，气象庄严幽静，教堂塔尖，高插云表，站立贝当路北端远瞩，即可望见，堂南便是著名的徐家汇天文台、观望台和塔尖对峙，高度相若，台前有钟楼，行人道经这里，大都驻足拨准时表。

铁法捕房迁移了

本月二十三日，适值星期，一般辛勤的人们正打算如何消遣的时候，突然消息传来，谓法捕房要迁移了，居民多因那几天谣传很盛，以为不致成为事实，故仍镇静自若，人心迄未浮动，讵料当日下午三时左右，区内徐镇路、慈作路等处，突然发现日宪兵各以两人为一组，徘徊梭巡，模样似在勘定岗位，此种现象，自该区设置尚属破题儿第一遭，因此居民不免恐慌，便相率雇车，将箱笼器具运入租界，人力车大见有机可乘，白土山湾三角地等处至徐家汇电车站竟索价一二元不等，但搬运货物的车辆，仍前后衔接，拥塞于途！二十四日迁移之风仍炽，下午三时许，徐镇路难民收容所竹篱一圈，被贫民抢劫一空。午夜十二时区内法捕房留驻维持秩序的警员，乃开始作最后撤离。凡经三数小时后，始由日宪兵率“大道”武装警察抵达布岗，虹桥路和贝当路老街等冲要地点，警察增至四五人以上，由日宪兵一人率领，对于来往行人，还没有检查和强制点头的举动，但区内有日宪兵带领“警察”巡逻。慈佑路曾发现露天赌台一只，旋为日宪兵拘去，规模稍大的赌台，闻在寻觅房屋，筹备开张中。二十七日午后二时许，有首批日军百除人游行全区，近日迁移，虽见和缓，但未来局面，演至何种程度谁也不能预料。

原载《大美周报》，1940 年

徐家汇礼赞

费志仁

“经云信德有耳闻，有传有习相须殷。惟明硕徐上梅，揭信光兮扫群氛。耶稣会士载拜言，公真震旦之朝暾。共竖墓前十字石，石弗烂兮矢弗谖。”

上面是丹徒马相伯先生所撰的徐文定公墓前十字记颂，墓在徐家汇天主堂西南，肇嘉浜的北原。墓前原碑已堙失，现在所有的石人、石马、华表及牌坊等，都是光绪二十九年重新立的。同年在墓前另竖石十字碑，上刻“明故少保加赠太保礼部尚书兼文渊阁大学士徐文定公墓前十字记”，碑分六石，每石十二行，每行六字，每字方三寸余，十字记颂，出自马氏手笔，倩娄县张秉彝书楷。碑另刻拉丁文墓志铭，为意大利籍天主教士潘国光所撰，十字颂是译演拉丁文墓志铭的大意，十字记中写明有“取潘国光书旌圹之文，演以为颂”字样。

徐家汇以徐文定公墓而得名，马相老生前骨昭示其弟子云：“因为徐文定公墓在此地，子孙守墓，世居于此，故从明末起，始号‘徐家’，又因肇嘉浜及法华泾二水汇为合流，流入黄浦，故又名为‘汇’。徐文定公的精神遗产，在徐家汇充分保留了好些；上海开教，文定始倡，徐家汇现为上海天主教会的中心地。”

徐家汇洋溢着宗教的色彩和氛围气，在这一个大上海都市的角落里，有不少庄严美妙的建筑和迷人的景物；教堂、学校、天文台、修道院，墙壁龛子里的石像，夹道成荫的老树绿盖，各种古老建筑的每一块砖瓦，都有许多故事可以讲给您听，而且都是娓娓动听的有趣的故事。还有从学校道院窗户间传出来的弦诵歌声，发人深思的教堂钟声，尤其是每时每刻，天文台上发出短音阶调的自鸣钟声，打破徐家汇肃穆寂寥的空气，这些都足以使游览徐家汇的人发生奇异的感觉和深刻的印象。

在十里洋场万丈红尘中住得不耐烦的时候，要找一个清静的地界，要想把您的紧张的神经宽弛一下，最好的去处，莫如到徐家汇去溜达一回。从滚滚泥浆水的黄浦滩边，在金陵路口路跨上前面标明有“徐家汇”字样的法商二路电车；或者向北走上几百步路，在洋泾浜外滩，旧名爱多亚路今名中正东路口，跳上法商二十二路的红色公共汽车；或者在斜桥乘法商二十三路公共汽车；又或者在北火车站搭上公用局的十五路公共汽车；在不到一小时内，你都可以到达最后的站头徐家汇镇。在电车站尽端，有一个广扬，在法租界时代，立有路牌，上面写着“徐保禄路”字样，那是为了纪念徐文定公而题取的路名，保禄是徐光启奉天主教后所取的宗教名号。

在徐家汇镇的南面，原来有一条肇嘉浜，现在早已给垃圾堆满而变成为泥路了，上面点缀有零落的棚户，溽暑时节，发出垃圾臭味，这是徐家汇唯一煞风景的一大缺憾。

走过一顶旱桥，桥底下的水都给垃圾吸干了，靠右手您可以看见用砖砌成的一座墙门，朝门里走进去，一道碎石子的小路，右边原有一条肇嘉浜的支流，如今已变成为徐家汇镇梢的边缘了。左边一道砖墙，墙内是上海天主教耶稣会士的最高学府，名徐家汇神学院，院中研究神学、哲学及文学的修士，各国国籍都有，是一个雏形的联合国的缩图；上海沦陷在日本军队铁蹄下时，这座美轮美奂的神学院，曾一度被辟为所谓“大东亚敌性人民”的集中营。

小路尽处另有一道铁门，门边闪亮的“徐汇中学”四个大字，耀人眼帘。铁斗内有花圃草坪，拐一个弯，有一座四层楼的红砖大厦，这是创立已有九十八年悠长历史的徐汇中学的新校舍。大厦建筑宏敞，内有大礼堂、教室、膳厅、自修室、图书室、仪器室、化验室、学生宿舍、教职员卧室等等，现有学生一千余人。该校在近一世纪中造就人才颇众：早期毕业生中有中国人瑞马相伯和他的胞弟眉叔（《马氏文通》的作者），及《益闻录》《汇报》创办人李问渔等；今国民政府司法行政部长谢冠生氏，南京总主教于斌博士及该校现任校长张伯达等等，均是该校的高材生。

穿过徐汇中学老校舍，可以弯进到耶稣会的会士宿舍。这座大宿舍常年挂着有“女宾止步”和“闲人莫入”的挡驾牌。您若使欲访谒任何哪一位神父，先须经门房通报，而在会客室里等待。只有毗连在东边的藏书楼，您若使获得了藏书楼主任的许可，您可以穿过一个广大的草坪，和一个走廊，而后到达您的目的地了。

藏书楼是一座旧式的二楼洋房，暗藏在修道院花园的一角，这儿实在是红尘飞不到十分清静的地方。楼下是个广大的厅，放着高与楼板相齐的大书架一百架，每架十二格，贮藏各种线订书本，现有中文书籍十二万册，志书二千一百种，分列经史子集丛书五个部份，完全按照四库全书分类。楼上则贮藏西文古书八万余册，大半是希腊、拉丁、法、英、德文的书本，和各国出版的百科全书；连同耶稣会院、天文台、大小修道院、徐汇中学各单位的图书室合并起来，共有中西书籍三十万册左右。该楼平日虽不开放，但是从不拒绝学术家及学术团体的请求，可以入内做参考研究的工作。

走出耶稣会院的正门，有一幢罗马寺院式的建筑，这是徐家汇的老天主堂，建于道光二十七年，现改为徐汇中学附属的小教堂。走出老堂门口，抬头可以望见双塔钟楼高耸入云的天主堂，在徐家汇周围五里以内，都可以远远望见到这二座十七丈高度的尖形钟楼。堂为法国峨特式建筑，穹门窗户的框式，作西瓜子形，堂内宽十丈，深二十五丈，可容信友二千五百余人；中央及两旁，设置大小祭坛十九座，有大小楹柱六十四根，完全是金山石精刻叠成。这座教堂前后经过六年的建筑工程，奠基于光绪三十二年，到宣统二年始行落成典礼。

您若欲参观天主教堂中最庄严的典礼，最好在每年十二月二十四日的半夜时分，这是耶稣圣诞节，徐家汇天主堂在这一夜举行子时弥撒大典，有很庄严而又隆重的场面。

在每年的这一个夜上，徐家汇天主堂里总有二千多个男女教徒，都静穆地跪在木制的跪凳上。中央的金碧辉煌的祭坛上，燃点着六枝一丈多高的白色蜜蜡烛，十几个穿着红长袍短白衣的孩子们，手里提了香烛，执持蜡炬。一个穿锦绣祭衣的长须神父，双手合捧，跟随在童子行列的最后，鱼贯而行，从更衣所走到铺着厚地毡的祭坛前，大风琴发出吼声，耶稣圣诞的半夜弥撒开始举行了。

主祭的神父，用拉丁文朗诵古经新经，唱经楼上，童子歌咏团跟着大风琴，唱出夜莺般的赞美诗歌。二千多个男女教友，沉醉在音乐声浪中，年纪在十岁左右的小弟弟小妹妹们，睁着乌溜溜的眼珠儿，露出天真的微笑，在欣赏祭坛旁边人造假山洞瑞安放着的小耶稣塑像。

乳香冉冉上升，神父举扬耶稣圣体，这是弥撒礼中的最高潮和顶点，传出一阵阵的清脆铃声，两千多个教友都屏绝声气，静默地匍伏下来，恭敬行礼，迎接天主从天下降。

一小时后，男女老小，个个笑容可掬，列队走出神圣庄严的教堂。教堂里顿时复归沉静。在祭坛中央，挂着一盏黯淡如豆的油灯，隐约照现出一尊小耶稣的塑像，身披雪白衣裳，他无声无语地独自躺在马槽里。

外面天文台上，敲出一下悠长的短音阶调的钟声。

在大教堂的正对面，有一垛矮砖墙，内有白墙二楼洋房一幢，今日是天主堂本堂神父的办事处。您们莫轻视这个满目荒凉的小院子，在抗战以前，他是名闻全国天主教区的《圣教杂志》的编辑所旧址；已有八十多年历史的震旦博物院的前身也在此地；最早，这里是蜚声世界徐家汇天文台的旧址，马相伯氏手创的震旦学院，即设在老天文台旁的几间平房中。

今日高矗天空的天文古，位置在大教堂的西面，建于光绪二十七年，这是远东航海界的唯一救命灯塔。台中专司测候气象，经常用无线电报告中国沿海长江一带行驶的轮船，报道飓风及暴雨的方向。世界航海界向该台登记申请通电的，约有近百个单位之多。有卜神父者，在该古及余山气象台服务甚久，二十余年如一日，其精神殊堪令人钦佩。

沿着天文台侧边前行，左手有徐汇师范学校，右手有小修道院，及大修道院，两院都是上海天主教神父的训练研究所，门禁森严，谢绝外人参观。上海教区最高领袖惠主教的私邸，即在大修道院内。

在大修道院的东面马路尽处有一垛墙，上面写着“土山湾”三个大字。土山湾得名的来由，为了以前开浚肇嘉浜时，工人把泥土堆成一阜，积在湾处，当地人便称其地为土山湾了。

土山湾有孤儿工艺院，凡是到徐家汇游览的人，都喜欢到里面去参观。院内有书报发行所，是江南天主教出版事业的一个大本营。有图画馆，分水彩、铅笔、油绘各部，造就美术人才无数，国内名画家徐咏青、张充仁等，都曾在馆中实习，最近附设彩绘玻璃，上海各新型摩登大厦，都纷纷订购装置，取其彩色永不脱褪。另有照相部，承制铜锌玻璃等版，中国书画界好采用的柯罗版印刷，最先第一个出品者即属该部。另有木工部，雕制人像器具；五金部，精制钟盘仪器，各种出品，获有各国工业展览会颁奖颇多，琳琅满目，美不胜收。在院内工作者，都是从成年的优秀孤儿中甄别选取出来的。

民国初年土山湾画馆的学生正在临摹石膏像

1912年4月，土山湾画馆掌门人刘必振修士和画馆新、老学生合影于龙华百步桥，中坐撑手杖着长衫者即为70寿翁刘必振，旁边拿帽者为安敬斋，刘德斋左为张璜，安敬斋右怀疑为范殷儒，后排右一戴圆帽者为其得意门生徐咏青

马相伯氏晚年息影上海徐家汇时，即憩寓土山湾孤儿院中，辄在三楼阳台上，北望徐文定公的墓地，行遥拜礼。徐文定公是三百多年前已故的天主教先贤，他的坟墓仍隆然巍然，雄镇私徐家汇，虽历三世纪的沧海桑变，而幸能不湮灭于荒榛丛草之间，徐文定公可谓有后了。

民国二十二年，上海天主教举行徐文定逝世三百周年时，惠主教在墓前发表的演说中有道样一段话：“我们大家用透视的眼光，透进这个三百年来被丰草土石所掩没的坟墓，看明墓中究是怎样的一位人物，认清了，自然以后常要纪念他了。可是为纪念他，只把他的功德事业，刻在如前面十字架下的石碑上，不够，我们要把他的功德事业刻在我们的心坎里，才算是真的纪念。因为我们受徐文定的恩惠，一书难尽，只看上海一方面，有这座天文台，有多少学堂，多少医院，多少圣堂，谁是这种事业的先声呢？不是徐文定公么？所以饮水思源，我们自当‘中心藏之，何日忘之’的吓！”

一九四八，六，二十日，徐文定公十二世孙徐宗泽神父逝世周年纪念日。

原载《旅行杂志》，1948 年

徐家汇闻人

徐光启传

黄　节

徐光启，字子先，江苏上海人。先世籍中州，高祖竹轩，自姑苏从沪渎；父怀西，母氏钱。光启生而岐嶷挺秀，弱冠补诸生，学为文，钩深抉奇，意无不畅；尝论文谓宜得气之静，理之极，方足传。而生平所学，邃于天文、历算、农政、水利诸端；尤勤于西洋铳器之制，于西士所传天主教之理，奉之逾笃。

初游粤，至韶州，遇西教士郭仰凤，建堂护城河西，与语颇惬洽，见天主像辄顶礼；既而与利玛窦遇于白下，闻利言天地有主宰，万物不能自主，人间祸福皆一主宰掌握之，人负气以活，具形体，秉灵性，形必归灰，而灵性永无泯灭。光启恍然，为低徊者久之。既而又访罗如望于石城，授教籍一卷，竟夕披览逆旅中，奋袂起曰："道在是，我无间然矣。"于是乃从罗受洗礼。加其名曰"保禄"。

光启以明万历廿五年丁酉举顺天乡试第一，又七年成进士，改翰林院庶吉士。当是时东南士大夫，开门讲学，以风节相尚，穹义理之学。辽左多故，□□犯边，边率日以失地闻，西方晰种，通航身毒，涉数万里，以达南海，挟其教宗，思行之吾国，神州宗教学术之变，种族之战争交通，咸隐现于此。

光启朝士，首奉西教，与利玛窦交最密，从其口译著《几何原本》一书，乃大张艺学，其言曰："唐虞之世，自羲和治历，暨司空后稷上虞典乐，五官者非度数不为功，周官六艺，数与居一焉；而五艺者不以度数从事，亦不得工也。师旷之于音，般墨之于械，岂有他缪巧哉，精于用法而已。故尝谓三代而上，为此业者盛，有元元本本，师传曹习之学，而毕丧于祖龙之焰。汉以来多任意揣摩，如盲人射的，虚发无效，或依似形似，如持萤烛象，得首失尾，至于今而此道尽废，有不得不废者矣。自谓不以古学废绝，二千年后，顿获补缀唐虞三代之阙典遗义，其稗益当世，定复不小。”光启慨吾国艺学失传，乃从事西教思窥其象数之学，以救汉宋以来空言论学之失，故尊崇其教曰事天悔罪而已。此皆吾儒书所已言，然光启谓其教可以补儒易佛，独取其绪馀，所谓格物穹理，格物穹理之中，又旁出一门，所谓象数。故光启曰："象数之学，大者为历法为律吕，至其他有形有质之物，有度有数之事无不赖以为用，用之无不尽巧极妙者。”故其叙泰西水法也。谓西方教士于水法之传无吝色而有怍色，深恐此法盛传，天下后世见之，视以为公输墨翟，即非其数万里东来，捐顶踵冒危难，牖世兼善之意。盖阳尊其教，而阴取其象数之学，以为已用，彼教士之传其艺学，如是其慎，光启匪奉教，曷蕲其传，则其对于教宗所以信服而图益者可见已。

辛亥，光启教习内书堂，时利玛窦新殁于京师，教士留京，未奉旨谕；至是欲具疏奏留，而无所藉词，乃以去年十一月朔，日有食之，台监推算失验，而庞迪我等所测若合符节，则促礼部奏请用庞等同译西洋历法，不报。明年，李之藻上言：迪我、三拔，及龙华民、阳玛诺等，洞知历算之学，携有彼国图籍极多，其言天文术数，有我中国昔贤所未及道者，一曰天包地外，地在天中，其体皆园，均以三百六十度算之；二曰地面南北，北极出地高低度数不等；三曰各方所见黄道有高低斜直之异，故其昼夜长短亦各不同；四曰七政行度，各为一重天，层层包裹；五曰列宿在天，另有行度，二万七千余岁一周；六曰五星之天，各有小轮，原俱平行，特为小轮旋转于大轮上下，故人从地面测之，觉有顺逆迟速之异；七曰岁差分秒多寡，各有定算，其差极微，从古不觉；八曰七政诸天中心各与地心不同处所，人从地面望之，觉有盈缩之差；九曰太阴小轮，不但算得迟疾，又且测得高下远近大小之异，交食多寡，非此不确；十曰日月交食，随其出入高低之度，看法不同；十一曰日月交食，人从地面望之，东方先见，西方后见，凡地面差三十度，则时差八刻二十分，而以南北相距二百五十里差一度，东西则视所离赤道以为减差；十二曰日食与合朔不同，凡出地入地之时，近与地平，其差多至八刻，渐近于午，则其差时减少；

十三曰日月食所在之官，每次不同，皆有捷法定理，可以用器转测；十四曰节气当求太阳真度，如春秋分日，乃太阳正当黄赤二道相交之处，不当计日均分。凡此十四事者，臣窃观前此天文历法诸书，皆未论及，而诸臣能备论之，观其制窥天窥日之器，种种精绝。昔年利玛窦最称博览超悟，其学术传，溘先朝露，士论迄今借之。今迪我等须发已白，年龄向衰，失今不图，正恐后无人解，伏乞敕下礼部亟开馆局，首将陪臣迪我等所有历法，照依原文译出成书，其于鼓吹休明，观光成化，不无裨补也。疏入，亦不报。寻光启与迪我制天盘地盘，定时衡天，璇玑玉衡等器，皆时人所未睹者，而廷臣啧有烦言，谓："光启用西士，将为中国忧。"光启托病请假，田于津门，欲兴西北水利，为国家立根本之计，发省东南挽漕百万，而未竟其愿。

丙辰五月，南京礼部侍郎沈潅，疏请驱逐教士。光启上疏争辩，谓其数可以补益王化，左右儒术，救正佛法，累数千言，毅然为彼教保障。八月，沈潅称兵马司拘南京教徒王丰肃等十三人，请旨处断。十二月，又题催请将王丰肃等分别治罪，于是排击彼教者，若山崩钟应，在都教士，不获宁处，密谋地以寄迹。光启驰书家人，力保全之。

丁巳正月，晋左春坊左赞善；四月，以疾乞休，复田津门。于时西蜀被寇，准扬大水，倭寇温州，杭城兵变，土蛮犯辽左，各行省饥馑游臻，□□以七恨告天，收东海沿边部众，陷抚顺城，进至清河堡，神宗以边事急，起杨镐经略辽东，督师出塞败绩。于是京师大震，光启入都，请效西洋法造万年台，不报。已末，迁詹事府少詹事。兼河南道监察御史，奉命总理练军事务。而光启亟留意西洋火器。遣人赴粤，购之葡商，为当事所阻。

熹宗即位，元年辛酉四月，辽沈相继陷于□□，举朝骇皇，不知所出。光启上疏自请以传教往朝鲜，连络岛夷，抚用矿民，以牵□□内顾之虑，与兵部尚书崔景荣议不合，遂辞疾南归。癸亥十月在籍拜礼部侍郎，兼翰林院侍读学士。崇祯元年二月，以原官起用；明年疏请建造铳台，多造铳器，以为御备□□之计，语至激切。于是思陵始令远西诸人，留京任制造教演等事。又未几以台监推算日食复失验，命光启设局修历，采用西法。于是远西之人，为吾国委任治历，权舆于兹矣。

光启痛□祸日亟，复上疏曰："臣窃见东事以来，可以克敌制胜者，独有神威大炮一器而已，一见于宁远之歼敌，再见于京都之固守，三见于涿州之阻截。所以然者，为其及远命中也，所以及远命中者，为其物料真，制作巧，药性猛，法度精也，至彼国之人所以能然者，为其在海外所当敌人，技术相等，彼此求胜故渐进工也。今我既享其利矣，可复如前次令空返乎。诸人之来，感国厚恩，忘身自效，誓欲灭此而后朝食，其忠愤之气，见于词色，廷臣闻且见者，咸共赞叹，以为有此绝技，又若此精忠，必宜尽用其术，而况敌众日多，敌势日深。不一火攻，终无抵御。臣昨见外城守臣，言身至战地，博询土人，言满桂之败，敌亦用火攻，每一骡负二炮，如田单火牛之法，疾赴我营，以致败衄；今又陷永平建昌等处，所得炮位更多，惟尽用西术，乃能胜之。欲尽其术，必造我器尽如彼器，精我法尽如彼法，练我人尽如彼人而后可。"

当时兵备窳败，光启以为必采用西法，制器练兵，而后可以御敌，则又以为中国之人可用，故复陈鼓舞之道，曰："兵书曰，杀敌者怒也，传曰：明耻教战，求杀敌也，今天下之民耻甚矣，怒甚矣，欲用其耻与怒，莫若使之造器以杀敌，其反覆往复而不已者，乃在防备□□；至不得已而欲借用外人，为所以御敌之计。"于是疏请招致葡商来都助战，遂遣教士龙华民、毕方济，奉旨赴粤，纠集善艺四百人，购大炮十门，以教士陆若汉、葡人公沙的西劳，带领北上，方由粤道赣，而狃于外人入内地之禁，言事者奏止之；而公沙的西劳已抵京师，以所携统炮攻敌于宁远涿州，俱获大捷，寻往登莱，以兵力过单，麾下又不用命亡于阵，陆若汉亦受重伤。辛未八月，□□陷大凌河。光启疏陈兵事，时时以虏祸为亟；壬申五月，以礼部尚书兼东阁大学士入阁办事，明年七月，加太子太保，文渊阁大学士；十月，以疾卒于位，赠少保，谥文定。

子骥，字龙与，治阴阳律历兵法农政之学，又殚精火攻诸器，曲尽其妙。孙尔斗晋京，呈光启所著《农政全书》，而光启于肇嘉滨所筑观象台，今犹直立霄汉，环台而处者，有传教堂。

黄史氏曰：予游肇嘉滨，登观象台，望光启墓，怀想者久之。及访其教徒，拜光启像，彼其所颂者，光启传教之力为不可多也。予方诣教堂甫及门，见赫然壁间者，景教流行中国碑，则是西教之东渐，自唐以来矣。宋时有孟特葛非落，建堂北京，奉其教者六千人，迄十万人，其后有波德隆者传教于大江南北；追元季所录教徒至四十万，然顾其教之不昌何也？予闻之彼宗教之书，多为光启润色，毋亦前此之奉其教者，于其教之来不知润色，而有待于光启与？故予谓西教之昌也，始于光启；宋以前，未闻泰西历法；元至正间，始用西域札马鲁丁万年历，其法不传；洪武中叶，太祖命翰林李冲、吴伯宗，及灵台郎海达儿、回回科师马沙赤黑等，译修西域历法，于时设有回回科，及行《西域历法》三卷，犹未知西方气象之学，如是其精微也。自光启设局修历，于是始用西儒，而其所以信任之者，复有制铳一端，亦始于光启。嗟夫！彼教以弭杀为念，而光启之制铳也惟恐其不伤人；彼教之传于人也，在事天悔罪，若象数之学，传之尝有怍心者，独光启所传，则几何、水法、农政诸大端，举不及教中事。

黄史氏曰：光启信人杰矣哉；至其用兵，疾视□□，不惜借外族歼之，以谓彼非吾种也，故借外族歼异种则可，借外族戕同种则不可。

黄史氏曰：近世借外族戕同种，得富贵以去者有之矣。事固有所施同而用心异者，比比是也，呜呼！

原载《国粹学报》，1906年

编者注：本文发表于清光绪三十二年（1906），因避当时忌讳，文中□□疑系“索虏”或“丑虏”两字，□系“虏”字。

古愚龚公小传

海门放眼达观人

公讳柴，号古愚，江苏松江（旧属华亭）人也。幼颖悟绝伦，读书过目成诵，年十四，肄业于蒲西徐汇公学。监理敬庄晁公见公英姿爽迈，落笔成文，语多惊艳，以奇才目之。公于弱冠时，即淡名利，慕真修，进耶稣会缮灵修德，维日孜孜。旋攻哲学及神律学，探奥抉微，多心得。七载毕业，晋学位，登铎品，拥戴席，从游中有自西土来者，于公哲学，不免乎藐视，往往举难题相质，公条记剖解，语语中肯，听者皆动容，众始心服。盖华铎之教授哲学者，自公始。公除哲、神二学外，于科学亦讲求有素，尝著《五洲图考》问世，旁搜博探，考核精详，非学贯夫中西者，安得有此富赡。又精数国语言，闻其自述云，无论辣丁、法文，振笔直书数十万言，无劳思索，其藻思芊绵，洵所谓左右逢源矣。又云，今读外国文学者，或先引伸乎中文，而后会其命意之所在，似此层累曲折，卑不足道。公悟机敏捷于此，可见一斑。公雅好中外学问，而辅助人灵，更如饥如渴，在长上前，再三致意，讲学数年，遂往远方敷教，若嘉（嘉定）宝（宝山），若上（上海）南（南汇），以及南通掘港等处，所过者化。公状貌端严，性刚毅，百折不挠，其所辖之区，狂悖之徒，闻风敛迹，地方因而平靖，又笃于爱人，有告以荆天棘地事者，虽在病中，尝见其整衣危坐，静听毕，或托绅董排解，或以善言抚慰，人咸爱戴之。掘属印姓者，小康家也，身死，遗下三子，长年舞勺，幼未离襁褓，族人觊觎其产，求助于公。公怜之，留养堂中，经理其田产，教诲其敬奉天主，兄弟三人皆成立，公教育之功居多。公好神贫，布衣脱粟，习为常。前清诸生陈某与公订文字交，月必登堂问道，知公深。尝语人云，未识天主教司铎时，以为志在温饱之流，及见公食无肉，衣无文绣，始知司铎之俭朴堪风也。公自奉菲薄，而剏造圣殿，及置殿中陈设，必求华美，非奢俭丰啬悉中礼欤。公持己严密，妇女至前，如对大宾，言笑不苟，其贞操有如此。某素荷公栽植，譬如小木向阳，方冀长叨樾荫。惜乎客秋公回嘉宝任而病没归天矣。人琴已邈，不禁泣下叹欷。爰拉杂追录其大节如此。

原载《圣教杂志》，1915 年

四阅月来底徐景贤先生

徐志超

徐景贤先生，现在已经离开我们汇师，起程到北京求学去了，然而他那副对于本校底诚挚的热情，却深刻在我们脑海中，便是他底容貌体格，也活印在我们想象内，不时可以在心目涌现出来，同学中爱敬先生的，谅亦不乏其人！不过对于先生底来历和志趣，容有不甚明了之处，现在我约略的介绍一下，虽挂一漏百，势所不免，而一瞥之余，或亦能得其梗概，那么我对于先生，也就可以强颜载告无负了！

先生是江西临川人氏，到上海底时候，大在今年四月底某日。先生对于报界言论界底兴味，非常浓厚，所以一到上海便找马公相伯会面，因马公底介绍，得与徐家汇徐宗泽司铎交。

宗泽司铎，是《圣教杂志》社底主笔，同时是徐家汇藏书楼底主任，对于置办各项书籍等事不遗余力，加以这藏书楼有很长久的历史，内容很是完备，我们认为必要的参考材料，应有尽有，至于攸关公教的历史，或文学的书籍，更是不消说了！

先生是朴学派，又富考据癖，从前在北京时，已经是这样的了！先生底宗旨，是要发挥公教文学，不过北京诸藏书楼，只能供给其他材料，对于公教材料，尚付阙如，先生每引以为憾！

这回巧遇“良辰”，那得不要乘这大好机会一偿宿愿？因此便决意留住徐家汇，然而先生并没有和言论界绝缘，且更亲密！请看他底《跋姚大荣先生辨画征录记王石谷与吴渔山绝交事之诬》《再跋》《三跋》（见《时事新报·学灯》，《天主教与天师道》（见《圣教杂志》本年第八期），都是先生在徐家汇藏书楼研究得底作品。

其次陶冶性情的，有《别友》(上)、《别友》(下)、《浮云》、《拟垓下曲》等新体诗，概见诸《时事新报·学灯》上，这是先生底特长处，以前著有一部新诗集，集名叫做《小岛》，是北京某书局出版的，可惜我没眼福不曾拜读。

可是先生非怀才不用者，因与本校汇师毗连故，出入相望，感情极洽，所以情愿抽暇担任本校新文学课，我们同学得了先生底提携策励，委实长进不少！对于本校校务底进行，也尽力贡献，虽至小的事，也不忍缄口。姑举一例，便可想见了！

本校校刊第三期底《谈谈作文的方法》，不是先生编述的吗？这么琐屑的小事，也值得躬亲出面！那么比这事要紧的，又是怎样呢？

暑期到了放假了，先生还在这里，因为我们同学中有几位留校的，就此连累到先生暑假也不遑休息了。每天自早晨八下钟，至九下二刻，都要给我们讲些普通常识，讲题概分教史类、文学类、时事类，而于教史研究，更是特别注意。补苴罅漏，张皇幽眇，真所谓言人所未言发人所未发哩！

先生底教史研究题，分为中国古代宗教观；唐以前天主教传入中国的推测；唐景教研究；元也里可温底产生；明季天主教的盛况（这题可参看同学顺君保泰下期校刊底作品）；清代教案（这题内容又分历法事件、康熙事件、雍正事件、洪杨事件、拳匪事件）；民国现状（特别注意党军由广州出发后到现在圣教所受底影响）。我们几位同学虽不敢说是已得其全豹，但总算对于教史研究略具点常识了！

至于先生底人生观，我因为学浅才疏，不敢妄下批评。先生有一篇新诗，叫做我《在二十一岁的年头》，和先生底人生观很有关系，谨录出来给诸位看，让你们自己去批评罢！

（一）

我在二十一岁的年头，
那扫帚星，白昼见天空；
这儿和那儿，赤的赤绩，

一阵阵的血，地也给染红；
饭碗都得打破再制过，
阿大的牛，李妈的猫，充公。
刚才踏进成人的路上，
世间有这样险又这样凶？

（二）

再想我有了五岁以后，
十五年学的那一点儿错；
小学到大学，受的教育，
一本本的书，都教训了我；
千万别干害人的勾当，
丧了天理，昧了良心。罪过。
既然入了罪恶的社会！
神啊！该怎样干，就怎样做！

（未完）

先生的人生观，我没有资格，不敢谈了，不过四阅月来对汇师尽底许多义务，真应该受我们很诚恳的感谢。我们对于景贤先生底到北京去求学，都感觉很深挚的别意，我们祝他海上平安！求学进步！

可奇者母

（序）

回忆著者暑假中，在徐汇亲见闻的一椿奇迹，因此作此诗歌咏始末。

哲夫徐景贤写于国立北大

（一）

做生活的线放在一面，
经本刚念完也在眼前。
可奇母者，

为我祈祷！

（二）

两个青年分站在后面，
又一老人跪祷这像前，
涕泣之谷的人原可怜，
尤其是我家乡不安全。

原载《徐汇师范校刊》，1927年

于髯在震旦

清　癯

于右任氏之为人所推崇，屡见各报，自表示谢却国府委员之决心，尤系人思，并谓“放浪形骸已久，此后或在山之巅，或在水之涯，将无定踪”，是髯之放弃政治生活，于此可见。近且徜徉山水，到处吟咏，其襟怀之冲和夷犹，不肯与时贤竞一日之短长，而有入林唯恐不密，入山唯恐不深之概，较之逐逐者徒知争食面饕，恍乎远已。余乃回忆二十年前于髯之往事，为人所未知者笔之，傥亦一般心仪其人者所欲闻乎。

髯之来沪，初入徐汇法人所立之震旦学院，时肄业校中之诸生，都四百余人，无一知有髯者。一日，某神父召诸生曰：“尔等学生中，知有一进士乎？”诸生皆茫然莫知所指，某神父亦笑置之而已。后诸生但知有“刘学裕”其人，其文学为一校冠，咸敬仰之。盖髯之赴春闱，在太和殿遍发革命排满传单，事泄，即秘密南下，恐逻者踪迹及之，遂入该校以为逋逃薮焉，故知之者仅某神父一人，舍此固莫识也。

嗣该校以孔圣诞日，不许学生开会纪念，遂一致罢课出校，于爱文义路某号洋房组织事务所，别立复旦学校以抗之。时适李登辉博士由美回国，得其臂助而奔走于各当道，筹划经济，以建新校之基础者，则宝山袁观澜，实躬与其役，而校长者，诸生咸呼之为“马老头”。马老头者，即马相伯氏也，时髯犹以“刘学裕”名著闻于校，诸生皆以学长兄称之。盖校以内髯主之，校以外袁主之，而马则坐享校长之名耳。后由爱文义路迁至吴淞路营公所。时在清光绪三十一年乙巳岁，八月二日，是日余亦随诸同人乘淞沪铁道以往，越日，傍晚天色昏黄，至午夜，大风雨，潮亦暴涨，各地受灾，所有校具浮沉起伏于阶下者，如在巨浸，故至今回忆及之，犹若历历在目也。

在淞校时，余与髯同卧室，朝夕寝处，亦但知其为“刘学裕”，而不知其为今日之髯也，顾见其英伟磊落，非常人而已。一日，见其几上压存一稿，为七律一首，下署“关西汉子”四字，髯固陕西三原县人，知其所作也，后日竟复见之于某报，益心敬之。髯于卧室寝榻下，恒置铁哑铃二，天未明，即起，两手持之，以身起仆，余常被其惊醒，而髯弗顾也。余夕入朝出，唯相与一笑而已，可谓未尝一攀谈也。时在校诸生中有吾邑陈世璋，即今之建设厅长，及总务科长陈仲达君，宝山朱氏乔梓、鹤皋、鹤翔，秀水张菊臣、陈子范，钱塘叶仲裕，山阴邵仲辉（力子），皆为今日知名之士，而仲裕则于清季蹈海而死。然诸君皆与余稔，在校无日不时相存问，独髯余初固不知其人，恐髯今日见余此篇，亦必不能忆及有同卧一室中之区区矣。

后髯离校，接办《神州日报》，得杨笃生（署名寒灰）、王旡生辈为主笔政，陈品臣（世璋）佐译事，而余尝署“季成”投稿刊之，于髯亦不谋一面，迨《民呼》出世，复继以《民吁》，而余亦时为文以应之。时在清宣统元年已酉岁三四月间，后《民立》卷土重来，髯改署“骚心”。自馆屋被火，益大放厥辞，而名气亦于是大震，时则人皆知为“于右任”不畏强御，而不知为复旦之“刘学裕”，迄今思之，煞是好笑。适余及门郑子伯长（正秋）为髯所招，任《丽丽所》剧评，复兼编辑，署名“拜南”，而郑子亦于某报刊一广告约余助其役，余因得以谒髯，而髯始恍然，握手道故，余谓：“今日报上之张禄先生，即昔日校中之范睢耶。”髯乃大笑。髯娴韬钤，故得自张一军，有女史“陈月华”者，湘人也，髯以弟子蓄之，尝授以笔法，书擘窠字，妍丽中具有劲气，识者谓得髯意，髯传月华事，刊于《民立》，连续数日不休，极陈缱绻。后月华知髯回西秦从事军旅，遂亦敛裳入关，此已在二十年以后。恐溢题限，当别为文以述之，娟娟此豸，固不得不附丽尾以传也。

原载《申报》，1928 年

我所知道的吴稚晖先生

退　庵

吴稚晖先生原来的名字叫做眺，敬恒是后来改的，他是无锡人。年幼的时候，是很顽皮淘气的，他带了许多小孩子，跑到城墙旁边，看见有许多缸发，堆得比城墙还要高，他就发一号令下来，谁能爬到顶高的去处，就封他做皇帝，次一层的做左右丞相，不敢爬的只好跪在地上向皇帝老子叩头，但是那班小孩子，都没有勇气，到后来还是吴先生独自一个人爬到顶顶上头，许多小孩子自然跪着向他朝贺，可见他小的时候，就有比别人不同的地方了。

吴先生后来到南洋公学做监学，等到散课的时候，就和学生演讲，常常有几十个学生围着他听，吴先生的精神很好，一讲之后，好比开了话匣，滔滔不绝，就讲上一二个钟点，他也不要喝一点水润润喉咙，学生们越听越有味道，也就不喊脚酸了。

吴先生平时对待学生，是很和善的，从来没有搭过老夫子的架子，但是学生们没有一个不见他害怕，晚上散了课到卧室里去，学生们就要大开谈话会了，一个大卧室里聚集了近百个学生，经不起你一句我一句闲讲起来，声浪之大，比茶馆还要热闹，吴先生听得不耐烦，跑到卧室门口，连咳两三声，学生们好比耗子听见猫叫，一个个捏手捏脚，钻进被窝洞里去了。

阴历八月二十七日，是孔老先生的圣诞，南洋公学就要放假庆祝，大家吃寿面，到了晚上还要挂灯唱戏。照例早上先要谒圣开会，有一回吴先生到讲台上演说，他说道，凡是人的贤愚，都凭着他的头脑，孔夫子能够做到圣贤，就是他脑子生得大的缘故，听说他的脑子比平常人大上好几倍，望过去好比馒头一样，高高的耸起，他的名字叫做兵字，就是凸形，代表他特别脑袋的。

有一天晚上，他跑到学生的自修室里，对学生演讲了，他说天生万物，无不感着太阳光线生长的，诸君不信时，但看向阳的花草，就生得格外茂盛，人类亦是如此，所以男女性交，要在光明之处，那末所生的子女定是聪明活泼。别的不讲，单讲乡间风俗，一吃过了晚饭，马上熄灯安睡，毕竟他们的儿女，还是个笨汉，只会弄柜头，不会弄笔头，这不是个反证么。

吴先生向来是很俭朴的，他在南洋公学的时候，也有三四年光景，但是一件洋蓝呢的马褂，常常看见他穿在身上，从没有见他换过一件新点的衣服，有时要到上海来，来回廿几里路，他终是单身跑来跑去，从来没有坐过一回人力车的。他不坐黄包车的主义，在三十年前，已经实行了。

后来清朝政府知道他是革命党，就下了一道通缉文书，他没有法子，就逃到日本去躲避。他是一位穷读书人，在日本生活，已经是很困难的了，不料上海南洋公学有一位姓金的学生，他一心想到日本去学习陆军，就把他的衣服书籍变卖了，一个人跑到日本去留学，但是他带去的钱很少，连学费都付不出，没有法子，就赶到吴先生那里帮忙，吴先生问明了他的来意，就赞他有志气，有决心，允许他帮助他的学费，但是吴先生自己也苦得要命，就节衣缩食省下钱来去接济他，让姓金的学生安安稳稳在日本读书，吴先生这样热心，真是难能可贵呢。

吴先生从日本又跑到法国去留学，他仍是穷苦得很，所穿一套蹩脚西装，比工人所穿的还要不如，他连学费都付不出来，只好半工半读，把做工赚下来的工资去做他的学费和生活费。他生性欢喜演讲，有一天他跑上演说台演讲，但是他到法国，没有好久，法国的言语都不能讲，他就指手划脚，像哑子唱戏演说了半天，不知如何竟把台下听讲的法国人留住，听得津津有味，一个都没有离开座位走掉的，那也是一桩希奇的事。

原载《申报》，1928 年

我的文学启示者

张若谷

我的国文教师吴石钧先生，是我在法租界天主堂类思两等小学读书时候的教师，我跟他上课，前后差不多有七年的功夫。吴先生是逊清的一位秀才，松江人，一顶已褪变成淡灰色的玄色铜盆呢帽，一年四季地戴在头上，从我第一天进学校直到卒业的时候，他始终保存着没有另外换过新的。他那一副白铜丝边的限镜，也至少有二十年以上的年龄。上嘴唇边的几根稀薄的髭须，与他一副焦黄的牙齿，在现在的我看来或许会发出异样的感想，但是，在那时候，我却一些儿没有生过什么感想，他是有烟瘾的，许多同学们常在背后议论，我却独自很表同情于他，因为他既不喜好穿着，也不看戏嫖赌，也不贪杯恋食，虽然他的年纪已近半百，而也一些不伦懒苟且，每天要上三四个钟点的课程，每星期要改三次三十人左右的学生课卷，他每月收入约只三十元，除了赡养他的家庭之外，留下一些供他个人的过瘾。至于他的有瘾，完全是疗养支持他的衰弱的病体，不像一般有钱人们的以吞吐作为亭乐，所以我真的异常地替他表同情，他也很能知道我对于他的同情，所以颇信任我。记得他每次要支领下月薪水的时候，往往是托我代向校长开口的。在上课背书，作文改卷的种种方面，他尤其是另眼待我。但是在形式外表上，他从来没有明白表示过。实际上，他给我以不少的鼓励与掖进，现在凭我薄弱的记忆，姑且举几件事来证明一番罢。

别的不说，单讲作文一道，那时候我是一个初等与高等小学程度间的学生，对于学校里的功课，像地理、历史、算术、图画……之类，素来是感到枯燥无味的。直到后来入中学，升至大学，犹常如此，史地算术的成绩的分数，总常列于殿后。我所最用功的，只是国文与作文两科，此外，是常常在上别的功课的时候，偷看闲书，有时乘校长监学不在的时候，不时公然地要求教师丢过教本开讲故事。

那时我所读的国文教本，大约与普通初高小学中所授教的相同，没有什么可记述的地方，偷看的闲书，终不出乎像《岳传》《三国志》《封神榜》《西游记》《小五义》《七剑十三侠》一类的石印本旧小说，与当风行一时的杂志像《礼拜六》《红杂志》一类刊物，所倾听于教师的故事，也只是《聊斋志异》《今古奇观》几种笔记，但是作文一道，我的教师吴先生，却有比众不同特殊的地方，应该在这里特别提起一下。

我们在那个学校里的作文科，照例每星期有六个课目，我还记得星期一是做论说，星期二是笔述，星期三是做尺牍，星期四习字，星期五做散作，星期六默书。习字与默书两课比较最容易，而想为一般同年级的学校所相同有者，可不必多说，其余的，却有歧异的地方。譬如，做论说一科，吴先生每次所出拟的题目，除史论及取材于《论说文范》与《论说精华》一类教本之外，有时也偶出几个应时文章的题目。尺牍一课，也没有多少的特殊地方，不过有时改为教作旧诗及对联法。就在这个时期，关于中国旧文学方面，我总算也参看过了两本书，《唐诗三百首》《诗韵合璧》。但是我对于这四种课目，临着了也只是一味地敷衍过去，远不及笔述与散作两课的来得有趣味。

所谓笔述也者，就是听教师口讲或诵读一段小故事，当场用笔记录下来。吴先生当时所讲的材料，说也奇怪，倒不是《聊斋志异》与《今古奇观》，而是林琴南译的《伊索寓言》，这可见得吴先生新思想的一斑。他常说，他很爱看《伊索寓言》，不是为了译者古茂文笔，而是喜欢作者的讽刺，特别是爱那些能作人言，与各具个性，宛然人格化的禽兽昆虫。至于散作是最自由的作文课，课目的意义，就是作散文，对于这一课，吴先生比较地也最觉得有趣，他常拟出许多奇怪特别的题目，有时竟敢把市井上的俚言成谚，像“那摩温”“哭笑不出”“敲脚炉盖”……一类的句子，写在黑板上做课题目，那时候上海还没有小报的出版，真亏他别出心裁想得出这样大胆的题目。而且他还鼓励我们，试做白话文章。那时候的中国文坛，正是红绿杂志流行的时代，还没有什么人提倡起白话文的运动，吴先生能在那时先知先觉地在一个教堂的小学校提倡起来，现在回想起来，真使我十二分地钦佩。他不但叫我们做白话文章，而且常有力地奖掖我们，在文章里面插用上海俗谚与民间的通俗辞句。譬如我们在文章中写进像“出松”“吃皮榔头”“赤老”……一类的句子，只要用得确切而不过于牵强或下流，他在课卷上面，会批加起分类来。记得我做过一篇文章叫做《与虎谋皮》的呢还是叫做《因噎废食》，一时记不清楚了，原来的分数是八十分（以百分为最高数），因为我用了几个俗辞成谚，他特加了四十分，结果得到一百二十分，我那篇文章，就从第十名左右的，突飞跃为第一名，其喜乐不言可喻。也有时候，不专门注重文章外表的文法，而独留意着文章内容的结构，他生平除了翻看几部中国的经史与笔记旧笔记之外，也很喜欢看些西方的文学作品，据我所知道的，在他房里的案头，《伊索寓言》《天方夜谈》与《福尔摩斯侦探案全集》是他课后的三种读物，因此他也常常拟几个神怪谈与侦探案的题目，叫我们在做散作的时候去构思，这要算是最合我脾胃的一个课目了。我自问从小到现今，无论遇着什么须发表我个人思想的事情，总常力求他人平凡庸俗的，而出于自己特创独异的意想，在吴先生所给我下的课卷批语中，最使我引为幸耀的，就是“独具只眼”“匪夷所思”“想入非非”“独到见解”……一类的句子，为了这个缘故，我的想象力，就不知不觉地就在那时候起开始活动了。可惜后来改进了别个学校，没有再跟从着像吴先生一样的教师，以至于到现今，我还不能有文学上伟大的灵感与丰富的想象，这真是我生平一个大遗憾。

我自离开吴先生的教席以来，差不多已有六年了。三年前，还得到他漂流在崇明海门一带教读的消息。直到现在，已好久不知道他的踪迹。我真非常地纪念着他，每次在执笔做文章的时候，总也常追怀着我的第二文学启示者的吴石钧先生，不知道能否在最近期内，打听着他的行踪，我极愿意去拜访问候，我这位贤明的教师，同时献呈给他这本小书，他一定很高兴收纳他曾用心栽培过的学生的一个小礼物吧。

我的第三个文学启示者，是我的法文教师郑神父 Pere Pierre。出离了高等小学以后，我就进徐汇公学。这个学校，以规律严肃见着于上海一隅。这个学校为天主教耶稣会神父所主持管理，其一切组织课程，完全同法国的中学Lycee一般无异，不过多了几个中文课目罢了。在徐汇公学，我前后虽只读了二年书，卒业后就迁升到震旦大学，但是，这徐汇公学所给我的印象实然真深，将来如有机会，我很想另外来追写一些关于那时代的《苏活年儿》—Souvenirs。

在公学里我的跟从过的教师，约有二十余位，但是，给我以印象最深而最使永不能忘怀者，这一回却不是我的国文教师了。虽则我的国文根蒂，也受过蒋镜如（今亦久不知他的下落）与吴伯寅（已于前午故世）两位先生的培养煅炼，而我自觉在两年中学时代中的读书兴致，已从国文方面转移到法文方面了。在全校教师中，最使我感佩的就是在末一年的法文教师法国郑神父，与校长意大利翟神父Vanara，后者曾给我以音乐教育上的许多学识，因为不及于文学的范围，在这里暂且不提，他于去年夏，死难于新都南京，自后我又少一良师于人间，到现在回想起来，实有无限的感喟与悲伤。

现在单讲我的法文教师郑神父罢，他是一位诗人，虽则我从来没有读见过他的诗作，但是从他的言谈举动中及许多别的神父们的公认，我深信他是一个隐埋于修道会的一位极富于情感的诗人。年纪并不十分高迈，但是头上散乱的一蓬头发，与那满颊的胡须，已有花白了。他戴着两副眼镜，一副是为近视的，一副是为远视的。为远视的一副，镜片是作半圆形的，因为他患的是远视眼疾，而不是与常人所习患的近视。有时我们看见他没有带那副为远视的眼镜时候，我们常常故意把书本或课卷，放在逼近他的鼻端叫他解释改削，他总笑嘻嘻地，从鼻底发出那纯粹巴黎口音的法国话，叫我们放下书纸，他自己拿着，放在二三尺距离之外读看。

每次上课的时候，我因为坐在第一排，所以他的面貌笑容，看得也格外清楚。我在他的课室上课，前后差不多有一年的模样，到现在，还像在我面前。有一只四角小方红漆桌子，桌子的后端，坐着他。狭小的桌面，愈足以衬现出他那魁梧的身体。一块黑板，衬在他黑色道袍与一把花白的须发的后面，更足以表示他的道貌与挚诚伟大的精神。

他教的教本是用惠神父编的《法文菁华》，里面搜罗有法兰西大作家的断片代表作品约一百篇。我们在那时候只是在读修辞文句，研究文法，并不是在欣赏文学作品，所以对于各篇作者们，只知道了他们的姓名，其余的一概都不曾顾问过。

莫里爱 Moliene、拉西纳 Racfne、拉风歹纳 La Fontaine、若瑟特·梅斯脱勒 Joseph de Maistre、福禄特尔 Voltane、卢骚 J. J. Rousseau、孟德斯鸠 Montesquieu、鲁意物郁 Louis Veuilot、阿尔封斯都德 Alphonse Daudet 等的名字，从那时候起都虽印入了我的记忆，但是，对于法国文学上的常识，什么都不知道，只知道欣赏读熟几篇佳作。在那时我的心目中的所谓佳作，就是描写自然界景物逼真，与刻画人类行事生动的东西，像阿尔封斯都德在《磨坊文札》中的两篇短作，《知事下乡》Monsieur Soupretet au Champ 与《塞干先生的山羊》La Chevre de Me Seguain；鲁意物郁的《手足之爱》L'amour Fraternel 与亨利鲍尔道 Henrie Bordeaux 的《牺牲》La Vie pour les autres 这两篇充溢有悲伤情调的作品，都是我所爱不忍释手的文章，还有条器俄的《沉沦》L'Enlisement 等，也不能依稀记得，其余的，一时也记不起来了。

我还记得有一天，郑神父给我们上阿尔封斯都德的《谍童》L'Enfant Espion，讲到法国顽童滚钱赌博的一段，为讲解明了起见，他把讲坛上的桌子搬在一边，问我们借几个铜币，他就蹲伏在地，表演着滚钱的模样与诀法，你们试想，一个已出了花白须的老教师，而且还是一位教士，为了要叫我们知道书中的情景，有这样的好兴致来现身说法，真是多么可爱多么可佩的事啊。他而且常喜欢说笑，有一次，在背书的时候，轮流到一位同学中背《知事下乡》中的一段，"演说词的下文想不起来" La Suite de discours ne vient pas 背到这几句，下面的竟背不下了，于是郑神父微笑地学着那位同学的口吻，露着窘状地说道，"你工课的下文想不起来了" La suite de votre lecon ne vient pas，全课室里的同学们，听了大家都笑起来了。

这位修道诗人，讲话时候的语调，总有一种似乎在吟咏一般，但是他从来没有表示过他是会做诗的。有时在解释书中诗篇的时候，偶然也会谈论到诗的问题，但是，总没有把他的诗之天才，夸示于我们，好像对于诗是门外汉一般，这真是百思不得其解的一件咄咄怪事，这或许伤心人别有怀抱吧。他同时是一位艺术家，能作画，尤其擅长于作舞台背景，更长于舞台剧的艺术，每次逢着学校开游艺会时，他总是独自一个人兼任后台主任、布景、化装员及导演，单从这一点上，我们就可以见得他真是一位多才多艺的艺术家。

在当时徐家汇的一切神父中，郑神父的确是一位于文学艺术方面很了不得的一位人才，可惜他不知道为了什么缘由，从来不肯明白表现出来。他也并没有在他的学生中，特地造就过一个文学或艺术的人才出来，不过在演剧方面，他到也物色出些人才，但这仅为开游艺会时偶然的与临时的应用。记得在我卒业该校的前一个月里，他叫我扮做《耶稣受难》剧中的女角，马达肋纳 Madeleine。我在生平那是第一次的上舞台，但也可以算是末一次的了。

现在，听说我这位老师，因体弱多病，已于去年夏季回到法国去养疴了，不知道他再有到中国来的一天么，我很想亲自献呈本书于他，虽然他并不识中文，但是我可以给他翻译与解释。

我的第四个文学启示者，是震旦大学的法文教授乔相公 P. Germain. 我在震旦里读书的情形，不妨在这里叙述一番，这篇大意，早已写好，原预备为我的随笔全集当作序言的，现在就附在这里罢。

在两年以前，我还正在上海震旦大学院读书，我所选读的一科，名目上是文学法政科 Faculte de Lettre Droit，实际上却是一个银行职员与法商律师帮办人才的专门养成所。那时可惜我虽还没有发见该校主持者这样的一番苦心孤诣，但是当我每次在上课或下课的时候，常常对着课程表发生“望洋浩叹”的现象。因为我们的文学法政科，课程的时间不但比其他的姊妹科——医药科与工程科来得冗长，而且名目巧立百出，什么经济政治呀，民法呀，商法呀，罗马法律呀，中国古代法呀，法国法典呀……旁而推至于哲学，至世界地理、世界历史、簿记法、英语等等，这是都包括在法政范围以内的必修课。为点缀“文学”两字起见，总算每天有一二小时的法文，所教授的除应有的文规修辞以外，关于法国文学的读物，有拉风歹纳的寓言，赛微臬夫人的信札两种，至于关于中国文学方面，则昔有某某秀才举人的古义八股，近来却有某法学博士的中国文学，这就是所谓文学法政科的内容了。当我初次进校的时候，撞着这一大堆包罗文哲、史、地、法、商的课目，就吃了一大惊，但同时却很高兴，以为如果读尽了这许多，一定可以做或一位博古通今的大学问家，至少也会成功一个将来的大学教授，而且还自己很惋惜没有多大的脑力与时间能够把上面的种种学问都彻底研究一下，因为我的确很信仰要做成一个文学博士或法学博士，对于无论什么学科，除了数学、生理学以外，都应该尽知尽谙的，所以对于这许多课目，是没有一件可以忽略的。我抱着这样坚强的意志，差不多一共有一年半的光景。

在这种环境之下安分求学的我，有时会忽然发生出这个疑问，为什么在震旦文科毕业出去的先辈学兄，只都是署有法学博士 Docteur en Droit 的头衔，而从没有一个署过文学博士的，当时我也曾自作譬解，以为法学博士可以做律师，做法官，做总长，一直升级上去可以做到总理、总统。法学博士原来是有做大人物的资格，法律与政治是可以救国的，为了这个最重大的原因，当然那只会著书成家的文学博士，即使著作等身也至多当一个大学教授而已。在一切中国青年的学子们正当高喊着“爱国”“救国”最热闹的时候，自然大家都趋骛于法律政治，而弁弃文学如遗了。但我常常怨责自己，为什么不趋时附流，跟着同学们一同去研究法政，却何苦孤独地去接近那启示我对于反映人生之真谛的文学呢？到现在，许多同学们，大半都已实现送到他们以前所希望的目的了，有些最郁抑不得时的，至少也在社会上谋着了半差一职，只剩下仍旧孤单单的一个我，无职无业，偷生世上。在不认识的人看来，好像是一个逍遥自然的资产阶级子弟，谁会知道我只是最没有用的一条社会寄生虫呢。

没有离开学校以前，不用说得，我还没有发见这样的人生观，所以也从没有思想过在我那时所读的一切课目中，哪一种是需要的，哪一种是不需要的。表面上虽然似乎对于无论何种课目，我都很用过苦功，但是，常在不知不觉中会被驱使于我个人的嗜好，对于文学方面比较起来终是最能引起我的兴味。我最喜欢的课目，是法国文学，而在那个时期所最崇拜的文学家是拉风歹纳，他的十二卷《寓言全集》，差不多给我窥读过半。但是每次读时，只异常地倾倒他的轻倩讽刺的天才，与他的厚挚的泛爱同情，但是却从来没有自己发生过想做一位诗人或寓言家的志愿，恰似读了许多的中国旧小说而不希望做一个小说作家一般，这一来因为我对于文学的嗜好与修养还薄弱，二来也没有著作上的欲望冲动的缘故。

从上面看来，一方面因然我是有些不满意于震旦的文学科，但是，一方面却也得到了不少的文学上的修养，这却要完全归功于乔相公个人的了。拉风歹纳的寓言，与赛微臯夫人的信札，都是跟着他读的，但是因为读物方面不能引起我多大的兴味，所以对于法文也不很用功，成绩的结果，当然也不会有什么进步的了，可是，无论如何，我的正式读法国文学的作品，乔相公终是我的第二个教师，也可以算是我的第四个文学启示者。

这位走路起来有些跛蹩姿的教师，他那几个在微笑时露出嘴外的牙齿，他那一撮的黄色山羊须，与那从鼻端里发出来的笑声，即使再等过十年，想也不会使我忘记是他的特征的吧。他现在也回到他的故国去了，大约两年之后，他仍将被遣到中国来的，这本书，他迟早会看见的吧。

原载《申报》，1928 年

徐养田先生事略

宗　泽

先兄养田，讳宗德，为我先文定公十二世孙，秉性忠直，有决断，颇得先祖愚溪公家学，于经史子集，略有渊源。愚溪公特爱之。先父载舆公命受业于先叔东府公，后从管孝廉琴舫，清光绪壬辰，补博士弟子员。甲午遭先父殳之丧，哀毁逾恒。乙未任蟠龙镇董事，地方上所应与应革者，如修建桥梁，疏浚河道，开办平粜，创设学堂等等，俱悉心擘划，惠及乡里。至今称道之。公余之暇，爱览群书，习书法，有求者无不应。继与陈孝廉志坚游，造诣益深。壬寅补廪膳生，著有《宪政浅解》《自治俚言》，详请两江总督端苏提学使周核准刊行。青邑田宝荣颁给"自治先声"匾额。丙午考取优贡，朝考二等，以县丞分发浙江，旋补长兴县县丞，过班知县。叠任农工商矿局科员，浙江全省巡警道科员，兼警官养成所教授，浙江交涉使署秘书长，并充咨议局出席委员。

光复时，适在籍，本邑绅民公举维持艰巨，民元国会选举，当选众议院候补议员。二年发起松江公教进行会，举为会长，编辑《善导报》及《青年杂志》。是年，先母弃养，哀毁甚于甲午，及得补任众议院议员，以军阀当权，未北上。迨西南护法军兴，七年应先总理非常国会之召，驰赴广州，始列议席。十年选举先总理为大总统。十一年徐世昌去位，黎元洪复任，广州国会乃移北京，恢复宪法会议，先兄即偕众北上，持论每案公教之公。十一年被任政治善后讨论会委员，总统府顾问，授二等嘉禾章。十二年直系领袖曹锟欲谋当选，迫走黎元洪，于是国会自身分裂，议员多数留京，少数南迁。先兄洁身南下，重到广州，推举先总理为大元帅。十三年十一月随先总理北上，然慨国是日非，仍南下。是时，江浙齐卢构兵，战线近在咫尺，先兄为保护计，联合各乡，创保卫团，缉奸宄，堵逃兵。际此战争时期，奠安桑梓，士民感之，公送“保卫乡闾”匾额。旋为先叐母经营窀穸。至是先兄奔走频年，心力交瘁，民穷财尽，郁郁寡欢，所幸胞侄懋福能自勉，帮助公私事不少。第二侄懋禄于十五年入徐汇修院，先父又以圣教无人才，国家无良将，乃遣第三侄懋禧从震旦大学往游法国，转入省西耳陆军军官学校。孰意去年迭丧，孙男孙女，从此朝夕寡欢，世事既不可为，家况又如此，旧病复乘，加以寒热咳呛，继之咯血。家居则私事公事丛集，不问亦不可。乃到沪上新普育堂，中西医治，尤得家姊（仁爱会修女）之服事，心甚慰之。泽时去望病，一日偶谈及先文定公，先兄谓文定公爱国，出人一等，实拒满防倭第一人，黄黎州先生之前驱也（先生以万历三十八年生，一六一〇年）。愈后将著书以扬之。

先兄患病，冀得早日勿药，求圣母外，又求李问渔司铎转祷，盖李公为其所敬爱者。泽亦请渠求先姊嘉娥转求（拯亡会修女，卒于一九〇九年）。答曰：“余未曾思及，嘉姊乃有圣德之修女也。”既而药不奏灵，惟露德圣母是恃。该堂修女，于二月三日，起做九日敬礼，十一日为无玷圣母降临露德瞻礼，是日全普育堂，及先兄等切盼圣母发圣迹。熟知天主圣意不在此，病未少痊。继又做第二九日敬礼。

十五日晨，泽去送先兄圣体，后与之谈至二刻之久，彼谓：“十一日乃第一个九日敬礼末日，仁爱会诸位姆姆，同育婴儿等，在园中露德圣母像前，为余苦求病愈，唱圣母歌甚至声嘶力竭，其依恃圣母之心，有如此者。”余乃曰：“吾兄此次到此养病，得获神形诸多益处，姆姆等之功劳实不少。”先兄答曰：“姆姆等之功我甚感之，然归本终是圣母之一大神恩。”又曰：“一夜余少睡，忽见一人影，继闻一声曰：汝去，非汝所当管。余醒后，一无所见，此殆福女伯尔纳德乎？福女为我幼时所敬爱者，玛大利大亦为我所恭敬之圣女。”

胞侄懋福等见病不能多延时日，十八日晨，雇红十字会病车，送至蟠龙本宅。临行时，先兄欲到堂在露德圣母前领主，乃抬至堂中，由余手领圣体。后承普育堂院长姆姆等，均来一一辞别。于是出堂，又抬至院中“大能者贞女”圣母像前，及圣若瑟像前，诵经告别，余同二侄居病车中，送至家中。临行前，先兄对副院长陆姆姆曰：“某夜献妹显现（卒于一八九七年，预备入修会，賫志以殁），华丽殊甚，谓余曰：汝不死，然当效我。”

十九日，余在家作祭，送先兄圣体。是晨离家，告兄曰：“病已绝望，惟有恃圣母灵迹而已。果圣母赐病痊，当为圣母显荣。”盖先兄热爱露德圣母，死前二日，犹伏枕书“露德圣迹”四字，以纪念圣母。先兄答曰：“此病后，我之生命，新如再造，当活一新生命矣。”此最后对余之语。果于十九日午后四下三十分而应验。

盖先兄离此苦世，而生活其永远之新生命矣。先兄死于第二次露德圣母九日敬礼之第八日，第九日之敬礼，殆圣母欲其在天堂举行乎？余动身后，一下钟，先兄即不开口，家中即遣人促余归，及到家吾兄已亡后一时矣。

余于悲痛之余，窃思天主为何造人，又欲人死以苦人？继而洞悟曰：人之死，固由原罪所致，然天主上智，亦欲吾人轻视世界，不恋于心于斯世，而为来世之永生是务，以求得天国之真福。余以此意自慰，亦以慰吾家中。

原载《圣教杂志》，1930 年

九六老人马相伯的私生活

张若谷

马老的隐居地徐家汇

张充仁塑《马相伯九七造像》（石膏）

江苏耆老马相伯先生，自从脱离政治生涯后，已久厌闻世事，迁居上海西郊徐家汇以来，近二十年。徐家汇为明代名臣徐文定公的葬地，也是天主教在江南传教的发祥地。此地有天主堂、天文台、徐汇中学、启明女校、藏书楼、博物院、圣母院、圣衣院、孤儿院、印书馆、修道院、耶稣会总院等等，宗教中的大小的建筑物，何止数十，处处笼罩静穆的氛围气息。数千居民，都是笃信教徒，安居乐业，风俗淳朴。徐家汇这一个小镇，可以算是天主教的一个小国土。

那高插云霄双塔尖的天主堂，是徐家汇的象征建筑物，从中世纪流传下的峨特式的穹门，含着崇高虔敬的意味。钟声缭绕，发人深思。沿天主堂西行数百步，青翠树丛，衬出一带玉琢般的白墙，路尽为土山湾孤儿院，红楼一角，有小升降机直达三楼。升降机为蔡元培先生等筹资赠送，以省代马老先生上下步伐之劳。

面对着三楼升降机的出入口处，是一间阳光充足的小厅。厅中设长桌一，椅十数，餐具橱柜一，四壁挂满字画，这便是马老先生的会客室，也是他的膳厅。逢到他谈话兴致浓厚的时候，往往留客吃饭，继续滔滔不绝地同来客畅论天下大事。

会客室中昔年悬有乐善堂横额，左右为陆征祥氏所集“乐乎天命”“善与人同”的联句，所以马老曾自命其寓所为乐善堂。堂的四壁，有于右任先生手书王了一（征）的仿《归去来辞》八幅，陆、于两氏都署款称“相伯夫子”。去年起又添章太炎氏拜祝九十五寿联“鲁联抗议足完赵”“烛武年老犹退秦”。又有段瑞琪氏手录文子寿语。冯玉祥氏手笔“福如东海长流水”“寿比南山不老松”的寿联，落款称“相老前辈”；冯氏又向都锦生定织马老绣像，款称“国之大佬”。马老先生九十大庆时，吴稚晖氏送联：“得天独厚，应寿一万八千龄，才经过二倍百分之一”“其道大光，曾传三千七十子，皆能位两间一是于三”。于右任氏联：“先生年百岁”“世界一晨星”。那是六年前的盛事，马老先生自己也写了一幅自寿联“有生可悟常生乐，今世当知后世因。”

乐善堂会客室有门户可通马老的卧室。卧室光线也很明亮，同时也是马老译经写字读书阅报的一间大书房。在这间寝室兼书斋的隔室，是一座布置很精致的小教堂，每天清晨有神父到堂举行弥撒祭礼，是马老晨夕祈祷静默的一个幽静场所。

离乐善堂不远，为徐文定公所遗的古迹，从三楼阳台远眺，碧天千里，墓地牌坊石马，依稀可辨。马老少年时代，即在徐汇公学求学，讲学论道之余，复在天文台观察天象。其后出仕朝鲜，奉使日本，观光北美，游览欧洲。归国后问政兴学，忽忽老矣。八十岁后，复退居徐家汇土山湾孤儿院中，今年享寿九十六岁，犹旦夕执笔译经著作，曾不少懈。余生也晚，十余年前负笈徐汇公学时，常问经于马老太师。两年前拜别老人往欧洲游历时，蒙孜孜诲教不倦。今年往访老人，则见老人精神矍铄，容色较昔更形丰润，白发处反渐渐作黑色，耳虽略失聪，步履尚健，高谈欢笑，精神焕发，固未曾稍示衰状。余侍马老有年，亲炙既久，敢述外界不常见闻的马老过去及现在私密生活的一二，以告关怀九六老人近况的国人。

中国第一个雄辩家

马老名真，字相伯，别号绿野堂主，华封老人，近自号九六老人。清道光庚子年夏三月初六日诞生于江苏省丹徒县，即公历一八四〇年，生逢国家患难之秋。一八四二年，鸦片战役，年才三岁。相老天性聪敏异常，家学渊源，他是《文献通考》作者马端临氏的第二十世孙，胞弟马建忠（眉叔）著有《马氏文通》一书，是中国语言学的第一部创作。相老在童年时，常作奇想，曾直指太阳说道："太阳，太阳，我知尔为太阳，太阳能识我为谁乎？我能而尔弗能，不若我矣！"年十二岁，来上海入徐汇公学。徐汇公学（今改徐汇中学）创办以来已有八十余年的校史，相老为该校硕果仅存的第一届毕业生。他的师长为意大利籍耶稣会神父晁德莅。相老十五岁即诵拉丁语及法兰西语，迄今犹被称为中国唯一的"拉丁通"，在创办复旦学院时（今改震旦大学）曾编有《拉丁文通》一书，可惜现在早已绝版了。

相老自幼即因国家忧患而感受痛苦，他偶读法文通史课本，其中有讽刺中国民族来呼吸天地间的空气的论调，他的老师晁神父常提撕他为国努力。十八岁时，法领事署欲聘他作秘书，他谢绝道："我学法语，为中国用的！"他们很惊讶，只好作罢了。

相老不但精通拉丁、法、英诸国官语，而且擅长口才，有中国第一演说家之目（张之洞语）。他是天生的一个大雄辩家，演说起来从没有预备草稿，在登台前，他踱来踱去只消打一个腹稿，一开口便若银瓶泄水地滔滔不绝了。光绪初年，他任中国驻日公使黎庶昌（莼斋）参赞时，某次公使馆开盛大宴会，各国公使和日本的显宦都光临，众人要他说话，他想这种酬酢的外交辞令是不可开罪人的，于是他发言道："不多时，我在欧洲游历，看到欧洲的政治，的确比东方清明，欧洲的社会也的确比东方进步。现在到东方来，忽然看见东方政治舞台上有一面大镜子，竟将西方舞台上的东西，一模一样照映出来，吾不胜其惊奇！好比学生效先生，青出于蓝，先生好，学生也不差，我恭维学生好呢？还是先生好？吾实在觉得有些进退两难！"一时掌声如雷，外交团中有许多外国人特地趋前向他握手道贺，这是相老在中年时代最得意的一件生平快事！

光绪三十三四年间，留日学生发生学潮，他重渡日本，平定风潮。演词中有“爱国不忘读书，读书不忘爱国”一语，大为湖广总督张之洞所激赏，便称扬他是中国第一名演说家，当日的演说词，是由梁启超笔记的。

相老对于中国政事和世界情势，都有卓越的识谋。五十年前，他在李鸿章幕下，佐理洋务，一八八五年赴美，游说银行家商洽借款，想吸引外资办理机器厂及开矿实业。凭他的雄辩口才，说动了二十四家银行经理的心，当时美国人慷慨异常，中国只要借五千万美金，他们却肯出借五万万元。他再三拍电和李鸿章商量，结果商定借用三万万五千万，拿三万万元作为存款，利钱真便宜，只要三厘好了。但谁知朝廷里有八十一个御史都上弹章参他，说他丧心病狂。他只得作罢，顶了一个“卖国”的恶名，两手空空，兜了一个大圈子，绕道欧洲回国，这是相老生平引为最遗憾的事。

马相老既博通东西学术，又擅长词令，中年服务外交界多年，历任日本及高丽公使馆参赞，常与日本维新开国诸功臣伊藤、大隈辈游。民国元年任职江苏都督府外交司，二三年间任北京大学校长，他对于兴办大学，尤具热诚。有清外交失败，他游历欧美回国，决心想办新式的中国大学。迄今有三十余年校史的上海震旦大学，及复旦大学，都是相老一手创办成立的。创办震旦时，得蔡元培的助力不少，那时蔡年仅三十余岁，相老则年逾六十，年虽已老，对就学的青年，有时一块会宴，有时一起旅行。至今他的得意门生如于右任、胡敦复、徐季龙、翁文灏、邵力子等，还能追忆旧日师生欢聚融乐的情形。

相老除了栽培医学法政科学专门人才之外，更留意造就外交人才。现新任驻比利时国公使朱鹤翔，为震旦出身。又驻瑞士公使金问泗，为复旦出身。中国外交家前辈陆征祥，当他出家在比国隐修时，特遥拜相老为师，于此可见一斑。他岂仅是一个普通的雄辩家也哉。

晚年的日常生活起居

马相老是一个虔敬的天主教笃信者，年虽将届百岁，每日起居有时，饮食有节。每日清晨，不分夏冬，拂晓五时左右起身，祈祷诵经，在教堂参望弥撒祭礼约二小时，七时早膳，略进咖啡牛乳或稀饭鸡蛋等。餐后披览日报。八十岁后，久厌闻时事，闲辄披阅各方寄赠的宗教及科学杂志，自从“九·一八”发难后，又开始关怀国事，特别注意报章所刊国际对于中国的态度，并留意科学界的新发明或新纪录。

午前，如有客人来访，相老往往接见，来宾中有党国要人、文人艺人、新闻记者、教育家、科学家、留学生、慈善家、宗教家，以及亲友故旧，各色人等俱有，都莫不以得相老一言为荣。四年前，相老远和，病势甚重，幸不久即恢复康健。近年来，医嘱静养，曾拒见来宾。但不速之客，或为故旧，或因时事往谒者，络绎不绝，在相老家族引为最关切而感到最痛苦的一件事，曾登报启事，谢绝访问，甚嘱仆反扃其门，终归无效，来访诸人，仍纷至沓来，均以一睹相老颜色并得一谈为快。

相老谈兴浓厚时，喜欢留客共进午餐，一壁进食，一壁谈天。老人齿已尽落，镶装全副假牙，每餐只略进鸡汁及煮烂的肉类，所食甚微，足够一日的营养而已。

午后宾客尽兴辞去，则倚沙发小睡。有时来宾伸纸求墨宝，相老欣然对客挥毫，字迹雄健，不类出于年将百龄老人的手笔。相老自八十岁后，始临池作书，曾自嘲为“八十岁学吹打”。

来宾中有挟照相机央请留影纪念者，相老从不加以拒绝。郎静山君为他所激赏的一个摄影家。相老容光润焕，绝无龙钟之态，慈祥之脸，衬以银须浩发，益觉飘逸出尘，隆准如蒜又若悬胆的美鼻，是相老肖像上的一个特殊异征。

傍晚披阅晚报二三种，七时晚餐，进食略与午餐同，晚餐后即入教堂祈祷，九时就寝。有时夜深人静，长跪良久，为国家为同胞祈祷祝福。现在隐居比国的陆征祥神父，每夜也仿相老的表率，常晨夕七次入教堂，祈祷天主使中国早日渡过难关，世界得享和平。有其师必有其弟子，相老也足以自慰了吧。

或问相老以长生之法与摄生之道，老人说：“我别无养生之法，惟自知不浪费精神而已！换句话说，就是要保养元气，应该早起，要养成鸡鸣而起的习惯，年轻人须注意三点：一不浪费精神，二少吃东西，三早起早眠。”相老得享长寿，其得力于此养生三诀，显然可见。

至于相老早起的习惯，自从小即养成的。韶龄时昧爽太夫人即诏之起，诵经读书，一日不辍。相老今年虽九十六岁，仍习惯不以为苦，九十年来如一日。相老的尊夫人寿七十五岁。太夫人八十九岁，姊马氏九十三岁而作古，一门长寿，也是一件有趣味的事件。

近年来在相老的卧室外，有人送了几只小鸟。小鸟儿常在走廊中唱着快乐的歌曲，颇有特殊的风味，这也许是老人唯一的乐趣了。

九六老人的思想及其著作

马老是一个哲学家，他从小对于人生观即发作奇想，苦思人生之谜，如何解答？他想："人生一世，蚂蚁做窝，忙个不了，又为什么？""人有良心，有灵魂吗？难道所谓善恶功过，没有赏罚。""十目所视，十指所指，莫见乎隐，莫见乎微？非体物不可遗之造物而何？""如果世人知道，百岁前后无我，我之为我，作何归宿？"

从上面这几条疑问，相老再三思索，结果他成了一个宗教的信仰者，皈依了天主教。他批评中外哲人道："孔子一生，很是高尚，可是夫子之谈性与天道，不可得而闻也！他的门人，这般记载。夫子自道，朝闻道，夕死可矣，可见这道真可贵。老子之道可道，非常道，好在一个'常'字。天长地久，常然真寂！或许他原来是从小亚细亚东来中国，所以晚年又西度函谷关回去，不然，西度何为？列子称西方有圣人，这又是指谁，指救世主么？伟大哲人，毕章是亚里士多德，生在距今二千三百多年前，不但精名理，还能讲格物，树立科学的种种基础，至今仍受其学说影响。他的哲学赖有圣多玛的整理和扩大。据史传载，老而好学，临终时候，还恳切祈于造物曰：祈望长生的上智光照我，亚里士多德的伟大精神，即此一语，永垂不朽！"

相老既是一个宗教家，他的人生观念是如此："做人是暂时的，好坏，决不能就此拉倒。凡事总要照造物主的意思做去。譬如人要勤劳，才能活命；人要互爱，才能生存。书上说：天降下民，天生蒸民，也是这个意思。从前唐明皇与杨贵妃，那样卿卿我我，说什么在天愿学比翼鸟，在水化为比目鱼，无非是要得‘永’爱罢了。”

相老对于宗教既有了坚决的信仰，对于科学才发生特殊的兴趣。上海《申报》五十年纪念时，他特地写了一篇《五十年来之世界宗教》长文，他并不以宗教家的立场来论宗教，而以局外眼光，世人常识及世界历史，从事实地的研究。原文中引证五十年来世界著名科学家的言论，以彰明宗教的存在，而打破迷信无稽之谈，是一部今世研究科学与宗教问题者们必读的重要文献。

马老生平著述中，以宗教家论宗教者，有《新史合编直讲》，蓝本为费郎弟所编，引用典籍，至五十六种之多，是圣经学中的一部名作。经马老以文言译经，以白话讲解，得二十卷，由上海土山湾印书馆发行。又在创办震旦时期，印有《拉丁文通》及《震旦大学讲义》，现已绝版。哲学方面，著有《致知浅说》，自成一家言，亦震旦大学讲义，今由商务印书馆发行。传记方面，有《灵心小史》，即圣女小德肋撒传，由上海土山湾印书馆发行，近将三版。说起这本小传，却有一段轶事可记。

马老年将九十时亲译圣女小德肋撒自传《灵心小史》，他对人说过：“假如有一位西洋太太和小姐来见我，我至多起身招待，点点头罢了！可是这位圣女，千千万万的圣教徒向伊致敬；我老人当然不能例外！因为伊的德行如此高超，能翕合救世主的圣意；不像一般人物自尊自大！伊温良谦卑，倒成了现代世界已故伟人中最伟大的一位圣人呢！”每逢宗教难题发生，相老常说：“请这位大圣女转求：我们不过是小走卒吓！”他又亲笔书联，向圣女表示敬礼：“祈尔万阵玫瑰雨”“启予一片赤子心”。

六年前，在徐家汇蔡孑民、于右任发起的庆祝相老九旬大庆寿筵上，相老的外甥朱志尧演说中也提起此事，他说：“我舅年已开百，而仍手不停笔，译述婴孩耶稣德肋撒之小传，尚未脱稿。是我舅亦不自倚老卖老，而奉二十余岁之小德肋撒为保姆为女师，即希望变为小孩而得升天也，即自求长生不老也。”

相老在国难期中，发表言论甚多，其门人笔录汇有《马相伯先生国难言论集》一书，由文华美术图书公司发行。本年春夏间，相老又闭户译成圣经若干卷。完稿之日，上海黄炎培亲书送给他一幅祝寿颂词，中有句云：“巍巍相老人，今之徐文定，学邮欧亚通，道钥天人应。政海偶回翔，圣功必以正。皎如日，明如月，如风风人雨雨人。登楼神采长辉发，译完基督遗经千八百年前，先生大年八十又二八。”寥寥数十语，把老人过去生平的略历事迹，都包括写在里面了。

原载《时代》，1935 年

天主教画家吴历

上海通社

一 绪言

吴历是清初著名的一个画家，约三百年来，中国谈书画的人没有一个人不知道他的名字，他和王时敏、王鉴、王原祁，王翚、恽格同被称为“四王吴恽”，换一句话说，就是清初六画家之一。

他虽非上海人，而久住在上海，所以后来《上海县志》的《游寓传》里也就有他的名字。

然而自《清史稿》《苏州府志》《常昭合志》《上海县志》，以及私家的记载，对于他的事迹，都有不明了之处。这是什么道理呢？就是因为他是个天主教徒，较早的记载，有意讳言，较迟的记载，辗转误记，辗转抄袭，所以弄到后来，连记载者自己也“莫名其妙”。

然而他的遗著被保存在天主教徒方面的，还是不少。他的坟墓在上海，至今还存在，墓碑也没有磨灭。我们现在就根据这些信实的史料，将他的事迹整理整理，写成一篇有系统的吴历传评。虽然不能说是绝对的完备，但总算是相当的完备，尤敢说是立在绝对客观的立场，力求事实的真确。

二 吴历的生平

吴历，号渔山，常熟人，其所居之处，在常熟县北一百九十步。相传其地为孔子弟子子游的故居，名言公井，水色如墨，号为墨井，又称圣井。渔山居其地，故自号墨井道人。

渔山生于公历一六三二年，即明崇祯五年（从墓碑说推算如此，与李杕所撰《行状》略异，详见下文）。一六四四年，即崇祯十七年明亡时，渔山为十三岁。

渔山为明督察御史吴讷裔孙。讷，字敏德，号思庵，明洪熙时官监察御史，宣德时巡按浙江，后巡按贵州，后官南京右佥都御史。正统五年告归。卒，年八十六。谥文恪。著有《性理补注》《小学集解》《北汉字义》《悔庵文钞》《文章辨体》《文集》等若干卷。

讷于渔山为七世祖。渔山父早死，母甚贤，善教育其子，使他学科举文于陈确庵（瑚），因为诸生，然渔山性淡泊，不慕荣利，但专心于艺术，学诗于钱牧斋（谦益），学画于王烟谷（时敏），学琴于陈砥阮，无不精妙，而尤工于画（即借画取润资以养母）。

渔山娶某氏女，生二子。既而母殁，自是哀毁，郁郁不乐。于死生苦乐之故，思之不能彻悟。旋闻天主教名，与教士交游，考问其教理，乃有意皈依，未几，妻亦亡，修道之志愈切，发“三绝愿”。甚么叫三绝呢？就是绝色，守鳏志；绝财，甘贫乏；绝意，从长命。他将此意和教士商量，遂实行其志愿。时在华比国柏应理司铎，往罗马，渔山慨然与与同行。渔山何故欲往罗马，不得而知，大概总是为了入教会的关系。

游

渔山于公历一六八一年即清康熙二十年，料理家事，别其二子，随柏应理而登程，此时渔山五十一岁。他们先到澳门，渔山便留在那里，不曾实行往罗马。旋于第二年入教。后人说渔山尝游欧洲，实因此而致误。而他到澳门也是由陆路经江西而到那边，并不是由海道而去的。后人说渔山浮海，也是不准确。他的《澳中杂咏》三十首之第二十九首云：

> 西征未遂意如何，滞澳冬春两候过。
> 明日香山重问渡，梅边岭去水程多。

他的自注云：“柏先生约余同去大西，入澳不果。”

这是他自述欲往罗马而复中止的话，“明日重问渡”，是说由澳门回来。“梅边岭去水程多”，是说越大庆岭下赣江而北归。“滞澳冬春两候过”，是说住在澳门经过冬春二季，就是一六八一年秋冬间到澳门，而于一六八二年春季北归。《澳中杂咏》三十首之末云：

江路阴晴费较量，归帆？缓下南昌。
榜人还认冬来客，为报春流比旧强。

他的自注云：“予归途多雨，水□行舟。”

这一首诗是他自述归途中入江西境内□下赣江到南昌的情形。他说：“榜人还认冬来客”，这分明是说他往澳门时也是由这条路而去的。《澳门杂咏》三十首，他自述在澳门之事，“往”至“返”，首尾完备。据此，他在澳门自冬到春，只有两季，他的《墨井题跋》中亦有一条云：

“墨井道人年垂五十，学道于三巴（三巴寺，寺名详见下文），眠食第二层楼上，观海潮度日，已五阅月于兹矣。”

他的题跋一卷，多半是题画之作，然其中也有记澳门风俗人情之处，类乎杂记。上面所引的一条，是题跋中的最后一条，他说：“已五阅月于兹”，按自冬到春，两季约五个月，与“五阅月于兹”一句正合。据此，他住在澳门的时期，是五个月光景，然清末李问渔（杕）所撰《吴渔山先生行状》，则与之略异。李氏《行状》中有一段云：

“乃部署家事，弃二子登程，年已五十有一。此康熙二十五年事也。比抵澳门，寓耶稣会教堂（原注：堂名三巴，即圣保禄之名首音），院长某知先生意，请留此修省，免数万里跋涉之劳。先生曰：诺！于是西行之意绝，而柏子独往罗马。明年，先生入会，初学教规，兼读辣丁神学教律诸书。阅二十七年七月初六日，某主教行礼，晋先生司铎职。年五十有八。后回沪，传教于上海嘉定等处。”

如照这一段记载看，他于康熙二十年往澳门，时年五十一岁。于第二年，即康熙二十一年入教，于康熙二十七年晋司铎职，时年五十八。接着说“后回沪”，是说他于五十八岁后回沪，则自五十一岁至五十八岁，这几年似乎都是在澳门，如此，他在澳门有八年之久，彼此不同，未知孰是。大约在这几年中间，他回来了，又重去一次。李氏《行状》所记，是总括前后两次在澳门的时期而言。如此解释，虽尚未找到实据，然于两次说都可通了。且后人多说他再至欧洲（详见下文），其语虽未知所据，然渔山两度远行，大约是事实。说他再至欧洲，当然是错的，应该改作“再至澳门”。

诗

渔山在澳门一意修道，学拉丁文，读神学教律诸书。他的《澳中杂咏》有几首是说他在澳门时候的生活情形，其第十七首云：

第二层楼三面厅，无风海浪似雷霆。
去来毕竟输鸥鸟，长保群飞入画屏。”

自注曰：“楼房概有三层，予眠食第二层上。”

第二十五首云：

性学难逢海外师，远来从者书童儿。
何当日课分卯酉，静听摇铃读二时。

自注云：“书馆有大学小学，课读只卯酉二时，摇铜铃上课。”这首诗，除了记当时的书馆的情形而外，兼自叹年老，不能与一群儿童一同听摇铃而上课。这可以看出他的生活的一斑。

其第二十六首云：

门前乡语各西东，未解还教笔可通。

我写蝇头君鸟爪，横看直视更难穷。

自注云：“西字如蝇爪，横行读之，尖疾者上。”我们读了这首诗，可以想见他曾感觉到语言文字不同的困苦。

其第二十八首云：

老去谁能补壮时，工夫日用恐迟迟。

思将旧习先焚砚，且断涂鸦并废诗。

自注云：“予学道计久矣。”读这首诗可知他一意修道，将抛弃书画文字（指中文），然实际上还不能完全抛弃，有些诗及画是在他入道以后作的。

墓

渔山从澳门回来以后，在上海嘉定等处传教，先后历三十年。公历一七一八年，即清康熙五十七年正月二十五日病殁于上海，时年八十七岁。葬在上海南门外。天主教士孟由义为他立碑，碑文云：

公讳历，圣名西满。常熟人。康熙二十一年入耶稣会，二十七年登铎德，行教上海。疾卒圣玛第亚瞻礼日，寿八十七。康熙戊戌夏季，同会修士孟由义立碑。

碑文所说的戊戌，即康熙五十七年。这块碑在清代中年，曾经埋没在荒草中，同治光绪间，由上海人徐渭仁从荒草中发现，重为树立，徐渭仁还在绘了渔山小像，他在像上写了一篇题，说明渔山的事迹。此事详细载于王韬所撰《瀛壖杂志》。清宣统时李杕所撰《吴渔山先生行状》，说：“葬上海南门外耶稣会墓中。”这大概是指宣统时候的情形而言。

墓碑中说：“寿八十有七”，而李氏《行状》则说：“寿八十有八。”今从墓碑说，并附有李氏说以备参考。墓碑中说“圣名西满”，今按“西满”为渔山的西文名字，李氏《行状》云："先生洗（受洗礼）名西满沙勿略，西姓雅古纳 A Cunha，盖当时之华教士皆有西文姓也。"西满沙勿略是全名，西满是简称。墓碑所谓"登铎德"，就是晋升司铎。

三　吴历的遗著

渔山的遗著，有《墨井诗钞》《三巴集》等多种，今分述如下：

《墨井诗钞》

有小石山房丛书本，有清宣统元年李杕所辑《墨井集》本，为《墨井集》之第二卷，第一卷为传记。

《三巴集》

内容系诗钞。有小石山房丛书本，有李杕所辑《墨井集》本，为《墨井集》之第三卷。小石山房本只有前三十首，《墨井集》本多八十四首，为以前未刻之作。

《墨井题跋》

有昭代丛书本，有小石山房从书本，有李杕所辑《墨井集》本，为《墨井集》之第四卷。

《渔山先生口铎》

内容系赵仑（修令）所记渔山名言，略似宋儒语录。赵修令生平无可考。《口铎》向无刻本，抄本藏上海徐家汇大主堂图书馆，李杕辑入《墨井集》中，为《墨井集》之第九卷。《墨井集》铅印于清宣统元年，共五卷，除第一卷为传记而外，其二至五卷即上列四种，卷末又有补遗，计渔山诗九首，附陶潄天懿氏《呈渔山诗》一首。

《三余集》

内容系诗钞。现尚无刻本，抄本藏上海徐家汇天主堂图书馆，胡怀琛曾借抄副本，此本为李杕编《墨井集》时所未见，但其中有九首曾见于《墨井集》。

《桃溪集》《写忧集》《暂永编》

以上三卷，原书皆未见，书名见于李杕所撰《行状》。渔山遗画，原迹保藏至今者价值颇贵，但近三十年来用玻璃版印出的已有多种，颇易觅得。

四　清史稿以下各记者的差误

前面已经说过，渔山为信天主教的关系，所以关于他的记载，或有意讳言，或辗转误解，于是就造成许多误解。其错误的总原因虽然相同，而错误的程度则亦有深浅。今列举如下：

（一）《苏州府志》云："晚年绝人逃世，泛海，不知所之。"

（二）《琴川志》云："晚年泛海不知所之。"

（三）《辞源》云："晚年泛海不知所之。"

以上都是说他"不知所之"的。

（四）道光《常昭合志》云："晚年浮海经数万里，归而隐于上海，或往来嘉定。"

（五）《同治上海县志》云："屐游数万里，归憩海上。"

以上都是说他游历数万里，而归隐于上海的。

（六）《同治嘉定县志》云："弃家浮海上至西洋，后归寓城（指嘉定）东十余年。"

（七）叶廷琯《鸥波渔话》云："道人入教久，尝再至欧罗巴，故晚年作画，好用洋法。"

（八）徐渭仁《吴渔山小像跋》云："尝再至欧罗巴。"

（九）《清史稿·渔山传》云："晚年弃家从天主教，曾再游欧罗巴。"

以上都是说他曾至西洋或欧罗巴的。

以上九种书三种说法，以"不知所之"最为疏谬，说他到过西洋或欧罗巴，是因为他欲往罗马，不果，止于澳门，因而致误。说他游历数万里，归憩上海，是比较的为对，而"屐游"比"浮海"为尤确。但仍没有说出他游历数万里究竟到过何处。总之，大家所记都不十分明了。

不明了的原因，早已说过，是因为他信天主教的关系，虽然也有几种书说明他是信教，然因成书的时代较晚，对于渔山的事迹已经不明了，因明清间称澳门为"西洋"，因有"西洋"一变而为"欧罗至西洋"之说，后来又有

“巴”了。

五 吴历的诗

吴渔山的诗集，除了《桃溪》《写忧》等现已不可得见而外，其他《墨井诗钞》《三巴集》《三余集》三种，很分明的是三个时代的作品。《墨井诗钞》是他早年作的，《三巴集》是他到澳门入天主教以后作的，《三余集》是他在上海嘉定间传教时作的。而《墨井诗钞》和《三巴集》又很分明的表现他的三种思想及风格。我们把《墨井诗钞》和《三巴集》细读一下，觉得渔山最早的诗是“遗民诗”，稍后的诗是“艺术家的诗”，入教以后的诗，当然是“宗教家的诗”了。就诗集而论，《墨井诗钞》是“遗民诗”及“艺术家的诗”，《三巴集》（《三余集》亦可包括在内）是“宗教家的诗”。明忘时，渔山虽然还只有十三岁，然明亡后十年间，一班遗民的文学，当然能使渔山受了不少的刺激，所以渔山早年所写的诗，当然能使渔山受了不少的刺激，所以渔山早年所写的诗，也就是这一类的诗了。《墨井集》的第一首，题目是《无端次韵》，这样不知是何人的韵了，我们看他的诗吧。

十年萍迹总无端，恸哭西台泪未干。
到处荒凉新第宅，几人惆怅旧衣冠。
江边春去诗情在，塞外鸿飞雪意寒。
今日战尘犹不息，共谁沉醉老渔竿。

第二首《秋夜》云：

秋夜眠无着，秋梦双耳盈。风多沉鼓角，月小暗山城。
野哭哪能绝，战争殊未平。故人何处宿，惆怅泪纵横。

第三首《病马》云：

毛骨尚殊众，秋深奈病何！战场空草绿，壮士且悲歌。

力尽麈无限，嘶残岁几多！主恩知不浅，泪血洒晴莎。

第四首《避地水乡》云：

二年身世叹如萍，两鬓相看白渐生。

万里悲秋惟蟋蟀，异乡愁雨共鹧鸪。

南中见说收番马，京口犹闻拔汉旌。

安得此时战争息，还家黄叶满溪迎。

接下去就是《读西台恸哭记》二首，这全是“遗民诗”。

以后因他一心学画，他的诗就以题画诗居多，就变为“艺术家的诗”了。《墨井诗钞》中除了有《题画》绝句四十首而外，再有《题万山飞雪》《题秋江晚渡》等十一首。又有《与陆上游论元季画》一首。《题画》四十首之一云：

吟骨卫寒独浩然，万山飞雪满江天。

不知何处诗情好，只在梅花月影边。

四十首之四云：

流水闲过岳麓西，几重树色隔云溪。

客来尽日吟窗下，松静门无一鸟啼。

四十首之十云：

一雨初收树色新，深堂独坐澹无尘。

不须更作江湖计，有客秋来寄紫莼。

四十首之二十云：

高歌白苧倚舟斜，一曲晴陂满树鸦。
黄叶乱飞烟水阔，夕波红处是渔家。

四十首之三七云：

萧疏竹树倚江滨，石角披莎拂浪新。
一带远山衔落日，草亭秋影淡无人。

四十首之三十八云：

村叟相逢话雨天，昨宵新涨没南田。
不如卖犊买舟去，钓艇人归落日湾。

这几首诗的意境闲适冲淡，确是画家的诗。

《三巴集》前三十首《澳门杂咏》系记澳门风土人情，及其往返途径而外，其他多宗教家语，如《感咏圣会真理》九首之一云：

三一含元妙，灵枢启妙能。厚生非了义，归极是真凭。
搏土嗟中落，回天许共升。缉熙纯暇备，先我有人会。

《感咏圣会真理》九首之七云：

自天申尔福，有母性微柔。美丽黄金殿，高超白象楼。
大光通上下，渥尤富春秋。蜜蜡含芳处，瞻依十二旒。

这可见他的宗教诗的一斑，此外再有《诵圣会源流》一首，“七克”《克傲》《克吝》《克淫》《克忿》《克妬》《克饕》《克怠》七首，并《颂先师周铎》《读圣若瑟》等多首，都是这一类的充满了天主教的教理及大主教的典故。《三余集》是在入教以后做的，但宗教色彩则不及《三巴集》中的诗那样浓厚，在渔山的全部份的诗中没有特征，这里不多说了。

六　吴历的画

吴渔山的画起初是从王时敏学习的，后来便自成一家和王时敏齐名了。和渔山同学于时敏的，还有王翚，后来也和时敏、渔山等人同为“六画家”之一（六画家详见第一节）。

这六位画家之中，除了恽格，画花草著名而外，其他都是画山水的。他们的画法都是师承宋元以来名家的旧法。独渔山的画和西洋画有些关系，《鸥波渔话》谓“故晚年作画好用西法”。今人向达则谓“渔山作画，特主意趣，不重形似，则所谓晚年作画好用西洋法者，毋亦耳人之辞！”（见《明清之际中国美术所受西洋之影响》一文，原文载《东方杂志》“中国美术专号”）。今按，渔山见过西洋画，确是事实。若谓其《题跋》中未尝言及师法西洋画处，亦是事实。然既见过西洋画，于无形中受其影响而不自知，这就是所谓的“能融化”，若必拘拘摹拟，自己以此标榜，则绝非大家所应如此。这话或在情理之中，然我不懂画，这里便不必多说了。总之，渔山见过西洋画，是绝对的事实。

我们在这里再说一说吴渔山的师友，以见渔山学问艺术的源流。

七　吴历的师友

（一）陈确庵

渔山最初的业师是陈确庵，确庵事详见于清《先正事略》，今节其大要如下：

先生讳瑚，字青夏，号确庵，江苏太仓人，明季诸生，与同里陆桴亭讲明义理经济之学，著《圣学入门》，分《小学》为六，《大学》为六。《小学》先行后知，《大学》先知后学。《小学》之终，即《大学》之始，而每日课程即以敬怠善过自考，又以全史浩繁难读，乃编为四部，以政治人文别之。手书巨帙，略能背诵。又旁通当世之务，河槽、农田、水利、兵法、阵图无不研贯。崇祯壬午举于乡，赴礼部试，不第，归时娄江湮塞，水旱洊臻，民大饥，先生上当事者救荒书，而时不能用。明亡后，决意仕进。父卒，遗产悉让之弟，避兵行逊，不交人事。康熙十四年卒，年六十有三。所著书自《圣学入门》外，有《蔚村讲规》《社学事宜》《阅江筑园书》《菊窗随笔》《荒政全书》，今不传。

（二）王烟客

即王时敏，为渔山学画师。时敏，字逊之，号烟客，太仓人。明崇祯初，以官太常，奉使楚闽。至清代，闭门不出，工诗文，善隶书，画法尤为世所珍，《吴梅村文集》中有一段记客画的话，今节录如下：

> 先朝（指明代）论画，取原四家为宗，董宗伯为集其成。而奉常略与相亚。当其搜罗鉴别，得一秘轴，闭阁凝思，瞪目不语，遇□赏会，则绕牀狂叫，拊掌跳跃，于黄子久所作，早岁遂造间奥，晚更荟萃诸家之长，陶冶出之。解衣盘礴，格高神土，追古人于笔墨畦径之外。

关于王烟客的画法，读了这一段文，可以知道其大概了。烟客卒时，年八十九岁。

（三）钱牧斋

钱谦益，字受之，号牧斋，其事迹人所知者，今不多述。渔山尝问诗法于牧斋，牧斋题其《桃溪史稿》有云：

> 渔山不独善画，其于诗尤工，思清格老，命笔造微，盖亦以其画为之。士固未有不汲古，不考文，而可谓之善画者。渔山执古人之六要六长，以研味于风雅，其进而挟毂古人也，孰得而御之。

按，《桃溪诗稿》即上文第三节所云《桃溪集》，今已不传，牧斋题词，见于陈瑚题《墨井诗钞》。

（四）柏应理

柏应理为渔山入天主教学道师。李杕辑《墨井集》，卷一载其事迹，系自《费氏教士传略》译出。今节录大要如下：

柏应理（R. Philippe Cowplet）字信末，比国人，生于一千六百二十三年（或作一六二四），顺治十一年来华，传教于闽豫楚粤等省，居江左为尤久。康熙十九年（今按是二十年），奉檄回罗马，偕吴渔山先生首途，比至澳门，先生因事不果行，柏乃独往。一千六百八十二年，西十月抵荷兰，后往罗马，以教士所译文书四百册呈教皇。教皇悦，饬置御书楼，用示珍重。既而往法国，见法皇路易第十四，法皇许发币助教士经费。时值葡皇不用教皇令，阻教士东来，柏候十年，使得与七教士回东。行至印度洋，大风作，全舟颠荡，一箱悬高处，索裂而坠，适中柏头，受大伤，竟不起。

（五）王石谷

王石谷，名翚，与渔山同里，同庚，又同就王烟客学画，惟世传王吴因借古画事而绝交，今人已辨明其不确。渔山有与石谷尺牍一首，中多劝石谷信教语。其原迹今在日本，又曾收入《清朝书画谱》，今录其全文如下，可见二人之交谊：

忆在苏堂相会，计有二十余年。人生几何？违阔如是！仰惟先生之名与智，杰出于众，但百年一著，为之备否？若得今忘后，得地失天，非智也。为今之计，朝斯夕斯，省察从稚至老，纤愿无遗。益告解吋□心吐露，不愿改解后补赎，得当虔领耶稣圣体，兼领圣宠，以增神力，必有升天之□，此乃第一要务也。幸勿为絮琐！托笔代面，诸不宣。

清晖先生有道。半我同学弟吴历顿首。

今人陈垣跋此尺牍云：

……此云苏堂相会，当在渔山自澳回沪后，又加二十余年，则二人殆皆八十矣。书中言“告解”，言“圣体”，皆教中圣礼，所谓七事之一也。然告解，领圣体，均须在领洗入教而后，方能举行。今渔山以此劝石谷，则石谷必为曾领圣洗之人，特石谷领洗仅为居士，而渔山之学道则直出家，故其人教之名尤著。二人本同庚，同里，同学，晚年又同教，又同享高年，奇也。书中“半我”二字甚新，盖出利玛窦《贤友论》，曰：“吾友非他，即我之半，乃第二我也。”王肯堂《笔尘录友论》，删此句，则“半我”二字不知所云。……此简现藏大阪上野氏有竹斋，内藤虎曾收入《清朝书画论》，纵尺九寸一分，横三寸一分，中缺一字，非“倾”字即“尽”字也。

一九一九年，九月，新会陈垣。

今读陈垣跋，可知石谷也是天主教徒，跋中于渔山尺牍“半我”二字解释尤为明白，不然，真“不知所云”。

渔山师友中比较关系最深的为此数人，此外有张云章，渔山同时人，尝为渔山作《墨井道人传》。唐宇昭于康熙七年为渔山作《桃溪集序》。陈玉瑾，为渔山同时人，为渔山题诗集。余怀，即著《板桥杂记》者，为渔山题《写忧集》。宋实颖、尤侗，皆为渔山题《三巴集》。陈珉阮为渔山学琴师。《墨井集》中相与赠答唱和者有陈南浦、陈集生，许青屿、冯子玉、陈子泉、□燦文、许师六、吴梅村、何蕤音、张西又、蒋南涯、冯半人、唐茂宏、陆上游、侯大年、金民誉、金圣徵、沈惠于、张九上等人，又有只称姓不称名者多人，及西洋人多人，均不及备载。

八　结论

我们读完了这篇关于吴渔山的记载，可以得到几个结论如下：

（一）确知渔山晚年是往来于上海嘉定间，卒后，葬在上海。可以矫正他的种种记载“不知所之”之误。

（二）确知渔山只到过澳门，没到过欧洲，可以矫正他种记载“至西洋”“至欧罗巴”之误。

（三）确知渔山曾见过西洋画（他自己作的画和西洋画的关系深浅，暂且不论）。

（四）知道渔山不但是一个画家，而且是一个诗家，他的诗实在不差，只不过一向被画名所掩罢了。

（五）知道渔山的诗可分为三个时期：第一期是“遗民诗”，第二期是“艺术家的诗”，第三期是“宗教家的诗”。

（六）知道渔山遗著的详细的情形。

（七）知道渔山与王石谷的友谊的情形。

（八）知道王石谷似为天主教徒。

以上各点，都能矫正旧有的记载差误，及补充旧有的记载的遗漏。我们读了，可以知道我们的大画家吴渔山生平的大概了。

原载《时报》，1936年

李问渔司铎逝世二十五周年纪念

徐宗泽

众人所敬爱之李问渔神父，去世至今已有二十五年矣，本年亦是本志二十五周年纪念，李公是报界的先进，创办《益闻录》《汇报》，而本志又是《益闻录》《汇报》之承继人，所以为李公作此篇传略，是不可少的。

李神父讳杕，字问渔，又号大木斋，江苏南汇县人。公之出身地是距离浦东唐墓桥约二里许之西李家。西李家是一个会口，有一只圣堂，教友约有一百多。李公生于道光二十七年七月二十七日（一八四〇年八月十二日），公家是世代耕读，公居次，有一姊一弟三妹。幼时从川沙庄松楼明经学举业，庄本世奉圣教，而于经学颇深，即蒙期许，过于等辈。稍长，到徐家汇公学读书，当时公学始创立，规模不甚大，但开始的一斑学生皆是出类拔萃之才，如同李公及九七叟马公相伯、沈则恭、则宽、则信等，皆是一代之英雄，徐汇公学之光荣。公学毕业后，公于一八六二年五月二十九日弃俗进耶稣会初学，此时晁德莅神父 Zottoli 为初学修士神师，李公受其栽培，德行进步，一日千里，公日后终身之热心，皆肇端于此。二年初学毕后，一八六五年秋，公遣至上海董家渡攻读哲学，时大修院在该处，哲学在大修院中读的，共研究二年，哲学毕，即继续读神学，神学第三年完后，即一八六九年六月二十九日，在郎主教手受司铎品。翌年神学读毕，考试优越，得神哲学博士衔，旋即出外传教，一八七一年在松江府属，翌年调至南汇，一年后，即一八七三年又迁松江，过一年，适此时安徽省圣教福音新近传到，李公承长命前去，布圣教于颖州。一八七五年，回徐家汇，主持修院中文。一八七六、七两年，又至安徽，传教宁国府水东等处。一八七八年调任董家渡任修院教授职。是年七月三十一日，发显愿，自此以后，李公常居徐家汇，不复出外传教矣，时公三十八岁。李公自发显愿以后之生活，计自一八七九年，至一九一一年，共三十三年，为笔墨之生活，以文字为传教之方法而已。后人在公之神业日记中寻得公说定之目标，有拉丁文二句曰：Scribe et ora 即“写”“祷”，写书，祈祷。公所定之目标，直至到死，公完全遵守无达。试检阅公每年之任务而可知，一八七九年公回至徐家汇，从此时起，徐家汇已成为耶稣会之文化中心点：大小修院再转迁移，卒于一八七八年迁至徐汇，不再他往；徐汇公学，亦于是年，增建三层西式大厦一座，学生来学者，日益加增；天文台、博物院、图书馆的事业，亦日见重要；土山湾之孤儿院及其附设之工业，扩张甚速；圣母院、圣衣院亦早已建立完备；此时所需要者，是一个言论的机关，用以宣扬公教文化，李神父乃承乏其职，创办《益闻录》，起初每月出版二次，共六大张，每号零售计钱十文，常阅者九扣。其第一号发行，是在一八七九年三月十六日，十一号起，每七日出报一号。当时除上海《申报》外，报纸寥寥如晨星。《益闻录》一出，自然不胫而行矣！除李公外，第一年帮助编辑者有冯秋舫及徐伯愚二司铎。一八八〇年，公兼职管理大修院，圣母院女学中又讲道理，听神工，一身兼有多职；是年，龚古愚司铎助编《益闻录》。

自一八七九年至一八八七年，公之职务无更变，一八八七年公又创办《圣心报》，其第一号出版于一八八七年六月一日，每月出一本，每本共十二张，零售制钱十五文。本报之宗旨，是为恭敬耶稣圣心。公于是年起专管《圣心报》，龚古愚司铎接管《益闻录》及大修院，但公仍助之。

一八九〇年，公又复任编辑《益闻录》，而《圣心报》则仍兼任；且过一年而又兼管大修院，听公学学生神工。自此以后，公之职务又不调动者五年；一八九七年，公任献堂会修女神师职，卸任大修院理院职务。翌年，一八九八年，上海《格致报》商议附刊于《益闻录》，于是取名《格致益闻汇报》，其第一号出版于一八九八年八月十七日，每七日出两号，每号零售取钱十八文，公则总任其务。一九〇四年，潘秋麓司铎接李公职，编辑《汇报》，公则副之，惟《圣心报》仍由李公管理。

中国自戊戌变政失败以后，青年思想，已大有变更，马公相伯是新学之先导，满足青年求知起见，乃于一九〇三年发起创办震旦大学，商借徐汇老天文台为校舍，请耶稣会士佘公宾王等教授西学。一九〇六年，公任震旦大学校长职，兼教授哲学，又接管《汇报》，仍兼《圣心报》编辑任。但公一身兼多职，难于应付完美，长上知之，乃于一九〇七年任徐允希司铎管理《汇报》，公则专心震旦和《圣心报》二种职务。一九〇八年，上峰又以公年近古稀，精力日衰，乃减轻其职务，以《汇报》《圣心报》委徐伯愚司铎接办，公副之。但一年后，徐公因另有要职，公复任二报编辑职，张渔珊司铎协助之。自是至其终日，常任斯职。

公主报政始终如一日，不避劳瘁的。一九一一年六月三日（废历五月初七日），午正感冒寒疾，名医诊视之，谓本无性命危险，但因公年老力衰，恐有不测。但是日午前，与副主笔张渔珊司铎言身后事，喜所译之书俱竣，不致累续成，惟方刊未刊者则偏劳代校矣。时尚未病，不料所言竟成遗嘱。六日两西医诊视，脉案如前，嘱料理身后事，以防意外之变。七日酉刻领受终传圣事，八日午后四下三刻安逝于徐汇耶稣会院，计在世七十二年。

上言公病终之情形，录自《汇报》第三十三年，第三千八十七号。《圣心报》第二十五年第七期上所记，微有不同，今录如下：

> 李司铎讳杕，字问渔，号大木斋主，江苏南汇人，生于道光二十年七月二十七日，圣名老楞佐，同治元年五月初二日弃家修道，进耶稣会，继攻格物超性等学。八年晋升铎德，传教于苏省之松江、青浦、南汇、上海，皖省之英山、建平、宁国等处。光绪五年首创《益闻录》，后改《格致汇报》等名目，公未尝稍离馆政也。光锗十二年，始创《圣心报》，至今二十五年有余，兼管两馆报务，目不停阅览，手不停披写，著作等身，不知劳瘁。去年以来，衰疲日显，然精神尚好，缮理馆政如常。本年五月初七日午正，忽患寒疾，初八日降临瞻礼，停行圣祭，恭领圣体，勉强振刷精神，到大堂内恭望大礼弥撒，至一点三刻之久，由是病势增剧。初九日名医诊视，称年老而患重寒，恐有性命危。初十日见身上发出红色斑点，始知变症矣，且寒热不减，医甚忧之。十一日傍晚六下钟，受终传

礼，行礼前，公有遗嘱数语，自称感谢天主，赐其死在耶稣会中，已得升天凭证云。又谓三十余年，常居徐汇修院中，免去外边犯罪危险，皆天主特恩所赐也。诸位请代为我谢主，可也。言毕，恭领圣事。十二日午后两下钟，始显临终状，命在呼吸。院长顾公，即诵临终经文，旁有两铎陪侍，为之赦罪诵经。时公明悟尚清楚，旁人与以苦像，即自行口亲之，至四下二刻，始不省人事，四下三刻有零，天主召其灵魂升天。计公享寿七十有二，在耶稣会中五十年。

上寥廖数百言，公之一生事业尽述之矣。公一生事业，除在外传教八年，自一八七九年至一九一一年，计三十三年常住居徐家汇，度其笔墨之生活。其在外传教，惟在安徽阴山，遇着不少困难，因当时安徽开教伊始，风气闭塞，地方人士一闻天主教教士深入内地，于是兴起风波也。幸公知几而退，风潮不致扩大。至公在报馆之文字生活，是固定的，一律的，隐默的，然其德泽普及全国也。《益闻录》开办初年，每号有公之论文，其论文之资料有系统一贯之程序，开始数年论人之灵魂天主之实有，真教等等。此等真实既详细阐明，于是在消极方面，辩斥异教之错误，而进论道教、佛教、儒教等。卒又在积极方面，论降生救世之天主——耶稣——使人认耶稣而爱慕之也。公之思想非常清晰，作事亦颇有秩序，故其排列之论文题目，皆前后有联络，使人既阅一论而不能不阅下一论焉。其第一号之论题曰《人魂必有论》，所以证人有灵魂也。第二号曰《人魂非气论》，以下诸号：《论人魂非理》，所以驳斥宋儒论人魂之谬说也。《魂体纯神论》《人惟一魂论》《魂在全身论》《论人魂由来》《人魂不灭论》《论人魂永生》，上言诸论，岂不将灵魂之实有，性体终竟完全讨论之哉。

公在《益闻录》发表之许多论文，于光绪十二年（一八八六年），公汇集而刊印《理窟》九卷，试听公之自序曰："乙卯春（一八七九年），上游设益闻馆，命予掌馆政，遂将教中要旨，作为论说，按期分类，登列报章，迄今阅八，稔计三百余篇，就简删繁，仅存百首，分九卷，一主宰论，二耶稣传，三天主教论，四儒教论，五道教论，六佛教论，七异端辨，八敦俗说，九魂鬼论，书成颜之曰理窟。……”

其后二十多年，公在《益闻录》及《汇报》上又发表许多论文，公故世后，本社同人于一九一五年又编印《续理窟》两册。《续理窟》者系李公在世时手定之本，全书得一百〇九篇，都十万余言，皆说理之作，或辟谬说，或阐教理，要皆贯穿科学，归本真诠，而有益人心世道者也，首冠以前上海县知事吴君怀疚序文一首。

在《理窟》及《续理窟》中，公三十年之思想可以寻索之矣。公之思想在此三十年中，不无变迁，其变迁之故，因时势与环境变化故也。在十九世纪之末，中国仍墨守旧章，崇尚八股诗赋，维新之思想，断不能入儒者之脑，因此公之文字，公论说之取材，不能不对此方面而进行。庚子之后，中国人之观念已大有改变，另外在光复前之二三年，公之论文所以特注意于欧美输入之种种新思想、新学说，盖公善于变者也。

至若公之文字，简而洁，秀而雅，清而顺，公“不做言之无物的文字”“不做无病呻吟的文字”“不做不合文法的文字”[①]，所以公之论说无一字之不当，无一句之不妥也。忆公在逝世前之三年，曾谓余曰：“作文第一要清顺，我蓄意选择古文中之最平正通顺者百篇，令学生熟读之，则无有不知作文者矣。”此公《古文拾级》之所由作也。

公是文学家，其文学之成就，完全由用功而来，公尝谓人曰：“我现在所以能主笔政，做写作者，因我在皖省传教时，精究古书而得也。”公读书之法，有耐心，有恒心，有秩序，故公所知者，正确而透切，其学问所以有根底而坚实也。公尝答余问作文之法曰：“初学作文，万不要做翻译，因翻译不能练习做文章的，作文须要有意思，有纪律，多读，多看，多做而已。”求文学之长进，公是不赞成做翻译工作的，此语至今深刻于我心。公虽翻译书籍，然词通意顺，令人诵之不知其译自他书。

公不特擅长文字，且又深通哲学，其所译之哲学提纲，明白通晓，虽精微玄妙之理，能以浅显之文字达之，即未习哲学者，读之亦无有不懂者，盖公用

① 作者注：此为胡适语。

中国文字，匠心悉手，无有不达者，其长处能融合中西文字思想于一炉，令读者不知其为译文也。

又公所作论说，无论是辩论、宗教、科学、史地、考据等类，皆有哲学之思想，洋溢于字里行间，故所言皆有物，所论皆有本，不浮泛，不粉饰，而公之文字又甚华丽，故虽多哲学观念，而字句不歉其沉闷也。

计公所著书有：

《圣心月新编》《辨惑卮言》《砭傲金针》《天神谱》《理窟正续》《玫瑰经义》《圣体纪》《德镜》《心箴》《答问录存》《忠言》《圣若瑟月新编》《弥撒小言》《奉慈正义》《爱主金言》《拳祸记》《增订拳匪祸教记》。

计所译书有：

《炼狱考》《圣母传》《宗教大事录》《教皇洪序》（以上三书见《道原精萃》）《圣依纳爵圣水记》《天梯》《备终录》《三愿问答》《圣心金鉴》《亚物演义》《领圣体须知》《祈祷会友便览》《物理推原》《默思圣难录》《圣体月》《福女玛加利大传》《真教问答》《形性学要》《耶稣受难记略》《训蒙十二德》《西学关键》《潜德论》《性法学要》《生理学》《灵性学》《名理学》《伦理学》《原神学》《天宇学》《圣安多尼传》《公议部奏定婚例》《默想圣心九则》《通史辑览》《领圣体前后热情》《拜圣体文》《勤领圣体说》。

计所编书有：

《徐文定公集》《古文拾级》《墨井集》《墨井书画集》。

以上所著所译所编诸书，十之七八皆系历年在《益闻录》《汇报》《圣心报》上所刊布者，今汇而观之，已颇可观。

公之笔墨生活，已如上述，公之德行，亦甚显著。公所最恭敬者，是耶稣圣心，二十四年主编《圣心报》，在报上宣扬耶稣圣心，令中华全国人民恭敬圣心之心，日益热切，其功诚有不可没者。公之编辑《圣心报》也，常跪而写作（徐允希司铎曾与李公同编《圣心报》《汇报》，此系徐公亲见之事）。故闻有叩门声，必答曰少待，盖不欲人见其跪地也。《新经译义》，公亦跪地而译，盖公敬爱天主，故亦敬爱天主之言也。每晨作祭谢圣体毕，出堂时，凝神敛心，其与天主契密之情，表示于外而不自知也（茅本荃神父语。茅公与李公同处多年，所言系亲见），凡此皆公爱天主之心也。至于爱人，公亦有许多善表遗留吾人，凡有求公相助者，公未尝或辞，即在写作忙碌之际，公必接待来宾，未尝少显厌恶之情。三十多年历任圣母院女校、徐汇公学、献堂会、大小修院听神工神师，其神子神女所受灵魂上之种种神恩，非笔墨所可述，惟身受其恩惠者，个个铭刻于心坎中而已。公管理徐家汇大修院十多年，凡人有过未尝责备，惟召至自己房中言之曰："我闻人说，你曾为此为彼，但我自己未目见，如果实在，后当慎之。"（茅本荃神父述此）。在散心时，或闻人过，公往往默不一语，一若不愿闻者，且公从未谈人之过失及短处，公出言本严厉，嗣后改去，竟不言一语，令人难受之者（九七叟见证语），盖事事从善方面着想也。

公对自己，则真正一个守规蹈矩之修士，鸡鸣而起，操劳终日，不肯浪废时候（九七叟语），虽无惊奇之事，实有超特之功，听命谦逊，克己诸德，实有超过常人者。公对于饮食甚克苦，年老夜间不成眠，常呼诵耶稣之名（九七叟语）。公教训献堂会修女成圣之法，孜孜以谦逊为嘱，而公自己亦以谦逊是务。公常编《徐文定公集》，在徐文定公行实中对于金山卫考据，稍欠正确，黄伯禄司铎故意面责之，欲锻炼其德学，公则谦然受之，引以为师传焉（黄公对茅司铎所述）。翟光朝司铎为徐汇公学学生编有《法文西史》，徐汇院长顾公嘱公翻译华文，公以法文本，编事不甚完满，译之无甚益处，然因长命之故，竟绝去私意，译成一本通史辑览，悉照原文，不加增损，其听命克己之功，有如是哉。

公之为人，谨饬，缄默，持重，审慎，周详，持己严，而待人宽（九七叟语），故深得长上之重视，众人之敬爱，在耶稣会中五十年，其嘉言善表，流芳后世焉。及公病不起，死耗传出，无不如伤慈殳，有以念珠圣物等触其身而要永留纪念者。公死之后，德音远布，有求李公之转祷而得获神恩者，不在少数。至今吾中国教友，无论认识公或不认识公者，谈及李神父，莫不兴起一种敬爱之情。今年适值公逝世二十五周年，匆匆作此短篇，留为纪念尔。

附李问渔司铎年谱

道光二十年七月二十七日（一八四〇年）公生

同治元年五月初二日（一八六二年）进耶稣会

同治四年（一八六五年）读哲学

同治六年（一八六七年）读神学九

同治八年（一八六九年）晋升铎品

同治九年（一八七〇年）神学读毕

同治十年（一八七一年）松江传教

同治十一年（一八七二年）南汇传教

同治十二年（一八七三年）青浦传教

同治十三年（一八七四年）安徽阴山传教

光绪元年（一八七五年）徐家汇修院监理中文

光绪二年（一八七六年）安徽建平传教

光绪三年（一八七七年）安徽水东

光绪四年（一八七八年）董家渡小修院教授拉丁文，是年七月三十一日，发显愿

光绪五年（一八七九年）徐家汇创办《益闻录》

光绪六年（一八八〇年）兼管大修院

光绪十三年（一八八七年）创办《圣心报》兼《益闻录》副主任及大修院副监院

光绪十六年（一八九〇年）又接管《益闻录》，仍兼《圣心报》主笔

光绪十七年（一八九一年）兼大修院监理院长

光绪二十三年（一八九七年）兼管献堂会，除去大修院监理院长职

光绪三十年（一九〇四年）《圣心报》主任报，《汇报》副任

光绪三十二年（一九〇六年）《汇报》《圣心报》主任，兼震旦大学校长，及教授哲学职

光绪三十三年（一九〇七年）除去《汇报》主任职

光绪三十四年（一九〇八年）《圣心报》《汇报》副主任

宣统元年（一九〇九年）《汇报》《圣心报》主任

宣统三年（一九一一年六月八日）逝世

原载《圣教杂志》，1936 年

李问渔司铎家属访问记

徐宗泽

我作了一篇《李问渔司铎逝世二十五周年纪念》文，终觉资料不多，不能满意，乃于十月十八日到唐墓桥之西李家访问李公的家属。唐墓桥距离上海约四十多里，幸交通便利，是日晨八下二刻从徐家汇启程，十一下二刻已到唐墓桥了。承唐墓桥总铎，前徐汇师范学校校长杨维时司铎表示欢迎接待，非常欣慰，且又能呼吸乡村空气，将堆积很久的笔墨生活之沉闷气，完全一扫而空，连写作的苦处，也忘记了！

午后一时，承刘司铎介绍我一位先生，陪我到西李家去了，约二十多分钟已到李神父的宅上。李家尚有多房，房屋有三进，虽已旧，可见是一位读书人家。最后有一座大厅，这是圣堂了，两边有四间房子，是为神父和先生的，在我们江苏传教的地方，本堂神父不是常驻一处的，每月中神父到一次或二次，为一会口的教友做弥撒。我因时候关系，到后，即匆匆问李神父家在何处？承李府的人就指示我。我又问李神父所生的房间，是哪一间？他们又明白告诉我是这间。我又问一定否？因为我看见他们很年轻，想他们未必能知道此事。他们总口一辞地答，是的，一定的。我又问府上再有年纪大些的人吗？——有李神父的侄女，——年寿再大些的有吗？——不有了。——请你们请她来，因我要问关于李神父的一切的一切。过了五六分钟李公的侄女来了。

李公的侄女，名玉如，已有六十多岁，是一位贞女，她的面貌很和李公相像，我于是开始问李神父家的事情了。先生，李神父的父母名字叫做甚么？——我祖父的名叫国范，——哪样写的？——国家的国，模范的范。我的祖母是陆氏，就是浦东陆家。——李神父有多少兄弟姊妹？——有一姊三妹，姊和长妹住在家里的；二妹三妹嫁在董家渡沈家。神父不有哥哥，只有一个弟弟，就是我的父亲，他的名字叫做子和，现在也故世多年了。——神父有几位侄侄？——有一侄四侄。——现在还活着吗？——侄子已死了，二侄三侄也死了，现在只剩我和四妹。——她们都住在府上守贞吗？——大侄二侄是住在家里守贞的，二三两侄出嫁的，现在活着的四侄住在家里守贞。——府上进教有多少代了？——有好多代了，我们有一家谱，我去寻来给神父看。

家谱取来了，我于是受而阅之，并按谱问从何代始进教的，他们说自永锡公起进天主教的。计数之下，至李神父已七代了，他们的一世祖名景春，世居南汇县之沙图村（或谓今之沙图庙），纨裤子弟名天培，始迁上海县东四牌坊。天培生永锡，永锡赘于南邑张江栅龙氏因家焉。永锡有四子：如渭、如滨、如渊、如源。如滨承祖业，遂家上海；如渭、如渊、如源，仍居张江栅，从此三支居乡，一支居申（以上见李氏家谱）。

我翻阅家谱后又问你们现在都是教友否？他们答迁在上海的一支不进教的。——为甚么缘故呢？——因为如滨随从他的祖父天培，天培是外教，所以他的子孙也外教了。我于是又一疑问发生了，为甚么天培之子永锡开始进教的呢？当时我未及问，恐他们也不知道，而阅家谱，知永锡是赘入龙家的，当时龙家恐是教友家，因而永锡入赘亦进教了，这是很自然之理，所以他的第二子如滨去继承主业，随祖父不进教，或虽曾领过洗，但因在外教家，后来渐渐成为外教家，也不可知。

李氏家乘系李曾耀先生编的，曾耀是如滨传下的，居上海，外教，在家乘中有此一段纪事："我族素奉天主教，其原始已不可考，迨康熙雍正间，因时局关系，四世二房如滨公因居住在申改奉佛教，其大房如渭公，三房如渊公，四房如源公原居张江栅，至今仍奉天主教。"

遵此，随他祖父之如滨亦进过教的，总之李氏进教当在清初，这是无疑的。

李神父的家世，我已有调查相当的收获，但我更要知悉的，是李公本身的事，但是问了李公府上的人们，都不甚明了，惟说我家圣堂百年纪念时，李神父回来的，这壁上所悬的圣玛谷堂记，是李神父做的，我于是移下略诵一遍，文理果系李公笔，因即抄录，今刊如下：

粤溯我圣玛谷堂，成于成章，克昌、绳武、益三四公之力，而创议者为兰谷公。嘉庆辛酉，经始落成，逮今周百稔。本堂司铎鄂公劳尝告曰，汝堂业百载，累世恭朝，籍获多佑，不可以不贺，旋以谋同族，众志翕然。乃择辛丑三月七日，圣玛谷礼期请总司铎焦公上南川邻近司铎平公、陈公、步公、吴公、朱公，咸来斯堂，唱经谢主。我族李司铎杕行弥撒盛礼，谆谆宣道于众，大旨谓：斯堂之建，我先人信德之证也，当时教难方殷，不为所屈，反能集资筑堂宇，其信德大矣哉！先人之所以遗我后人者，惟此信德为最，何也、信德救灵基也，行善光也，升天资也，则遗我信德愈于陶程之富，金张之贵多矣。饮水思源，能无感佩，吾侪聆司铎之言，心有所属，盖前百年克保信德，而后百年何如？呜呼！我后世子孙志之，他事皆不足惜，而信德不可失也；不惟不可失，而又须有望爱二德也。我所当自励者在此，我所以勖尔子孙者亦在此，尚冀上佑日隆，保尔子孙与世世。

光绪二十七年三月，李朗山、云峰、少夫、湘涛等同撰。

按记念中，所谓成章即李公之曾祖，兰谷即李公之高祖。

李氏家乘中，李神父有传云："九世浩杕字问渝，天主教神父，著作颇多，一生历史，详载《徐汇报》。"以下抄录《圣心报》《李公传》，不多赘矣。

我在李神父府上，得到许多的材料，十分快慰。又承李家诸位欢迎招待，感激万分；李神父在天堂上，知余今日到其故乡，拜谒其诞生之房间，必将含笑而曰小子来此何为？临行时，余祝望李府上多男女学生到徐家汇读书，俾多得修道圣召，以增李公天堂上的光荣。余又请他们多求主，俾李神父有列品之希望。离李府回到唐墓桥已三下一刻，望降福后四下二刻辞别杨公回上海，到徐家汇已八下十分了。

原载《圣教杂志》，1936 年

创办本志的潘秋麓司铎

徐宗泽

《圣教杂志》创办至今年，已有二十五周年了。我们今日做纪念，同时也不能不纪念本志的创办人潘秋麓司铎。潘神父创办本志的历史，已在《二十五周年之圣教杂志》一篇中论及了，现在也不再多提，潘神父的小传本志第十一卷第一期上，也已登过，今要论潘神父一生的事业，不过将我所闻所见，补述而已。

潘公讳谷声，字秋麓，圣名若翰保弟斯大，江苏青浦县人。他于一八六七年九月二十五日，生在董家渡。公的本乡是诸巷，诸巷属于青浦，距离上海有六七十里，他家迁到上海是在一八六〇年，所以迁居的缘故，因要避去太平天国的乱。

公的父亲，是一个诚实的好教友，在海船上经商的，当时从诸巷迁到董家渡的人家，大抵做海船生意，因而致富的不少，潘公有一兄五姊，长兄成家后，生有五儿，四十七岁去世的。公的四个姊姊，幼年时死的，剩下的一姊在董家渡管理本堂神父的小学校多年，卒时五十九岁。公的父亲丧偶后，又续娶，生一子。（参考 Relations de Chine 1922. P. 105 sq. ）

据孔明道司铎说，潘神父自己亲述曰，“他家中每闻三钟经声，必诵三钟经，饭前后亦必诵经。”又曰：“我九岁时，一日母病，我到董家渡堂中去请一神父为我母终传，我所叩的房门，是李问渔神父的，李公欣然同我前去，我则领路。李公一路和我交谈，问我所读之书，我答以已知背诵四书，李公闻之，很欢喜，勉励我用心读书。”（Relations de Chine 1922. P. 105 sq. ）

公于一八七九年秋到徐汇公学读书，那时公只有十二岁。今我翻阅徐汇公学历年奖赏册，见一八八〇年，公有第四分之品行奖赏，公在公学的名字，叫做潘声山；一八八一年，有第三分之品行奖赏，西文有第二分之奖赏；一八八二年，除仍有第三分之品行奖赏外，并有圣学第二分之奖赏，文课第一分之奖赏，西文第一分之附录。以下的年份，我不再查了，已可见公在公学是一位品学兼优的学生，校长蒋邑虚司铎，称为神童，良有以也。

一八八四年六月二十日进修院，攻读拉丁二年，哲学二年；一八八八年七月七日进耶稣会，同时进会的，有张杰夫、朱季球（今之海门朱主教）、俞惟几、乔瀛生（日本人，进日本东京上智大学教授）五位修读士，和五位辅理修生；初学神师是晁德莅神父。二年初学后，于一八九〇年研究文学一年；一八九一年在徐汇公学当教员职兼监学共二年；一八九三年加读第三年哲学；一八九四年教授中文、拉丁文；一八九五年开始读神学；一八九八年晋升铎品；四年神学读完后，于一八九九年，传教于江苏之宿迁，此时适值拳匪之祸，公镇持其间，绝无畏怯之心，直至一九〇一年乃回徐家汇卒试，翌年，一九〇二年任徐汇公学校长职，兼《益闻录》副主任事务；二年后去校长职，专任《汇报》馆政；一九〇六年复任公学校长，一九〇八年震旦大学在建筑新校舍，乃迁入焉；公调至震旦，任副校长职，兼教授哲学。三年后，即一九一一年，又回徐汇，管理《圣心报》，兼为献堂会修女神师。李问渔司铎于是年六月八日故世，《汇报》即于是年停刊。潘公以有长久之历史的《汇报》停办不无可惜，乃求上峰创办《圣教杂志》。本志于一九一二年一月出版第一期，公为社长，张渔珊司铎副之，《圣心报》仍由公与张公主持，直至一九二一年公逝世之日。公逝世于一九二一年十二月三十一日，然公之得病，已在一年之前。 九二〇年一月二十一日，忽觉半身不遂，请医诊视，一二月后，略见复原；同年复活瞻礼前四日，忽又中风，复又稍愈。一九二一年七月中旬旧病复发，自是以后，精神日见减少。公知病不可愈乃大量做祭献。十二月十七日病势转剧，二十一日领受终传，时公神志清楚，端坐椅上，手持经本，亲答礼文。二十四日午后八时，忽然噤口不言，自是滴水不咽，一连六日有半，公手持念珠，至死不释。三十日夜十一时四十七分，忽双目注视侍终之张渔珊司铎，张公知为告终之记号，乃手持苦像，令其仰望耶稣并为之诵赦罪经。三十一日零时三十分，头胸渐渐寒冷乃终焉。公尝言愿求圣母赐其死于瞻礼七，果然死于瞻礼七之第一时也。

潘神父的一生事业，可以四事括之：一创办《圣教杂志》，二编辑教科书，三开办师范学校，四提倡公教进行会。

一、创办《圣教杂志》

创办本志的历史已在前篇论及了，今只言十年中公之论文的思想，公作论文，从来不署真名，他的笔名有二，一域材，一师道。凡论圣咏，他署名师道；其他的论说，则以域材署之。公作文不很多，然不做则已，如做则很长，且有系统，一切的论题，大抵依时代的背景而定，故所论都有益于人的，能与人以判事的准则和观察事理的能力也。公擅长哲学，思想又合逻辑，故其所论多哲理而少丽语，言之必有物也。

二、编辑教科书

公热心教育，对于公教教育尤为注意，故本志上有许多关于教育的论文。顾工欲善其事，必先利其器，要公教教育的发达，必先要有公教教科书，公早已见及此，故有教科书的编辑。编有《初等小学国文新课本》共八册，和《高等小学国文新课本》共六册，初等小学教科书有说明书四册，专为教员之用。此等教科书一经出版，风行于全国天主教学校中，即外教学校也都有采用的。初等课本并译有法、英文，可见欢迎的一斑了。

三、师范学校

公对于栽培人才有特殊的兴味，十多年来，为崇德女校（今改徐汇女子中学）、启明女校，训诲女生，指导学务，擘画周详，功献卓著。公又念教中子弟求学之难，每欲多植人才，俾为圣教服务，因思创办师范学校，以培植师资，处心积虑，八易寒暑，卒得长上之允准，徐汇师范学校遂于一九二一年秋季开校。一时各省教中子弟负笈来校者，实繁有徒。现在已毕业在全国公教教育界上服务者，其质和量已甚可观。徐汇师范将来之希望诚伟大哉。

四、公教进行会

公有大志，对于荣主救灵，有伟大的计划，二十五年前中华公教进行会的发起，公与有力也。民国元年王远志司铎与洪洞、成捷三主教函商创立全国教友联合会（该会宣言见本志第一年第七期），公赞成之，卒定名中华公教进行会，拟定中华公教进行会简章（见本志第一年第八期），一时风动全国，南如广东、福建、湖南、湖北等，北如山东、奉天等，西如四川各教区，多数华籍司铎，呈请各本主教允准成立进行会，不一年，正式成立之公进会之二大柱石（见本志第廿四卷第十二期《中华公教进行会之演进史》，七百三十一页），我江南省亦由陆伯鸿先生发起请求，姚主教允准，成立江南公教进行会，公为该会监督（见本志第二年第三、五两期及第廿四年第十二期），今改名为上海公教进行会。上海公教进行会成立至今已有二十五年，公提倡赞助之功亦不可没也。

除上言的诸事业外，公著有《圣类思小传》《中国致命真福传略》《玫瑰经浅议》《佘山记略》，译有《天主上智亭毒万物论》，其他许多论文，刊布于《圣教杂志》者，不及备载。

潘神父有远大的见识，敏捷的判断，他所抱的志愿，欲为中国圣教会做一番荣主的事业，故心心念念要培植后生，他在公学做校长时，见有青年聪明的学生，即特别以教育之，凡受其训诲者，至今还能记忆之。对于劝化外教，公亦非常热心，在上海公进会，不时召集外教有名人物，与之讨论真宗教；为启明女生，时常以真道真理开导她们的心理，因而归化进教者，不在少数。公又任修院和鲜堂会神师之职，受其神恩者，甚多也。

公谢世时，不过五十四岁，公之大志，未得尽量发展，人多以是惜之。然天主上智安排事，迥有异于人的智慧判断者，恐正因其受磨炼，多挫折，更能为天主愈显主荣也。今公去世已十五年矣，抚今追昔，不禁感慨系之。

附潘秋麓司铎年谱

同治六年（一八六七年）公生

光绪五年（一八七九年）公肄业徐汇中学
光绪十年（一八八四年）入修院攻读拉丁及哲学
光绪十四年（一八八八年）进耶稣会
光绪十六年（一八九〇年）攻读文学
光绪十七年（一八九一年）公学监学兼教员
光绪十九年（一八九三年）读第三年哲学
光绪廿年（一八九四年）教授中文、拉丁文
光绪廿四年（一八九八年）晋升铎品
光绪廿五年（一八九九年）宿迁传教
光绪廿七年（一九〇一年）徐汇卒试
光绪廿八年（一九〇二年）徐汇公学校长
光绪三十年（一九〇四年）主《汇报》笔政
光绪三十四年（一九〇八年）震旦大学副校长
光绪三十六年（一九一〇年）复任公学校长
宣统三年（一九一一年）管理《圣心报》
民国元年（一九一二年）创办《圣教杂志》
民国十一年（一九二二年）去世

原载《圣教杂志》，1936 年

前本志副主任张渔珊司铎

徐宗泽

兹值本志二十五周年纪念，我为李问渔、潘秋麓二司铎曾作传，以志不忘。张渔珊司铎和本志也有关系，就是张神父联络《汇报》和《圣教杂志》的唯一人，一九一一年六月八日，《汇报》主任李问渔司铎逝世之年，张公为副主任，继于一九一二年一月《圣教杂志》由潘秋麓主办之年，张公又为本志的副主任，故张公实为《汇报》和《圣教杂志》的联络人也。

张公讳璜，字渔珊，又字渔人，圣名玛弟亚，江苏南汇之西八灶人，生于一八七二年二月五日，幼年肄业于徐汇公学。一八九三年九月一日，入徐汇初学院，进耶稣会。二年初学后，遣至南京研究中西文学。公在南京时已就留心南京地方掌故，调查考察摹搨碑石，后来著有一本 Les tombeaux de la dynastie liang，后译成《华文梁墓考》，即于这时开始收集资料和照片也。一八九七年，二年文学研究完毕，仍回徐汇，按耶稣会习惯，会士在升铎品之前，须在一公学当教授或监学之职，公也逃不出是例，乃在徐汇公学任这些本分，共二年。一八九九年乃读哲学三年，哲学毕，即继续神学，三年后，即一九〇四年晋升铎品，后又读神学一年，一九〇五年传教于嘉定，一九〇六年卒试。卒试者，是耶稣会士，已登铎品后，行第三年的初学，圣依纳爵恐自己的门徒，于多年读书后，对于事主之热心，恐有欠缺，因要彼等再事初学一年，以坚练其德行也。卒试毕，一九〇七年公居徐汇，专事研究汉学，Variétés sinologiques；一九〇八年，公调至董家渡，帮助传教事务；一年后又调回徐家汇，任《圣心报》及《汇报》副主任事务，兼管藏书楼。一九一〇年，公之本分如上年，然调居土山湾，俾在该院能帮助一切事。一九一二年又回徐汇，事务如前，无更动。因是年创办《圣教杂志》，俾能和潘神父就近编辑，自此年起，直至一九二二年秋，常居徐汇。潘公故世后，公始外调至无锡。按公担任《圣心报》及《圣教杂志》编辑事共十三年之久。

公居徐汇已有十多年，外调离任时，不无依恋之情，然传教也为公所喜，无锡也是一大堂口，公到任后，不久和彼地人士，即有交际，乐然也。不料一日在堂中圣体降临弹风琴时，忽然中风，后虽复元，然不能不专事休养。乃于一九二四年，调至上海洋泾浜休养。公即于是时起步行维艰。公居洋泾浜，请中西名医诊视，终无甚效验。公之友朋去慰问者甚多，公性喜活动，自此年起直至其终日，蛰居病房，共计有五年之久。其习练忍耐克苦之功，不言可知。有时友朋去慰问，公终不一言其病之苦，且尝抱乐观，自慰自安。公又甚爱徐汇，凡徐汇有盛会和瞻礼等，公每喜来参观。一九二九年四月二十后，公来徐汇，拟休息多日，以调换空气，不料是月三十日夜饭后，八下一刻，公忽然又中风，是时侍公之佣人见公状危急，即唤神父行终传礼，不多时，离此涕泣之谷而去享天庭的福。是年六月本志上登有此一段哀记：

> “张玛弟亚渔珊司铎，同潘秋麓司铎主任《圣心报》及《圣教杂志》十有多年，学问渊博，著书甚多，《欧亚纪元列表》一书，尤为其巨作，在学问上颇多贡献，即教外学者，亦称赞不置。兹于四月三十日晚八下一刻，在徐家汇总院故世，享年五十有八。张公杰出之德为爱人，为勤恳，为任事热心，受其惠者，不胜屈指，远近凡闻张公逝世之耗者，莫不伤悼云。”

尝忆公逝世之晚，我在他的房中，谈了许多事情，不料公竟于是晚离我们而去。公一生杰出之德，诚如本志所言是一个爱德，有了这个爱德，所以公待人谦和，喜欢助人，凡有所求，莫不应允，对于贫而无靠的人们，公待之尤为体恤周详，即有人讥讽，公不介意也。对于自己，又甚克苦、克己，宁牺牲自己的精神力量而为人服务，每日工作夜必过十一时，有时且过夜半者，但四下已起身做一切神业工夫，五下一刻弥撒，在徐汇十多年，终年如是也，公六年病中所修诸德，尤为显著，盖公在世已做其补赎工夫，炼来身清神洁，天主乃于忽然之间，收其灵魂。

公之才学，亦出人一等，实一天生之才。作事很敏捷，二三下能作三四千字，又不加思索，真所谓信笔直书。著有：

《欧亚纪元列表》（中西二厚册）Synchronismes chinois；Les tombeaux de la dynastie Liang 此书已译成中文；《圣女婴孩耶稣德肋撒传略》；《如庇来翁大赦考》。

除此之外，公编辑《圣心报》，有十多年之久，《汇报》及《圣教杂志》上，又著有许多论文，译有许多新闻，校有许多经文，和书籍，尚有许多剧本、唱歌，或已刊印，或为稿本，尚不计其数也。

公管理徐汇藏书楼计十三年，收买各直省府厅州志书甚多，现在书楼中有不少善本书及四部丛书，都是公购置的。又收藏各国邮票，今也是为书楼中之一珍品。

公的交际也甚普遍，凡学界中有名的人物，莫不知张渔珊先生者，不但知其名，且留有好感，盖公凡有来参观徐汇者，无不竭诚招待，即在百忙之中，也离掉事务而去殷勤接待，凡来参观者皆满意而去，这虽是一件烦扰的事情，而实是一种传教的方法，无论直接间接得到不少教外人对于天主教之好感情也。

今公逝世已第七年了！纪念本志创办之艰难，我不能忘掉有功于本志的张玛弟神父。

张渔珊司铎年谱

同治一一年（一八七二年三月五日）公生

光绪十九年（一八九三年九月一日）进耶稣会初学（徐汇）

光绪二一年（一八九五年）研究中西文学（南京）

光绪二三年（一八九七年）徐汇公学监学

光绪二五年（一八九九年）研究哲学第三年

光绪二八年（一九〇二年）读第一年神学

光绪三十年（一九〇四年）晋升铎品

光绪三一年（一九〇五年）嘉定传教

光绪三二年（一九〇六年）卒试

光绪三三年（一九〇七年）徐汇研究汉学

光绪三四年（一九〇八年）董家渡传教

宣统元年（一九〇九年）《圣心报》及《汇报》副主任

宣统二年（一九一〇年）土山湾职务同上

宣统三年（一九一一年）同上

民元年（一九一二年）《圣心报》及《圣教杂志》副主任

民二一年（一九二二年）无锡传教

民二三年（一九二四年）洋泾浜养病

民二八年（一九二九年四月三十日）逝世于徐汇

原载《圣教杂志》，1936 年

土山湾乐善堂旧闻

林　骆

上海徐家汇土山湾孤儿院第三层楼，系天主教会优待现任国府委员九八老人马相伯夫子隐居之所，名曰乐善堂。堂有洋房一排五间，一为会客厅，二为老人卧室，三为小圣堂，四为秘书处，五为厨房。老人每晨四句钟即起，着衣盥漱毕，端坐于卧室与圣堂之中间门首，右手握圣经，左手持念珠，闭目默想天主。六句钟，徐西满神父即来做弥撒，老人望弥撒领谢圣体后，即用早膳。膳极简单不过一盂牛乳咖啡茶，与两块饼干而已。膳后即暂时搁置默祷读经之生活，而入于常人态度。纵观经史子集，博览群书，诵唐宋诗文，而尤喜读四书。逐日必重翻圣经二段。此外或临各名人草帖，或应人之求，书匾额堂幅屏条。书法颓然天放，横扫千军。常作大长寿字，劲险刻厉，奇伟魁梧，如立、如行、如走，信笔淋漓，其妙入神，老当益壮，绝不似九八叟之腕力也。兴之所至，墨竹与山水，亦偶为之。然此乃千载一时，真难得耳。

老人泛爱众，好宾客，极易与之接近，随问而答，信口不穷。且善诙谐，好谈论，或谈中外之风流韵事，或论古今之成败得失，从心所欲，而不逾矩，此所谓国风好色而不淫，小雅怨诽而不乱也。余常于中午退公，到乐善堂陪老人午饭，且食且语。兴高时，欢声震屋，每至于忘飧。孔子云：食不语，吾人此时，则语不食也。

老人亦酷爱花鸟，客厅陈列鲜花，艳色夺目，奇香扑鼻，窗前满挂各种笼鸟，娇声巧转，连续不断，如在深山茂林之中。辄于饭后茶余，令仆人开笼，放鸟于屋内，任其飞腾四壁，并以菜果戏喂之，以娱心目。更有一事，可述与读者一粲，即老人喜作字画，亦喜他人之字画。客厅四壁，已为他人之字画补无余白。如于右任、章太炎之墨宝最多，固不足异。所可异者，余本不知书善画，而独屡次命余写之，以悬之。且未几又将余所作揭下，令余再作以易之，盖老人必以余所作昨是而今非。余亦自知，余所作昨是而今非，颇默感相吾师之教益。

惟最可笑者，老人于入都之先一月，犹命余写字画各四条，字乃录沈某观察纪念徐文定公逝世三百年之近作，画则为墨写松竹兰梅，即裱而挂之。一日，午饭时，老人目睹此拙作之八帧，喟然叹曰，此小子之字画清秀，令吾一观之，便可开胃口而加飧云。余闻老人此语，不禁颜汗，捧腹而自笑。次日晤及余友刘君符诚，即以老人之趣言相告。刘君为余之莫逆，乃不客气戏余曰："君之字画，能加老人之飧，固妙。倘使能加天下人之飧，则野无饿殍，而君亦不至一寒至此矣。"余不禁大笑答之曰："诚哉斯言，世衰道微，非子其谁赠我以袍。"

原载《文藻月刊》，1937 年

安敬斋的艺术生涯

张乐古

最近应摄影家郎静山君，约至徐家汇土山湾印书馆，为上海文献展览会征集出品。我们素稔该馆摄影部主任安敬斋氏，安氏为天主教修士，主持摄影部已三十余年，当有不少珍贵的材料，可以作为陈列品的。我们投刺后，意外地得到一个噩耗，惊悉这位年已七十二岁的艺术家，上海摄影界的老前辈，已于上月二十四日去世了。回忆一月前，郎君曾访晤安氏，并给他摄了两张肖像，谁能料知时隔二周，安氏竟已撒手离开人世。我们不禁发生"物存人亡"的感慨，郎君于惋惜叹喟之余，托我搜集关于安氏过去生平之事，作一述状。就把我私人所见闻，写成这篇纪念文字。

安氏讳守约，字敬斋，生于民国纪元前四十年（清同治四年，公元一八六五年）七月二十四日，为上海产。三岁时即失慈母，他的父亲是英国籍，在关税局服务，即将安氏寄养于土山湾孤儿院中。

土山湾在上海市法华区徐家汇镇西，以肇嘉浜浚水时堆泥于湾成阜而得名。咸丰十年（一八六〇年），天主教因青浦县蔡家湾所办的育婴堂遭太平天国纵火烧毁，便迁至上海董家渡。同治三年（一八六四年）将土山湾削为平地，建造了一所工厂，把育婴堂迁入，便成立了土山湾孤儿院，创立迄今已有七十三年悠久的历史。安氏于同治七年（一九六八年）即入土山湾院中，一直到他去世止，他一生七十年的岁月，差不多都在上海徐家汇消磨过去。

安氏在天主教中受洗，取名恩埋格。七岁时他的父亲调任日本税关，欲携他同到日本去。安氏坚决不肯往，便留住院中，他从小即爱好美术，专心学习绘画及中法两国言语，光绪十四年（一八八八年），年二十三岁，他有志弃俗修道，即入耶稣会为修士。二年后即派充徐家汇博物馆（即今日震旦大学博物院的前身）技师，他担任制绘各种花木昆虫鸟兽标本画册。现在震旦博物院藏有许多精美画本，都出于安氏的手笔，还保存有安氏许多的手迹。今日徐家汇天主教堂耶稣会士餐厅中一幅伟大的壁画《建定圣体图》（俗译为《最后圣餐图》），是安氏生平得意杰作之一。

安氏于从事绘画工作之外，曾一度调往佘山，助理天文台事务。光绪二十七年（一九〇一年）仍回上海徐家汇，研究摄影及制图术。光绪三十年（一九〇四年）起，管理土山湾印书馆图画馆及照相馆，前后凡三十三年。

土山湾的图画馆，是上海介绍西洋绘画最早的一个艺术研究机关。创立以来，已近四十年。图画馆共分水彩、铅笔、油画及彩绘玻璃数部。所有图画出品，曾出品南洋劝业会，获得奖牌奖状甚多。上海水彩画家徐咏青氏，即为该馆初期所造就的杰出人才。

土山湾孤儿院中的摄影部，是上海开办最早的一家照相馆，并附设制造铜版、锌版、玻璃版各部，玻璃版一名珂罗版，据安氏生前亲自告诉我，他是第一个试验成功，远在日本发明玻璃版印刷术以前。在远东可以算是最早应用玻璃版于印刷术的发明人。近年来，安氏又研究利用平面照相片，作成立体的塑像。今日摄影馆中，陈列有大小石膏塑像无数，及盈千累万的照相底片，铜锌珂罗版，照相像片等等，都出于安氏的手制。

安氏生前，性情厚淳，气度安详，待人接物，慈蔼可亲，谈吐温和，脸上常露笑容，淡泊名利，不求闻达，与世无争，从无厉辞疾色，是一个典型的修道士。院中人常称他做安相公，也有称他为神师相公者。神师两字，乃教会中推崇对于神业修养有素的导师之称呼。

安相公不单把他毕生精力，尽瘁于宗教艺术事业，而且常孜孜不倦，以引掖后进为已职。青年画家雕塑家张充仁君，少年英俊，艺事甚精，即为安氏一手提拔的人才（张君于未至欧洲研究艺术前，曾从安氏学习照相制版及绘画多年，他的初期摹本技术，是跟着安相公学习而成的）。

安相公平日体质素健，虽年逾古稀，而容颜一如壮岁。我们只稍看他的精神矍铄的照相，决不相信他会这样很快地像闪电一般便与世长辞了。距他死前

1921 年在土山湾印书馆照相制版部当学徒的张充仁（前排左二）

半月，郎静山君为他拍了两张照像，如今他自己是不能看到，而竟变成我们瞻仰他的最后遗像了。安相公在天之灵，或者也能鉴纳我们纪念他的一点友情罢。

原载《文藻月刊》，1937 年

古文家李问渔传

张若谷

民国戊寅年春，余执教震旦大学，承乏国文讲席，与同学诸君于治经史之余，共风诵古文。余师前校长李问渔所纂《古文拾级》之制，编成《古文新观》一书，先今后古，自卑自迩，逆行而上，与前贤所辑《古文观止》《古文辞类纂》等，不同其体。先以民国时人所作之古文，列诸卷首，次清文，次明文，次宋文，而止于唐文，成《古文新选》一卷。又择其古文辞奥义深者，审字注释，句读讲解，另成《古文讲义》一卷。又叙述各文作者之身世与学业，以增助诵习者之兴趣，成《古文家》一卷。又集唐宋以来各先哲论古文法度之精言，阐明古文之源流及其嬗变，成《古文史略》一卷。合四卷为一函，言之曰《古文新观》。余闻之，君子知新，今略其旧而详其新，旧十四而新十六，故曰《新观》，以供嗜古文辞者，揽撷采掇云尔。是篇叙李问渔小史，为古文家传未定草稿之一，录呈就正于徐师宗泽夫子，并希读者，有以教之。

李问渔名杕，号大木斋主，别署耶稣会隐名氏，江苏南汇人也，，世代耕读，自八世祖起，信奉天主教。父国范，母陆氏；姊一，未字人；弟一，名子和；妹三；二妹及三妹，均适上海沈氏。清道光二十年七月二十七日，生于浦左唐墓桥。

杕幼徙川沙庄松楼习举业，比长，负笈上海徐汇公学，同学者，有丹徒马相伯先生。同治元年，年二十三岁，舍离恩爱，出家修道，入耶稣会为修士，始攻格物、超性、教律、经传、排算、性理诸学。首尾十年，焚膏继略，熊胆频尝，俯而读，仰而思，费尽精神，尽谙所学。年三十，升任耶稣会司铎。次年，考得神哲学博士，奉会长命，传道皖江淞水间。光绪元年调徐家汇修院主讲国文，四年，任董家渡修院拉丁文教职。

光绪五年，杕奉上峰命，仿《新闻报》式，创办《益闻录》，盖取其事之有益于世道人心者，使天下之人，皆乐于闻见也。杕掌馆政，遂将天主教要旨，作为论说，逐期披刊，上溯造物奇功，下述格致要理，以及彰善瘅恶，易俗移风，凡有关于家国身心者，无不分门别类，略举其要，并引证教中轶事，以明传教之旨，皆以黜邪崇正，原始返终为主。积稿八稔，汇集成问百篇，颜曰《理窟》。

光绪十三年，杕又创办《圣心报》，兼持两报笔政。自兹以往，至于去世，终身从事探讨著述之事。光绪二十四年，上海《格致报》商议附刊于《益闻录》，遂改报名为《格致益闻汇报》，继改名为《时事科学汇报》，卒名《汇报》，直至宣统三年，杕终，《汇报》亦告停版。

光绪戊戌康梁政变未成，丹徒马相伯先生创立震旦学院于徐家汇，光绪三十二年，聘杕任震旦校长，兼授哲学。自宣统二年起，专任《汇报》《圣心报》主笔，先后兼理两报馆务，凡三十二年，鞠躬尽瘁，死而后已。

宣统三年夏，杕患伤寒，因年高力衰，不及诊治，遗言《汇报》副主笔张渔珊司铎，谓："所译之书，喜俱告竣，不致累绩成，惟方刊未印者，偏劳代校矣。"是年五月初八日，安终于徐家汇，寿考七十有三，葬于上海南门耶稣会墓地。

李杕自幼诵经读史，不但精邃古文、拉丁文、哲学、神学，且旁及儒、释、道三家之说，尝曰："中国上下数千年，三教并行。靡然一辙，佛氏尚无，说多荒诞，道家尚仙真，事皆穿凿，儒士诚意止心，学问中正，而昭事之典，修省之功，身后之报，皆略而不明。惟天主教修己淑人之学，较三教相悬，不啻天壤。夙欲著阐道之书，刊行问世。"自主《益闻录》《汇报》笔政后，目不停览，手不停披，译著阐道论学之书，凡六十种。著作等身，不离劳瘵，其较著者，有《理窟》《新经释义》《西学关键》《形性学要》《性法学要》《灵性学》《名理学》《伦理学》《原神学》《天宇学》《通史辑览》《拳祸记》等，并编有《徐文定公集》《墨井集》《墨井书画集》《古文拾级》等四种。

论者谓李杕长于古文，所作文字明白通晓，且所论皆有本，不浮泛，不雕饰，虽精微玄妙之说，能以浅显雅驯之文字达之，更善以古文译述西学，融合中西文字思想于一炉，使读者不觉沉闷，不知其为译文也。

李杕生当光绪末叶，时中国学者仍墨守旧章，崇尚八股诗赋，然杕独具双眼，能以古文输入欧美之新思想新学说，其功实不可没。杕生前尝论中国儒家，别为六宗：曰俗儒，曰陋儒，曰小人儒，曰迂儒，曰通儒，曰大儒。其论通儒曰："经史无不明，从事于天文地理推算等学，不以异方之学而鄙之。"又论大儒曰："理义熟，文辞妙，以平日之所学，出而施诸当世，犹绰绰有余。"李杕其为近世之通儒兼大儒欤？

原载《圣教杂志》，1938 年

张一麒修士小传

张若谷

张一麟，字石漱，江苏南汇人，南京天主教修士，祖雪香公，字志瀛，为沪南故耆绅，掌理沪法领事署文案，清介有守，五十年如一日，受有法国政府荣誉勋章，父锡笙，供职同署，不坠先绪。修士生于中华民国纪元前八年，幼颖异，受读即能了大义，少入徐汇中学，束身砥行，品学兼优，师长同学，俱推重之。弱冠毕业中学，与诸同学投考震旦大学，榜发，名列前茅。诸同学争欲升学，独修士意度夷旷，殊落落也。盖渠平日静穆好潜思，于人生别有领悟，早已看破红尘，有离俗修道之颐矣。

修士世奉天主教，其家族中，先已有二人弃家修道者：一为叔祖张渔珊公，掌理《圣教杂志》及《圣心报》笔政有年，兼徐家汇藏书楼主任；一为堂兄家树，现任徐汇中学院长，二人俱为天主教耶稣会士。修士有志踵后尘。尽瘁宗教文化事业，遂禀命父母，改入徐家汇修道院，专习拉丁文学、哲学、神学，修身立行，敦礼自守，人皆称敬。惜孱弱善病，未能多劳神思，遵医师嘱，辍学回家养疴。

修士平日于世务泊如，不轻与人晋接，惟常以明道淑人，引为己任。秉性宽厚，与人以诚，虽寡言而好思，迨与人论及天主教教义，则滔滔忘倦。又重然诺，喜任难事，惜以多病常郁郁不得志。益致力于传道事业，曾举办全国天主教出版物展览会，并任《大沪晚报》《野声周刊》编辑。曾于斌博士新膺南京教区主教职，嘉修士之志，召至首都，使继续研习神学，冀能完成其素愿。修士喜逾望外，宿疾若失，益努力修学，深蒙于主教之称许，谓修士以百病之躯，历年来为宗教服务及活动之能力，实远胜一健康之普通修士云。

不幸中日战争爆发，修士遄返沪城，其旧居已沦陷沪南，共其运命，目睹灾黎之与沛流离，扶病四处慰劳，常奔波病院及难民收容所中，忧时伤心，旧病复发，卒因体力不支，未及重见沪城之光复而遽瞑目矣。修士生前言行敦洁，皎然不欺其志，其师长亲友，共推为笃行之士焉。寄世仅三十有六。

堂弟张若谷记

原载《慈音：上海教区徐家汇圣依纳爵公学圣母始胎会会刊》，1938 年

百岁青年马相伯先生

于右任

吾师马相伯先生，生于逊清道光之二十年（一八四〇年），至今民国二十八年（一九三九年），盖已大寿一百岁矣。先生以一代之师宗，享大齐之遐祉，其文章道德，与先数年来对于国家民族之建树，殆非常席楮墨所能倾写。顾余则以为"百岁青年"之一词实足以举而赅括之，余之致语以寿先生也，曰"民族一元老，精神常少年"。此种少年精神，则即先生修已立人成功之源泉，是以形容其整个之人格者也。试以先生之生平与世俗所谓寿翁耆老较之。

世俗所谓寿翁耆老，有一通行之概念焉，则功成身退，岁居以尽天年是也。书称"耄期倦于勤"，谓舜以年老倦于攻书也。礼称"休老劳农"，谓老年之人，宜使之休暇安息也。郑康成之为《戒子书》也，年才七十耳，而曰："案之礼典须合传家，告尔以老，归尔以事"，盖人之精神，不能不受其生理组织之支配，既达一定年龄，则生理机能，减其作用，而精神亦处于退婴之状态也。惟先生则不然，不特期颐之年，精神固护，有逾少壮，其一生之盛业鸿烈，且多在中年以后。常人所指为桑榆暮景之时，而始发轫，则今日巍然为国中学府重镇之复旦大学，人莫不知为先生所手创，由先生之心血培养灌溉而成。然先生之创立复旦，与其前身之震旦学院时，其年则已将上十矣。当余之肄业于震旦也，其校舍则假徐家汇天文台之故址为之，无自置之室庐也，其教授则由耶稣会之诸神甫及修士任之，无经常之款产也，先生白发盈额，以一身楮柱其间，盖不知其几何艰苦，几经挫折，然先生终维日孜孜，乐之而不疲。其后之别创复旦也，其校舍之苟简与师资之难得，又远逊于震旦，先生以皤然一老，与十数门弟子呼号奔定于缙绅官吏之间，其所历之艰苦，与所经之挫折，且较创立震旦时而过之，然先生仍维日孜孜，乐之而不疲。此维日孜孜，不厌不倦之精神，则即余之所谓少年精神，而先生一生尽瘁于国家民族之原动力也。

先生生乎外患频仍之世，其爱国保种、拨乱反正之心，尤老当益壮，终始不渝。当先生之奉使于高丽也，日本帝国主义，亦已渐露凶锋，骎骎乎凭陵上国之势，先生忧时念乱，洞烛机先，既以其策陈诸中枢当局而不见听，则退而讲学于海上，思以百年树人之计，植民族复兴之基，此即震旦、复旦两大学创立之动机也。震旦之立，时党人志士，多负笈来会，先生既仿欧美大学教育成材之制，手定课程，自为解讲，尤必于每星期日，集诸生于一堂，诏以种族之大义，定攘之重任。当先生登坛说法时，须髯戟张，足义愤发，吾人追忆及之，犹不胜其感奋。讵知先生此时，已为一年近七十之老翁哉。及民国成立，先生从游诸弟子，多能本其师说，为党国效力，期时先生之心，亦为之稍慰。自于民元一赴南京，出主市政，然日人以我革命势力突起，足妨其大陆政策之进展，故其谋我也亦奋亟。自二十一条件以至济南惨案，其间阴谋毒螫，步步进逼，几乎年不绝书。先生奔驰南北，日震其雷霆钟吕之音，为唤起民众之工作，不以年事之高，图一日之暇逸。及“九·一八”变起，先生愤慨尤甚，其在海上既领导青年，使其同仇敌忾之心，纳于精诚团结，一致御侮之正轨中，后安车就道，来居首都，翊赞中枢，奠抗战建国之大计。盖先生于民二十五年十二月入京，翌年一月，选任国府委员，其年则已九十八矣。昔伏年逾九十，口授尚书，马援据鞍矍铄，以示可用，当时俱载诸史闻，传为美谈，今先生之年既远过之，且心雄万夫，无时不立于民族斗争最前之一线，将来载籍流传，或且视为奇迹。覆实论之，则亦吾之所谓少年精神为之耳，吾故曰，此少年精神之保持，实为先生一生成功之源泉，足以形容其整个之人格者也。

抑先生稀世之高龄，犹能保持此少年精神，为国家民族努力者，与其宗教信仰，尤有深切之关系。盖人之精神，虽受物质条件之支配，而信仰之笃，执德之坚，亦往往能转弱为强，回复青春时代之勇气；反之，而灰灭小乘之消极思想，亦能使人暮气日深，成望秋先零之弱者。道家者，世之慕此生久视之术者之拟宗也，然其养生之方，则在堕聪塞明，致灵守静，以保其玄牝食母。庄周林类百岁，其得寿之由，在少不勤行，长不竞时，信如是也，是形体虽具，精神早已死亡，又何以异于土块木偶哉，先生为输入西洋科学之先进，除博通古今方言外，于名数历象之学，著作流布，造诣甚深，顾于罗马正教，则受之髫岁，笃信力行，始终勿懈，故常能以耶苏之积极人生观，为其立身处世，受用不尽之资粮。犹忆先生讲学于震旦时，侯官严氏，方将英人斯宾塞之书布于世，先生对及门诸子，辨之甚力。在笃时学术界，几成两大分野，是岂先生笃时拘虚，好存门户之见哉。亦以斯氏为英国正统派之哲学，其说毗于唯物，理障甚多，而严氏又以老庄之学传益之，足以阻承学进取之勇气耳。此种积极奋斗之宗教信仰，则又先生所以能保持少年精神之故，而为吾侪景仰先生，资为立身矩矱之人所不可不知者也。

如上所述，但举少年精神一义，以概括先生之生平，于先生之嘉言懿行，自难得其百一，然高山景行，其则不远，今当精神动员，争取抗战胜利之时，设吾人能由此一义效法先生，请献其身于国家民族，使先生以百岁高龄，早觏中兴之治，则余之此文，庶几其不虚作，而不致以曲解师说，为先生可诃欤。

原载《申报》，1939年

饶神父的伟业

赵尔谦

记得某记者曾这样说过："红格尔图与百灵庙两次战争，只是我们民族解放战争的序幕"，他又说，"红村（指红格尔图）的中心是天主堂。"这里所谓"中心"，有两重意思，就全村的位置上说，天主教堂在村的中心，而此村的社会、经济、文化、乃至政治军事的中心，亦皆在天主堂。天主教在边省的发展，是有惊人的成绩的，以绥东而论，真正支配社会的力量，不是政府而是教仓。教会的教区，比县治的政治区域来得有效，教会之发展，不是重要的以宗教思想来说服人，而是以教会和教士的力量，站在一般无依无靠的穷苦人民前面，替他们办理生产、教育、自卫、医药、养老、育幼等人生必须的工作。

的确，这次战役，天主教是有相当贡献。在南北东西战场上，天主教会的神父和教友，均有热烈的牺牲，惊人的故事，真是可以感天地而泣鬼神，在战地成仁者也有，在后方工作者也有。远者不谈，单拿上海来说，这位赫赫有名的饶神父，已够人们的注意。去年七月，自美洲募捐归来，道经日本，因赴藤川家小住而形成失踪之谜，引起多少人士的忧虑，各报纷载此项消息，一时孤岛上的注意力，几全放在饶氏身上。他之所以能博得人们的同情，握住公众的视听与呼吸，因为他是位神父，是一个人道主义者，本着他"爱人如己"的信念，身体力行，大家叫他为"难民之父""中国之友"，外国人更把他所创办的南市贫民区，称为"Jacquinot Zone"，用他的姓，在他惨淡经营的事业上盖颗印，垂诸后世，以志不忘。

上海法租界上，有些路叫杜神父路[①]、劳神父路[②]、金神父路[③]，“饶神父”三字，虽然说不上家弦户诵，然而有口皆碑，在人们的心目中，也和那些路名一样的熟了。饶神父是法籍，有两个名字，真名是 Yacquinot de Besange，中国名字是饶家驹，完全中国化，和马相伯、梅兰芳的名字，一样的入情入理，丝毫不刺耳，这是近代天主教士的作风，一到中国来，先请位通人起个名字，随后穿长衫，拿起筷子来吃饭，读中国书，讲中国话，跑到乡下去，和民众打成一片去传教。饶神父也经过这种训练与生活，而且是一位杰出者。他的法国姓当中，因为有个小 de 字，惹起许多猜测，说他不是公爵就是伯爵，总而言之，出身名阀，是一个贵族华胄。我想这个到可以不必如此说，饶神父是超然物外，本宗教信念，做人道事业，这正是他人格上的高贵，就和柏拉图的思想超越一样，令人永存仰止景止之心。思想人格的完美，是个人努力的结晶，似乎和曾祖玄宗不发生任何关系，用不着费事去调查他的家谱。

耶稣会是天主教最有力量具有国际性的组织，会士遍于全球，率多才艺奇特之士，在明末清初之际，会士已来中国，如方济各、沙勿略、利玛窦、南怀仁、汤若望、郎世宁之流，不但忠于所事，努力传教，并且以坤舆、天文、数学、格致、明理、超性等专门学术，介绍于中国，西学东渐，此其嚆矢，耶稣会士，不能谓为无功。现在上海方面的文化事业，慈善专业，如徐家汇的藏书楼、天文台、孤儿院、徐汇公学、卢家湾的震旦大学、佘山的天文台概为耶稣会士所倡创，至今继续罔替，裨受益人群者匪浅。

我们所说的饶家驹，也是耶稣会士之一，未来中国以前，在英国居留甚久，研究文学，旋于一九一三年来华传教，遂在徐汇公学、震旦大学担任讲座，教授英文，学生多怕上他的课，但是没有一个不喜欢他的，因为他以真诚待人，成为青年之挚友。他先前往在震旦大学第二宿含内，后来搬到吕班路天主堂，差不多有二十年光阴，消磨于教书与讲道之间，舌敝唇焦，诲人不倦。当“一·二八”（一九三二年）沪战来临，虹口难民，急待拯救，需要一位不

① 编者注：今永年路。
② 编者注：今合肥路。
③ 编者注：今瑞金二路。

偏不党，众望所归，双方（中日）推重而不致惹起国际问题的人物，来担负此艰巨，当无非饶神父莫属。

饶神父是富于热情，敏于活动的社会工作者，他尝对震旦的学生们说："做社会事业的人，应该多活动，多交际，多研究心理，多认识朋友，因为社会是人的集团，在里面服务的人，非彻底了解它不可，否则就不能成功，事业无完成的希冀。"他又精通英、法、中、希腊、拉丁等语言，是天生的演说家。又紧紧握住表情达意的各种语文，在外交方面，当然有意外的成就。

他在中日双方，友好甚多，友谊是事业成功的媒介，但他也绝不滥用友谊，超出慈善的范围，而踏进政治的门槛，因为他知道这是有损无益的，况且做神父者，也不当干预政治。"八·一三"战事爆发后，这位老当益壮的慈善家，又立刻活动起来。当大场退却，日军绕沪西包抄南市，在这种危机重重，间不容发之际，上海城内二十万灾黎，在炮火下呼天待援，饶氏奔走各方，卒拯斯民于水火之中，而置之于枕席之上，且与红十字会合作，划上海城厢半壁，成立南市难民区，说他"功在国家"，不得谓为过分的颂扬。

他每天坐一辆黄包车，从吕班路到老北门或新开河，出法租界铁门，到南市难民区办公，黄昏才回到租界寓所，或至洋泾浜天主堂休息。他是日日工作，天天到"区"，事必躬亲，巡视考察，不遑宁处，因为区内一切，必须审慎处理，偶尔大意，即能惹起国际纠纷。其他如给养问题，更是一件极端困难的事，因此饶氏有北美之游，结果七十万美金，可谓马到成功，不虚此行。

这种出死入生，鞠躬尽瘁的工作，自然容易博得国际间的同情。最先发动的，是法国政府命驻华大使那齐亚，授饶氏以武士光荣勋章，矜彰其勇敢，同时中国国民政府，亦赠以勋章，以奖谢其勋劳。最近法国通儒院谓其有功于法国语文，奖以法郎四千。在饶氏固然是功成不居，谦逊有加，而日本大臣广田弘毅，复来函致敬，谓："阁下冒极大危险，在中日两国官宪之间奔走，在该处（南市）设立避难地区，由悲惨之战争灾害中，救济十数万中国无辜民众，实为本大臣不胜感叹之事也。本大臣对于阁下献身的努力，与崇高人道的伟业，表示本大臣之敬慕与感谢之念，并祈阁下之健康与活动……"

饶氏参加的社会和慈善事业很多，在从前他是华洋义赈会副会长，大上海社会救济委员会委员，平民新村组织专员等等，加以在华传教近廿年，和各方面接触自广。战前曾因慈善事务，晋谒蒋委员长，当留膳长谈，餐后进水果的时候，蒋夫人宋美龄女士礼贤下士，亲为饶氏去果皮，盖这位高年盛德的神父，只存一手，甚形不便也。

饶神父一手之谜，尤甚于其失踪之谜。有谓饶之右手，丧于欧战，获得为国牺牲之光荣；有谓此手因做化学试验被炸。最近又有传闻，说是“一·二八”之役，因难民撤退而折此手臂，诸说纷纭，莫衷一是。其实饶之失此手臂，由于一桩偶然而滑稽的事件，导源于一个小火药筒，事情是这样的：饶曾执教鞭于徐汇公学兼及青年组织，一天校中庆祝，学生集操场上捣火药筒，预备放烟火，饶适经过，见某生气力有限，捣塞不力，取而代之，紧握竹筒，塞足火药，当是时也，一群顽皮的青年，咆哮争吵之声复大作，饶欲压止之，在紧张的情绪中，不克自持，是以右手用力极猛，捣塞愈紧，压力过度，筒破药发，轰然一声，不可收拾，饶之右手，遂被炸毁，诸生懊丧无已，然亦无可如何之事也。自此之后，饶只能用左手热烈的和人握手，这不是他的不敬，实在是他的不幸。不过每日清晨六时左右，他到天主堂内做弥撒（Mass），不知道他的人，仍然瞧见两手齐全，加上洁白的手套恭恭敬敬的走到里面去献祭，但是半点钟后，假手即卸脱，依旧是一只手臂，好像久列戎行因伤退伍的勇士。

饶神父的生活起居，是单纯化的，除祈祷工作而外，似乎一无所事。他着一件神父们所穿的黑长袍，头上戴着法国人喜欢戴的小帽子，前面订着一个小型的船锚，左襟上悬一万国红十字会的徽章，手里拿一本金缘革面的日课经本，除此以外，了无他物。自从巴黎政府授以光荣勋章后，他就在钮扣上扣上一条红白蓝三色的丝彩，表示他获着武士的荣誉。他有一副大眼睛，一对大耳朵，一抹浓须，挂在嘴上，满面现出微笑仁慈的样子。他的鼻子突出而下钩，中国人说是龙隼，外国人说他像犹太人。他的身躯颀长而雄伟，酷似英美人，而非拉丁种族。从性情方面说，他是一位宅心忠厚，和易近人，长于筹划，勇于执行，极有决心的人。他的闲时极少，珍惜分阴，除难民公务外，且时常演讲开会和讲道。当他做主席宣布开会，或讨论难民问题时，他的左臂紧压在案上，滔滔不绝地发表一己的主张，条理不紊，步骤井然，态度似乎有点独裁，其实他所主张的，正是众人所欲说而尚未形成的方案，所以无不“实获我心地”一致赞成，请其施诸实行。

每星期日，他常在天主堂内讲道，劝听众推爱天主之心以爱人，牺牲小我，用以成就大我，字字真切，语语动人，往往以慈善事业难民问题为结穴。随后他就在接见室内，笑容可掬，恺悌慈祥地招待来宾，不论中外贵贱，老少男女，总可得着他的三数语，使人听到心里，觉着一种安慰。他那样优游自在，谈笑风生，毫无倦容，超然物表地和人接谈，忘却自己一周来的劳顿和困倦，使得你下次还想见他。这位神父，不但是吸引朋友的磁石，并且明了各个人的心理和需要。我曾经看见他用一只手紧握住一对新婚夫妇说：“你待她好么？你待他好么？我希望你们时常来。”言罢蔼然，好像慈母般的在关心儿辈的幸福。再有一位逃住租界的人，要知道他虹口产业的状况，请饶神父便探究竟，明天饶氏归来，从衣袋取出一片旧盆碎磁，证明此君所有，皆成炮灰与瓦砾矣。总而言之，饶神父是忧苦者之安慰，贫穷者之救星，人类形神方面的困难问题，有了他就解决得不少。

饶氏失踪抵沪后，曾发表谈话，谓渠旅华甚久，以中国为第二故乡。其爱中国之热诚，不亚于华人之爱中国。此次在美捐款，已达七十万元美金，一切费用，均由经募者垫助，决不在捐款中动用分毫。此种“涓滴归公”之精神，真足发人深省与效法。他不但是“中国之友”“难民之父”，并且还是一位爱国的“中国人”！

原载《申报》，1939 年

马相伯先生

方 豪

近百年来，中国为一大变局，欧美新学说之输入在此时，中国旧文教之破坏在此时，丧权失土在此时，政体改革在此时，而历史上空前未有之侮辱事亦在此时。谓为一大变局，宁不甚当？愿能一身亲历此时嬗变之经过，目视此时局递进之迹象，而又为剧中重要角色之一者，舍相伯马先生其谁？

李合肥，日人德富苏峰所谓“彼一生之历史，实支那帝国衰亡史”者，先生与其弟建忠实辅翼之；袁项城，以清延之枢要，作民国之元首，德人誉为中国之兴登堡者，先生实掖进之；辛亥光复之初，南京既下，群英互争功劳，革命之业，几败于垂成，先生实劝止之；国父孙公在南京为临时大总统，虽时未久，而民国之始基，则于以奠定，先生实主选举之；会袁项城予志自雄，图谋帝位，先生实反对之。近四十年来，中国教育猛进，民智丕开，得力于各大学者实多。先生创办震旦、复旦二校，又三长复旦，一长北大，并发起辅仁大学，以一身而关系四大学府，在中国近代教育家中，亦为仅见。我国文典之创始，允为文学史上一大事，而其祖则马氏文通也，文通署名者，为先生胞弟建忠，字眉叔。然实本于先生之《拉丁文通》，并经先生为之删改。民国初年，以国教问题，中国几酿教争，倡各教之联合以争信仰自由，而弥教争之祸，先生亦为首功。“九·一八”后，日以国难启国人，力主团结，无异暮鼓晨钟，响于国民敌忾者至巨。抗战迄今，时逾四载，使骄敌疲恭，而民族之正气得伸。中制之实施与兵役制之推行，要为最大因素，然倡导二制最力者实先生也。先生崇加特力教，世多知之，教之行于我士也，其始颇著介绍科学之功。降及有清中叶，以耶稣会之被裁，后来浅识教士之甘于下愚，文风久已不振，又以清廷于昧信仰自由之义，横加禁抑，外国教士乞灵于他国政治力以自保，而掌教大权复久为外人所执持，于是教案迭起，为国人诟病。先生实首揭其弊而谋所以矫正之者。晚近教中学术事功渐趋于复兴之途，国籍教区亦次第设置，教人复多能献身国家以自效，皆先生有以启迪之也。

然而世之能详道先生生平者不多见，先生弟子之现居要津者，俱先生六十后所始，他无论已。先生行谊之不彰，又不仅寿逾侪辈已也，事迹之湮没，文献之不足，皆其要因，综而言之，可举其三。

一，先生原为天主教司铎，然其后竟以离神职破清规而为教会所摈，教人讳莫如深。先生早年之造就，遂以是而不传。即如先生著述或云，有《度数大全》一百二十卷，教会束之高阁，不为付梓，或曰已毁于火，而吾人亦竟无以知其实。虽先生旋即忏悔。教人犹时时相戒不言其往事，迄先生终后而犹然，一若偶有过失不足以成圣者。自吾人观之，教中大圣之曾为大匿者，不可悉数，且过不惮改，先生暮年不独悔过最诚，即为教会建功亦至多且大，以将功赎罪言，功亦浮于罪矣。息影沪渎时，有来访者，必谆谆以敬天事天为言。孰谓先生忘教耶？廿七年重九日，值先生九九大寿，为孙女玉璋（重九日生）主婚，余亦在座席间，先生顾为黄旭初先生诸人曰："今日者肃诸公登高（盖先生所居在在风洞山），愿异日诸公同跻天域，斯真登高矣。"即此一例，可征先生敬教之诚，实老而弥焉。然则先生早岁之行，实又何必讳耶？

二，先生中年（三十六岁至五十六岁）佐李鸿章，帮办洋务，赴朝鲜襄助大院君改革新政，参赞黎莼斋驻日使节并任神户领事，及往美国借款，整理招商局等事，俱无专书记录，所为文亦散佚不存。盖先生所著书，惟《新史合编直讲》二十卷及《格致浅说》第一卷已刊行，《五十年来之世界宗教》一文亦有单行本，若《灵心小史》，则先生与徐允希司铎合译者。其为刊行者，有《救世福音对译》，现储沪上。《随使高句丽日记》稿本，战前庋丹阳图书馆，存亡不卜。自《格致浅说》外，刊本皆宗教书，《新史合编直译》与《灵心小史》，且不署名。七十后发表于各报之文稿及演讲记录，属宗教性质者十之七八，属政治学术性者，十之二三，亦无专集，先生行谊之不可知，无足奇也。

三，"九·一八"后，南北报章虽时有先生之谈片或访问记等发表，其中失实者颇多。投机政客与失意军人复时借谒之机缘，假先生之名，肆意宣传，此殆先生毕生最不幸之时期。于是诬先生某某党者有之疑，先生反对中枢者亦有之。先生媳邱氏曾谓余曰：“当年公公在沪时，来访者不绝于徐汇道上，乐善堂之升降梯，昼间鲜有休息之暇晷，宅外纵有医嘱静养之告白，亦不能阻止来者之闯入也，来者若有大人先生之介绍，势更不可固拒。老人尤富爱国心，闻有评骂时政者，辄信以为实，往往扼腕顿足，或怒形于色，或长叹不已。翌日得报，则多过事渲染，或捏造言词，初尚更正一二次，继因不胜其烦，则亦听之而已。”

先生早年之行实为教会摒弃不谈，中年之事迹，又稽考为难，晚年之言论，复真伪相参，先生亦可谓不幸矣！

余生也晚，于理不足以知先生，然以同教，故儿时即闻先生名，十五岁上书先生，讨论“天主”一名，并觅先生所为文，裒然成一巨集，至今犹存稿本，未遑问世也。廿八年四月六日，先生大齐寿辰，政府颁令褒扬，余亦以先生百岁传宝昆明《益世报》特刊，其材料则得诸先生口述，孙女玉璋笔记者多。既而，上海张若谷亦为作《年谱》，偶于报端见之，则漏列仍不在少。余以为先生之事迹虽非短文所能尽述，然其可资吾人矜式者，若爱国心肠，若少年精神，若科学头脑，胥今日全国民本不可或缺者，颇愿就其所知，为一言以质诸读者。

先生生当鸦片战争前一年，中国近世外侮内乱皆亲历之。所受耻痛最深，故爱国之心亦弥切。先生年甫十七，法领事欲聘为秘书，谢不就曰：“我习法文，为中国用也。”噫！何其壮哉！此后或从政，或讲学，莫不以爱国为前提。先生爱国之理论，为“爱父母者必爱父母之邦！”先生爱国之启发，又本于其所奉教义，故曰：“惟知爱父母之邦者始足以言爱父母，惟知爱生身父母者始足以爱造物大父母。”盖即吾儒孝信诚敬之说。极言之，则忠而已矣。故“谓先生以爱国而益坚其信仰可，谓先生因有信仰而爱国之心尽热”，亦无不可。

先生之创震旦也，首重兵事，命学生习射击，为现代学校军训所不及，而其一生始终持议者为民治，意谓民能自治者国始能治，国治而后民有天赋人权，有天赋人权始能为天生蒸民。而促成民治之道，则为实施州联宪法乡保甲制。今人侈言改省为郡，不知先生已于二三十年前早言之矣。

“民治”云何？曰：“整个人民，自体自身，自出财力，自出心才，以自治。”（《国难人民自救建议》），又：“问何为民治？曰：整个人民，乡邑归乡邑，州郡归州郡，家家户户，自出财力，自出心力，以自治也。”（《国难会议提案刍谈》）。民国七年刊布《民国明照心镜》，已建议实行保甲，十五年前任上海《天民报》总主笔，撰发刊词，洋洋数万言，亦提出保甲制。

二十年十一月在《申报》发表《泣告青年书》，重申前讲：“老夫认为今日最切要之救国方策，惟有仿古遗制，举办保甲之一法，法联十家为一甲，十甲为一中甲，十中甲为一大甲，十大甲为一团，十团为一大团，以此推广。先造人丁户口册，法军队之编制，使其行动划一，指挥迅速，联络严密，意志坚定，导以对日不合作可，导以对日经济绝交可，即导以对日作殊死战亦无不可。”时在“九·一八”事变后，故其词剀切如此。

二十一年三月在天津《益世报》发表《国难人民自救建议》：“今当法华盛顿联二三郡为一州，每州以保甲法，由乡而邑，邑分东西南北四乡，乡分东西南北四区，区分十家为一甲，百家为里甲，千家为乡甲，每乡家以登记法。为驱逐不良分子及征集胜兵者。”同年四月洛阳国难会议中提“实施民治促成宪政以纾国难”一案，文附刍议，交大会公决。同年七月十二日发起中国民治促成会，宣言中又详为说明：“试从乡保甲组织法，十户一保甲，不止十户亦无妨，十户长长之；百户一中甲，佰户长长之；千户一大甲，千户长长之；千户百户皆由十户而积成。十户长之，责在督查左右邻十家上下，有无匪类、奸细、烟瘾、游惰之民而已。”

“八·一三”后，先生犹以民治刍议印赠各方，其说是否至当，固不易言，然与国父民权说实相脗合，而谋国之忠，犹在说理之上。方家人挈先生之南交也，不与言，及知身处异域，乃大詈。爱国热忱，盖愈老而愈笃。尝为诗咏杖曰：“用尔颠危际，扶持勿使倭。举头红日近，可作鲁阳戈。”抗战救国之雄心，虽今日读之，亦凛凛如生也。

先生常自诩为世界读书种子之最高寿者，语诚不诬也。顾先生可贵者在年虽高而精神犹少年也。先生事业之留于后人者，方创始时，盖已白发盈额，皤然大老矣。然先生不以书称“耄期倦于勤”，礼称“休老劳农”之词以自暇逸。精神矍铄，虽古伏生、马援，不足此并。当震旦开创之时，其困难殆十百倍于今日播迁中之痒舍，然先生不知艰苦为何物，孜孜兀兀，终底于成，及其率师生另立复旦也。目空一切，心雄万夫，不知老之已至，虽少壮青年不足以方其勇毅。先生生时，正列强以老大病夫诮中国，有先生老而益壮之精神，亦足以稍湔国耻，而先生之成功亦在此。于伯循先生（右任）有《百岁青年马相伯先生》一文，阐述先生少年精神之渊源曰：“犹忆先生讲学于震旦时，侯官严氏，方将英人斯宾塞之书布于世，先生对及门诸子，辨之甚力。在笃时学术界，几成两大分野，是岂先生笃时拘虚，好存门户之见哉。亦以斯氏为英国正统派之哲学，其说毗于唯物，理障甚多，而严氏又以老庄之学传益之，足以阻承学进取之勇气耳。此种积极奋斗之宗教信仰，则又先生所以能保持少年精神之故。”

日本大阪《每日新闻》上海支局长泽村幸夫，尝问先生之中心思想，先生曰：“我无特创学说，加特力天主教教义，即我之中心思想。”又自言先世自利玛窦时，已奉天主教，故先生之信仰，可谥之曰“世袭信仰”（陈援庵先生语）。世袭信仰，以非出于一己之悦服，颇多不可靠者，然先生实以远于科学而益虔其信仰。尝言：或以为先有神学，继有哲学，又进则有科学，该谓原始人迷信有神，其后始知推理，又其后，则惟实验尚矣。吾谓原始之人，穴居野地，最与自然接近，故所知亦多，属于自然科学，其后智识渐启，乃穷究事物因由，于是哲学尚焉。其有为哲学所不能道者，则神学论之。所撰《五十年来之世界宗教》，即举历代著名科学家之信仰，以证两者之不悖。

先生之好科学，自幼已然。童时持竿追月，既徒劳，乃问父老曰：“月活耶？死耶？月生于何处？”当上下弦时，又必问月之其他半部何往。其习数学也，往往卧床上求之，则见帐际满布数字，甚或于梦中得之，醉心科学盖如此。故其手订震旦学程，别语文、象数、格物、致知四科，盖即今所谓文理工三院也。而先生所最精者，亦为天算。清末，尝佐徐家汇天文台事，民初，主张采用法国度量衡制，并刊行小册为宣传。“七七”事变后二日，犹为钢铁政策之广播演讲，依然科学救国之主张也。求学则重穷本推源，故言国文必及秦汉以上，言西文必及希腊拉丁。四十年前，上海读英文者，多用印度教本，先生痛之，取莎士比亚文授学生，西人咸咂舌。国人名阴阳历称月，相沿既久，亦莫察其不当也，先生独病其不正，改称阳历一年为十二宫。此在一般人或认为微末不足深究，然先生不稍苟，其虑事为文多类此。非与科学方法体会甚深者岂能致此？邵仲辉先生（闻泰，今号力子）撰《救国老人相伯先生》一文有曰："先生虽是宗教家，而教育的方法，偏重'有容'，他对青年使他们由知而信，这是先生最伟大的地方，先生所以为大教育家，就在于此。"先生之不因信仰而背科学方法，亦可见一斑矣。张菊生先生元济序《相伯年谱》曰："一日与谈泰西科学之盛，先生徐言科学必有其大原，且世人又何以能知科学。余乃知先生深于教理与世之以祸福感人者迥不相侔。"真宗教家必不反对科学，真科学家亦绝不嫉视宗教，我于先生徵之矣。

原载《思想与时代》，1942年

龙相斋神父

平　斋

天气变了！前夜还是大家觉着温暖，不想一夜细雨，到昨天早晨竟就暴冷起来。整天朔风怒号，满天彤震，站在爱多亚路中汇大楼前面，等乘二十二路红色汽车的人们，如果不变腿用劲，简直就会给大风吹倒。在一天之中，记者亲见有五个行人，在大风里追赶自己的帽子。停在马路边的脚踏车都给风吹倒了，在霞飞路福开森路一带，更吹坍了好几处竹篱。徐家汇的小河浜也冰冻了一半，上海马路上的行人，没有一个不冷得变脚乱跳！

前天的气温还是五十几度（华氏），昨天一冷就冷到了冰点以下。就在这样气候突变的时候，记者冒着利剪似的寒风，赶到徐家汇，去访问了全国闻名的天文台。

七十多年的历史

关心中国科学史的人，应当都记得在十六七世纪，有利玛窦和汤若望两位从欧洲赶到中国朝廷来做“钦天监”的人科学家。这两位的大名是应当在中国历史上永远不朽的，但是他们还不过开了风气之先。等到一八七三年，天主教的耶稣会教徒们，才正式在中国打下了正式科学研究的基础——他们开办大学、中学、孤儿院、工艺院，都在徐家汇附近，而在科学上最有价值的，就是徐家汇天文台了。

天文台位于有名的天主堂对门，在抗战期间，日本人因为这是属于教会的“私产”，所以并没有干涉，总算没有受到骚扰。胜利之后，听说曾经有军队想去占据，不过经过说明之后，也就退出了。至今在大门口的木板上，还写着

“私人产业，谢绝参观”八个字。

大门里面是一个花园，美丽的月季花在风中乱舞。花园的中部是十几级台阶，上面就是天文台的办公处了。走进了重重的铜门，只觉得一阵寂静，尽管外面寒风狂吼，里面却静得只听见钟摆“的滴”的声音。

会见龙相斋神父

天文台的客厅陈设得非常雅致，红木的坑床上面铺着华贵的软垫，厅的中央散置着几只太师椅子。在这里，记者会到了天文台的负责人，龙相斋神父。龙神父是意国人，然而他还有一个中国的号，叫“贵卿”。他的头衔是“徐家汇天文台气象学地震学无线电主任，国际气象学会会员，教庭科学会会员，国际无线电研究会会员”，到中国来了已经有二十六年。龙神父和翁副院长（咏□）及丁文江先生都是老友，现在这天文台就是由政府最高当局和翁副院长，委托办理全国测候和其他有关天文的工作。外滩的测候所（Semaphore）每天发表的气象报告，实在为都是由徐家汇天文台供给材料的。

照徐家汇天文台工作的重要性，和龙神父在国际科学界的地位而论，一般人都一定以为他下面一定有许多的助手。但是在事实上，他的助手只有一个！每天上午五点半，他自己便起来收听各地无线电报告气候，这种收音工作是极度困难的：声音的强弱不定，杂声非常之多，隔音也很不清楚。最初也曾请助手帮助，然而他们事实上无法听清，反而使事情更糟，于是他爽性自己动手了。记者问他：“这不是太累了吗？“然而瘦长矫健的龙神父，却只是轻轻抚了一下他的灰黑的胡须，他说：“这正是一种愉快。”

艰苦工作的成绩

走进天文台的图书室，只觉得自己忽然变得渺小了。满墙都是书架，一直堆到天花板。龙神父拿出了一本长四尺阔三尺的厚厚的《东亚气象地图》，这是他最近工作的成绩，费了两年多工夫，在一九四四年出版的。内容包括几百种不同的地图和表格，而在远东实在还是一种空前的尝试。对于农业、交通、水利、航空、水电工程、卫生、化学工程，这本地图的价值是无可比拟的。

最近，他经五年研究，发明了一种新的气温表格，可以用很简单的方法，在一二月前预测某一天大概的气候。这一次暴冷，他在二个月以前就知道了。他预言圣诞节后一两天，还要有一次暴冷。他已经把这个发现写成论文，预备寄到美国去发表。

在这次大战中，应用很广的雷达，徐家汇天文台在太平洋战事发生前四年，便已应用了它的原理作气象研究了。最近盟军中去参观的人，有不少表示了极大的惊讶！

徐家汇天文台自创立至今，已经造成了五十多个气象人才，现在分散在青岛、北平等处。目前航空事业发达，中国正是需要大批天文和气象人员的时候，有多少青年是愿意学着这位劳苦功高的神父的样子，默默地工作，为国辛劳呢？对于这位清苦工作近三十年的学者，记者真不禁生出了无上的敬意。

七十年来的徐家汇天文台，在科学上做着继续不断的实际工作。在龙神父领导之下，每天和全世界各地天文台互相通讯，报告消息。尤其是气象报告，贡献于航海方面最多。这是徐家汇天文台的外貌。

原载《申报》，1945 年

我怀念徐润农神父

方　豪

是一个闷热的下午，馆刊的校样把我弄得眼花缭乱，突然由王仁生神父寄来一个噩耗——润农神父死了！

五月十五日，我还在薛祖恒先生家里遇着他，当我到上海之前，我曾托他在旧《益世主日报》中找一篇《不托老人纠谬谈》。那篇文章，我在记忆中怀疑是马相伯先生作的，但因在北平竟找不到老的《益世主日报》，所以不敢确定是不是马老先生的手笔，因此没有收入他的文集。徐神父告诉我文章是找到了，等我去取，但劝我不要发表，据说里面对某君批评得很厉害。后来我因参加出版会议，又忙于回里，忙于返平，结果，没有再到徐家汇去。五月十五日的会晤，竟成了我们的永别！

说到出版会议，我未去上海之前，先由高乐康神父（比国人）提起，中国神父出席太少，后来我们两人私下托他先和黎公使说一声，同时我即去函告诉他，请他准备，并询问他对于会议的意见。他回信只是说："希望公教书籍在文字上多加注意，不要出些不中不西，不文不白的书。"同时他嘱我在会议上对这一点要多说话。事实上，他并没有获得邀请，我见他时，比去年消瘦多了，人也显得更苍老，然而精神还好，没有想到他会死得那么快的！

他之未能出席公教出版会议，也是可以预料的：这十年来，始而《圣教杂志》停刊——这是他独力支持了将近二十年的刊物——继而被迫退出圣教杂志社破屋；计划了十多年的现代化的光启图书馆，遥遥无期；胜利来了一两年，而《圣教杂志》复刊也是无期，并且我间接听说，即使复刊，也许不会再教他主编的。徐神父的晚年竟如此失意。当然他是德行极高，很有修养的，他本人并不因此戚戚。

徐神父死了！我怀念他！

我怀念他是一个热血的爱国男儿，在“七七”事变以后，《圣教杂志》充满了爱国的文章，原来一些道貌岸然的神哲学文字少了，可是不久，《圣教杂志》停刊了！说来也可怜，抗战初年，我被调在金华，最初是沪杭线作战，后来是杭州失陷，所以那最后几期《圣教杂志》，还是隔了两年后，在云南路南县的民众教育馆里看到的。当时我真从心里爱慕这位爱国志士。他也曾发起“献祭救国”运动。

在昆明时，最初我们还能常通讯，信上总是告诉我：“沪上民心不死，人人怀必胜之念。”徐神父！我怀念你！

我怀念他对于徐汇藏书楼的贡献。这一座古老的书库，在他接管之后，特别在方志方面，悉心搜罗，曾有一时期，占了国内的第二位，后来因为人家迎头赶上，他经济力不雄厚，只好一步步落后。我流亡在滇蜀黔时，也曾替他收买了一些，可是我眼看着北平图书馆、云南大学和北平研究院等，在我以后大量搜求，我也只好退避了！真对不起徐神父，在云南的一批方志，当我离滇时，我托一位神父保管，他毫不在意地把这些僻处边疆的珍贵方志，全部抛弃了！后来在重庆的一部分，又为了避空袭，藏于乡间，被著名的四川耗子吃了不少。徐神父！我对不起你，我怀念你！

他很早就想把藏书楼开放，可是设备不足，地点偏僻，但无论哪一位专家、学者，如果要入内研究，他都乐于引导，因为这所藏书楼，上上下下只是他一个人，可是它又是那么出名，所以教内外人路过上海的，都希望去参观参观，徐神父便应接不暇。去年我和他第一次见面——虽然通信已有十多年——也是因为我要校读《墨井集》他亲自给我取出原稿，结果我以两天的功夫，发现了刻木不少错字，同时又给我发现了吴渔山的一本未刊曲稿《天乐正音谱》。

我怀念徐神父，我怀念他——我真不忍说——他的著作环境实在太坏了！差不多外国教士，能著作的，都没有杂务，中国神父就不然了，即以徐神父而言，他在最忙的时候，曾身兼六职，而且都是极琐碎的事务，叫他怎么能细心研究？可是杂志的篇幅不能不填满，书籍也真太缺乏，不能不应急需，于是乎一切笔记札记都编译成书，当他的《中国天主教传教史概论》出版后，《图书季刊》曾有一篇很不客气的批评，可是我真为徐神父叫冤。徐神父，你太忙了，你的著作环境太坏了！我愿正告教会当局，此后如果你们希望产生一二位优秀的作家，我哀求你们，让他们安静些吧！不然，你们是毁灭作家！是他们的不幸，也是你们的不幸！

徐神父！我悲哀！我怀念你！我怀念一切在恶劣环境中的公教作家！我诅咒一切恶劣的环境！

原载《上智编译馆馆刊》，1947 年

徐神父略历

徐润农神父名宗泽，生于公元一八八六年，乃明代相国徐文定光启之十二世孙，世代虔奉天主教。十九岁时，值逊清暮年，应童子试，举秀才，头角峥嵘，于焉崭露。二十一岁，离家弃俗，进耶稣会修道，献身为教会服务。继而赴欧美二洲，攻读文学哲学及科学，并晋升司铎。中间曾回国任徐汇公学教员数年。留学期间，前后考得哲学博士及科学博士。民国十年，学成归国，在南汇县境实习传教工作，成绩斐然。两年后，居徐家汇，主编《圣教杂志》，兼任徐家汇天主堂图书馆馆长。自民国十二年秋季起，《圣教杂志》中有关神哲学及教史之论著，汇集成书，在土山湾印书馆出版者，有二三十种之多。“八·一三”战事发生，上海沦为孤岛，《圣教杂志》停刊，神父因更专事致力于图书馆工作。按徐家汇图书馆（亦称藏书楼），创始于一八六〇年左右，中文书籍部分，搜集各省府县志，为数已不少。徐神父耗二十余年之心血，积极征求，现该馆收藏志书达二千余种。该馆既系耶稣会之事业，故徐神父又积极搜罗明末清初耶稣会之中文著作，或为当年之木版本，或为手抄本，或为自世界各大图书馆影得之珍本。神父又加以整理研究，撰成著作若干部，已由中华书局承印，惜因战事，犹未问世。徐神父于从事学术之外，兼指导启明女中、徐汇女中校务，两校新旧女生，受其熏陶而进德成学者，二十年来不可胜数。其侄方自法国回抵上海，幸得于弥留之际，诀别生死。徐神父交游极广，在我国学术界中，尤其图书馆界中，素著声誉，故将邀集故旧，择日再行盛大追悼仪式。神父突然逝世，诚出意料之外，以致生平建造图书馆大厦，开放所藏图书，整理前贤著作等计划，未能实现，此不特教中人士所悼惜，抑亦我国学术界之一大损失也。神父为人，谦虚和善，不慕名利，不矜权势，刻苦持躬，勤劳尽职，且充盈信德精神，恪守修规，热心救灵，故青年辈及教外人士，皆乐于与之游，且多因而认识真道，尚盼神父在天之灵，默佐我国文化事业。

著述简目

《探原课本》

《公民课本》（原行编）

《公民课本》（法制、经济）

《心理学概论》

《社会学概论》

《社会经济学概论》

《社会问题》

《劳工问题》

《妇女问题》

《哲学史纲》

《明末清初灌输西学之伟人》

《中国天主教传教史概论》

《徐上海传略》

《天主降临救赎论》

《天主造物论》

《四末论》

《圣事论》

《圣宠论》

《妇女问题杂评》

《天主教与妇女问题》

《共产主义驳论》

《国家真诠》

《三民主义节要》

《教育之原理》

以下为编校本：

《增订徐文定公集》

《徐文定公逝世三百年纪念文汇编》

《徐氏庖言》

《名理探》

《天主三位一体论》

《信望爱三德论》

《宗教研究概论》

《天主教之战争论》

《高中要理课程解答》

《随思随笔》

原载《上智编译馆馆刊》，1947 年

后　记

本书收录自1883年至1949年间与徐家汇有关的文章，分为“徐家汇遗事”“徐家汇巡礼”“徐家汇素描”“徐家汇闻人”四个部分。“徐家汇遗事”主要收录与徐家汇有关的遗闻遗事，涉及历史、地理、宗教、掌故等内容，如《徐汇纪略》《徐汇八景》《上海法租界之起源》《土山湾孤儿院的来历》等文，读来颇多兴亡沧桑之感，亦如1919年的“徐汇八景”之一，“镇西北均为农田，阡陌纵横，春来桃李竞芳，篱边溪上随处增妍时见，一湾流水小桥跨之，村姑十八九，浣衣其间，居然若耶溪上景也。”今已高楼林立，惆怅不可寻。1864年兴建的土山湾孤儿院，“一八六六年，再造第二座新屋，和美丽的哥特式圣堂。翌年四月，新屋圣堂同时落成。……过了几年，又为那些习艺已满的孤儿们，在土山湾前面，河浜对岸，添造了几间小屋子，不久便成为了繁盛的村落。”此情此景，亦湮灭于岁月之中，当时明月，依依素影。

“徐家汇巡礼”又分为“土山湾巡礼”“教育巡礼”“文化巡礼”三部分，主要收录当时报刊中与徐家汇有关的专访特刊之文。“土山湾巡礼”所收文章均与土山湾有关，如土山湾孤儿院、圣母院、圣心报社编辑部、育婴堂、聋哑学校等；“教育巡礼”所收文章均与当时徐家汇诸学校有关，如圣依纳爵学堂、启明女校、徐汇公学、明德小学、震旦大学等；“文化巡礼”所收文章均与当时徐家汇的文化机构有关，如徐家汇天文台、徐家汇藏书楼、震旦大学博物院等。

“徐家汇素描”所收文章，以游记和见闻记略为主，呈现当时徐家汇之衣食住行市井百态：买布料去同益祥、震秦新、震大祥、公大祥，买菜去徐保禄场，出行有二路和七路公交车，谨记桥附近有大中华橡胶厂、百代公司留声机器厂……正如项珊在《徐家汇》一文中所写，“离这里三里之遥，就是龙华古寺，从天轮桥向南，步行十余分钟，就可以望见龙华塔的尖顶，每逢春二三月的时候，徐家汇到龙华这一条路上，红尘紫陌，帽影鞭丝，游人是天天不断的。”

“徐家汇闻人”收录了与徐家汇有关的知名人士，或政坛、或宗教、或文化、或教育，如徐光启、吴历、马相伯、于右任、吴稚晖、李杕、潘秋麓、张璜、安敬载、龙相斋、徐宗泽、徐景贤等，不胜枚举。他们的故事，其实也是当下我们的故事，他们的时代，也是当下我们的时代。承上启下，千丝万缕，谁都绕不开。当然，与徐家汇有关的人事诸物不止于此，还有很多，只是他们的故事已散失于时间中，仅留下些许痕迹，如王安德、邱子昂、朱志尧等，期冀将来有一天，能于文献史海中，与彼相遇。

孙　莺

于庚子年深秋十月